저는
주식
투자가
처음인데요

# 저는 주식투자가 처음인데요 투자전략편 2022년 개정판

**초판 1쇄 발행** 2014년 09월 22일
**초판 2쇄 발행** 2017년 01월 16일
**개정판 1쇄 발행** 2020년 01월 06일
**개정판 2쇄 발행** 2020년 04월 10일
**개정2판 1쇄 발행** 2021년 12월 30일

**지은이** 강병욱
**펴낸이** 조기흠

**기획이사** 이홍 / **책임편집** 유소영, 전세정 / **기획편집** 정선영, 임지선, 박단비
**마케팅** 정재훈, 박태규, 김선영, 홍태형, 배태욱 / **제작** 박성우, 김정우

**교정교열** 이경민 / **디자인** 표지 김종민 본문 박정현

**펴낸곳** 한빛비즈(주) / **주소** 서울시 서대문구 연희로2길 62 4층
**전화** 02-325-5508 / **팩스** 02-326-1566
**등록** 2008년 1월 14일 / 제25100-2017-000062호

**ISBN** 979-11-5784-550-7 13320

이 책에 대한 의견이나 오탈자 및 잘못된 내용에 대한 수정 정보는 이메일 (hanbitbiz@hanbit.co.kr)로 알려주십시오.
잘못된 책은 서점에서 교환해 드립니다. 책값은 뒤표지에 표시되어 있습니다.

⌂ hanbitbiz.com ▪ facebook.com/hanbitbiz ▪ post.naver.com/hanbit_biz
▶ youtube.com/한빛비즈 ▣ instagram.com/hanbitbiz

지금 하지 않으면 할 수 없는 일이 있습니다.
책으로 펴내고 싶은 아이디어나 원고를 메일(hanbitbiz@hanbit.co.kr)로 보내주세요.
한빛비즈(주)는 여러분의 소중한 경험과 지식을 기다리고 있습니다.

주식 대가 14인이 알려주는 나에게 딱 맞는 투자전략

# 저는 주식 투자가 처음인데요

투자전략편

BUFFETT
SOROS
LYNCH
GRAHAM

STOCK
INVESTOR

강병욱 지음

**HB** 한빛비즈
Hanbit Biz, Inc.

# 개정판 머리말

세계적인 금융위기의 상처가 미처 아물기도 전에 글로벌 주식시장은 코로나19 바이러 스로 그동안 경험하지 못했던 비대면의 시대를 살아가고 있습니다. 코로나19 국면은 우리 삶에도 많은 영향을 미쳤지만, 금융시장에서도 '언택트 Untact' 산업의 발전을 이끌었 고, 해외여행이 어려워지면서 여유자금을 가진 사람들의 억눌린 소비가 폭발적으로 증 가하기도 했습니다.

금융시장은 2020년 초 코로나19 팬데믹 선언과 함께 증시가 급락했으나, 일시적 충 격으로 급락하던 주식시장은 다시 원래 자리로 돌아간다는 학습효과를 겨냥한 자금들 이 물밀 듯이 몰려들었습니다. 소위 '동학개미운동'이 나타나 엄청난 유동성을 바탕으로 한 주식시장은 코로나19 국면에서도 사상 최고치에 이르는 호황을 기록하기도 했습니 다. 그러나 시간이 지나면서 주식시장은 유동성 축소 상태에 빠지게 되었고 주식시장의 상승동력이 떨어지면서 주가움직임도 둔화되어, 주식시장에 밀물처럼 몰려들었던 개인 투자자의 상당수가 손실을 경험했습니다.

주식시장에서 개인투자자들이 실패를 되풀이하는 이유는 무엇일까요? 스마트기기의 보급으로 엄청난 양의 정보를 수집하고 분석할 수 있는 능력을 갖추었음에도 시간이 지남에 따라 수익을 더 이상 늘려가지 못하는 것은 고사하고, 오히려 손실을 보게 되는 것은 주식시장이 반드시 경제이해력만으로 손익 여부가 결정되지 않는다는 것을 반증하는 것은 아닐까요?

주식시장에서는 정보를 얼마나 잘 검증하고 얼마나 바른 정보를 이용하느냐 하는 문제도 중요하지만, 그것만으로는 성공투자가 더 이상 보장되지 않는다는 생각에 이르게 되었습니다. 최근 주식투자는 점점 경제현상을 이해하는 능력보다 멘털게임의 형태로 변해가는 추세입니다. 누가 더 정신적으로 강건할 수 있는지, 이를 바탕으로 시장이 주는 극도의 변동성을 동반한 스트레스를 얼마나 잘 관리할 수 있는지가 성공투자의 전제조건이 되어가고 있습니다.

이런 점에서 본다면《저는 주식투자가 처음인데요 투자전략편》은 매우 중요한 책이라 생각됩니다. 오랜 시간 동안 누적되어온 주식투자 대가들의 성공투자기법을 알아볼 수 있는 것은 물론이고, 최근 경제학계의 주요 화두가 되고 있는 '인간의 비합리성을 전제로 사람들이 일으킬 수 있는 인지오류를 경제학에 접목시킨 행동경제학 측면'에서 투자의 실패를 줄이는 방법을 알려주기 때문입니다. 대가들의 비법을 쉽고도 재미있게 설명한 부분은 이 책의 유용성을 더욱 높이는 요소가 될 것입니다.

주식시장은 인간심리의 집합소입니다. 사람의 심리를 이해하고 흔들리지 않는 투자원칙을 지켜나가는 것은 쉽지 않은 과제입니다.《저는 주식투자가 처음인데요 투자전략편》을 통해서 본인의 심리적 오류를 잘 파악하고 자신만의 성공투자를 위한 원칙을 세워보시기 바랍니다.

경영학 박사 강병욱

# 머리말

## 나를 먼저 알아야 주식투자의 성과가 보인다!

모든 투자자는 주식투자를 통해 수익을 얻고 그 수익으로 행복한 삶을 살기 원합니다. 그러나 실제로 주식투자를 해본 사람들이라면 주식투자를 통해서 돈을 번다는 것이 결코 쉬운 일이 아니라는 점을 알게 됩니다. 그래서 투자자들은 수없이 많은 투자 관련 서적으로 공부를 합니다. 문제는 아무리 책을 읽어도 투자성과가 나아지지 않는다는 것입니다. 과연 무엇이 잘못된 것일까요?

지금까지 투자자들은 기업분석과 그 기업 주가의 움직임을 중심으로 주식투자를 공부해왔습니다. 물론 올바른 투자를 하기 위해서는 기업에 대한 깊은 이해(기본적 분석)와 함께, 주가 움직임에 대한 제대로 된 이해(기술적 분석)도 있어야 합니다. 그러나 그동안 우리 투자자들은 정말 중요한 한 가지를 간과하고 있었습니다. 바로 주식시장을 움직이는 원동력인 투자자 자신입니다. 즉 사람에 대한 이해가 부족했던 것입니다.

유럽의 전설적인 투자자인 앙드레 코스톨라니는 주식을 살 때와 팔아야 할 때에 대해 다음과 같이 설명했습니다. "주식시장에 바보보다 주식이 많을 때 주식을 사야 하고, 주식보다 바보가 많을 때 주식을 팔아야 한다." 코스톨라니의 말을 통해서 본다면 분명 주식시장에서는 기업의 기초체력과 관련된 요인들 이외에 사람의 심리적인 요인도 매우 중요하게 고려해야 하는 요소입니다. 따라서 투자자는 투자를 시작하기 전에 주식시장에서 잘못된 투자행동을 이끄는 심리를 반드시 알아야 하며, 이때 발생하는 심리적 오류를 하나하나 살펴서 고쳐나가야 합니다.

## 대가들의 투자전략과 투자심리, 대안투자까지 한 번에!

이 책에서는 먼저 성공한 투자자들이 어떤 식으로 투자했는지를 알아봅니다. 주식투자로 성공한 대가들의 투자철학과 원칙들 그리고 주식시장에서 성공할 수 있었던 요인들을 한데 모아 종합적으로 살펴봄으로써, 지금 우리가 하는 투자행동과 무엇이 다른지를 비교해보겠습니다. 우리가 과연 어떤 투자철학을 가지고 있는지, 그리고 처음 세웠던 투자원칙을 아직도 잘 지키고 있는지, 그리고 어떤 식으로 주식을 사고팔고 있는지를 점검해볼 좋은 기회가 되리라 생각합니다.

두 번째로 행동경제학적인 측면에서 투자자들의 심리적 특징들을 살펴봅니다. 행동경제학이란 기존의 경제에서 당연히 그럴 것으로 생각했던 것에 대한 반성으로 나타난 학문입니다. 기존 경제학에서는 '사람은 합리적이다'라고 가정하고 이론을 전개하지만, 사실 인간은 생각보다 합리적이지 못하기 때문에 기존 경제학의 이론이 현실세계에서 잘 맞지 않는 경우가 종종 있습니다. 그래서 인간이 비합리적으로 행동하는 이유를 밝혀 경제학을 보다 유용한 학문으로 만들려는 움직임이 바로 행동경제학으로 나타난 겁니다.

이런 점에서 본다면 행동경제학은 주식투자자들의 투자행동에 스며 있는 잘못된 습성이 무엇이고, 어떻게 그것을 고칠 수 있는지에 대한 매우 귀중한 정보를 제공해줍니다. 따라서 이 책에서는 행동경제학의 기본적인 내용을 살펴보고, 이를 통해 투자자 스스로 범하고 있는 오류를 고쳐나감으로써 성공투자에 이르는 길을 제시하고자 합니다.

마지막으로 금융의 발달과 함께 폭발적인 속도로 개발되고 있는 다양한 대안투자 상품을 소개합니다. 글로벌 금융위기 이후 주식시장에는 '뉴 노멀New Nomal'이라는 이름의 새로운 표준들이 생겨나고 있습니다. 시장에 넘쳐나는 유동성, 전 세계적으로 만연해진 저금리 현상, 그리고 점점 더 심화되는 국가 간 경제와 주가의 차별화 현상 등이 바로 그 모습입니다. 이런 변화하는 투자환경에서 주식투자 하나만으로 자신의 재산을 지키고 또 관리하는 것은 어려운 일이 되고 있습니다. 그래서 이 책은 주식투자 이외에 다양한 형태의 대안투자 상품을 알아봄으로써 보다 폭넓은 투자의 세계를 열 수 있게 도와줍니다.

## 실제 투자에서 수익을 얻기 위해 반드시 알아야 할 것!

21세기의 투자는 기업의 내용과 주가의 움직임만 보면서 달려가는 것으로는 부족합니다. 경제활동을 하는 사람들의 행동 특성을 분석함으로써 내게 잘못된 습관은 없는지 되돌아보고, 만약 그런 것이 있다면 과감하게 고쳐나가는 태도가 필요합니다. 또 시장에서 나와 경쟁하고 있는 사람들의 행동에 옳지 못한 습관이 있다면, 이를 역으로 이용해 수익을 올릴 환경을 만드는 것도 중요한 투자 포인트입니다.

《저는 주식투자가 처음인데요 투자전략편》은 이처럼 실제 투자에서 수익을 얻기 위해 반드시 필요한 정보를 엮어낸 책입니다. 주식투자의 기본 개념을 익히는 데 주안점을 두었던 전편인 《저는 주식투자가 처음인데요 기본편》에서 한 단계 발전한 내용이라고 볼 수 있습니다. 모쪼록 이 책이 하루가 다르게 변화하는 투자세계에 우리 투자자들이 제대로 적응하기 위한 작은 나침반 역할을 할 수 있다면 더없이 기쁜 일이 될 것입니다.

이 책과 함께 하는 모든 투자자가 성공투자라는 목표에 도달하기를 희망합니다.

2014년 9월

경영학 박사 강병욱

# 실전투자 어떻게 시작할까?

### 1부에서 주식투자의 대가들을 만나세요!

HTS와 MTS로 투자하는 방법은 좀 알겠는데 도대체 무슨 생각으로 투자에 임해야 할지 갈피를 못 잡겠다면, 역사상 최고의 투자 대가들의 철학과 전략을 배우며 나만의 투자원칙을 세워보세요!

### 2부에서 투자의 마인드를 바로잡으세요!

열심히 기업을 분석해도, 차트를 뚫어져라 쳐다봐도 투자를 하는 내 마음이 혼란스러우면 투자에 성공하기란 어렵겠지요. 2부에서 다루는 행동경제학을 통해 잘못된 선택으로 이끄는 마음의 오류를 바로잡아보세요!

### 3부에서 주식 말고 다른 투자를 배워보세요!

금융투자에는 주식만 있는 게 아니죠. 투자를 시작했다면 더욱 넓은 시야가 필요합니다. 주식투자만으로 수익을 만들어내기에는 현재의 투자환경이 빠르게 변하고 있습니다. 그러니 지금부터 대안투자를 알아둘 필요가 있습니다!

## 1. 주식투자를 왜 하나요? 수익을 얻으려면 전략이 필요합니다!

자, 이제 컴퓨터로, 스마트폰으로 주식투자하는 방법은 배웠는데 막상 시작하려니 무슨 주식에 어떻게 투자해야 할지 막막하다고요? 남의 말 듣고 투자를 해보긴 했는데 돈만 쓰고 얻은 게 없다고요? 투자방법만 안다고 섣불리 주식을 시작하는 건 실패로 가는 지름길입니다. 이 책은 주식을 시작하는 분들이 나만의 투자원칙과 전략을 세우도록 돕습니다.

## 2. 역사상 최고의 투자 대가들이 사용한 전략을 한눈에 확인하세요!

워런 버핏, 피터 린치, 앙드레 코스톨라니…. 역사상 최고의 주식투자 대가들은 다릅니다. 일생에 걸친 연구를 통해 자신만의 투자원칙을 세우고, 놀라운 수익률로 이를 증명했지요. 이 책은 14명의 주식투자 대가들의 삶에서 우러나온 투자철학과 이를 바탕으로 꼼꼼하게 기록한 투자전략들을 한눈에 살펴볼 수 있도록 엮어냈습니다.

## 3. 사람이라서 잘못된 투자 선택을 하게 되는 심리적 오류를 바로잡으세요!

기업분석과 차트분석을 아무리 잘해도, 결국 선택의 순간을 좌우하는 것은 내 마음상태입니다. 사람이기에 잘못된 선택을 할 수도 있고 그래서 한순간에 투자실패의 길로 들어설 수 있지요. 이 책은 그러한 심리적 오류를 바로잡을 수 있도록 행동경제학의 연구결과를 차근차근 살펴보고 투자에 임하는 자세를 바로잡아줍니다.

## 4. 주식이 안 될 땐 다른 데 투자하면 안 될까요? 대안투자를 살펴봅니다!

사람들은 왜 주식에 투자할까요? 지금 이 책을 펼친 투자자도 마찬가지입니다. 우리는 수익을 내기 위해 투자를 합니다. 지금 투자환경은 빠르게 변하고 있습니다. 어쩌면 주식투자만으로 기대했던 수익을 내기 어려울 수도 있지요. 이에 발맞춰 새로운 투자의 대안들이 계속 나오는 상황입니다. 그러니 이제는 주식만 보지 말고, 투자의 시각을 넓혀보세요!

## Part *1* 이것이 대가들의 투자전략이다!

## CHAPTER **1** 가치투자로 성공한 거인들

# CHAPTER ② 실전에서 성공한 고수들

# CHAPTER ③ 흔들림 없이 원칙을 지킨 정석투자자들

## Part *2* 행동경제학으로 심리적 오류 뛰어넘기

# CHAPTER ④ 실패를 부르는 자신감의 함정에서 벗어나기

# CHAPTER ❺ 사람의 판단은 정교하지 않다 – 휴리스틱

## CHAPTER ⑥ 실제 가치를 왜곡하는 사람의 심리 – 전망이론

## CHAPTER ⑦ 마음속에 나눠져 있는 몇 개의 통장 – 심적회계

# Part 3 우물 안 개구리를 벗어나라(대안투자)

## CHAPTER 8 채권, 경기불황기의 효자상품

## CHAPTER 9 해외주식, 애플에 직접 투자해보자

## CHAPTER 10 펀드, 투자전문가에게 맡겨보자

"

투자의 대가들을
한자리에 모았습니다!

———————

주식투자에도 대가들이 있습니다.

워런 버핏, 조지 소로스 같은 이름을 한 번씩은 들어본 것 같은데

그들이 왜, 어떻게 최고의 투자자로 이름을 날리는지는 모르겠다고요?

이 투자의 현인들이 보통 사람들은 꿈도 못 꿀

수익을 어떻게 내는지는 그들의 책을 보면 알 수 있습니다.

하지만 그 많은 책을 다 읽고 시작하기란 어렵지요.

그래서 준비했습니다.

1부에서는 주식투자 대가들이 과연 어떤 투자철학과

투자방법을 가지고 있었는지 알아보고 평가해보겠습니다.

그들의 인생관부터 어떤 기업에 투자해야 하는지,

또 어떤 기업에는 투자하지 말아야 하는지 일목요연하게 정리했습니다.

"

# 주식투자에서 돈과 정보력만큼 중요한 것

직장생활을 하며 틈틈이 주식투자법을 공부했던 일광 씨. 그동안 주식공부에 푹 빠져서 좋아하던 술도 줄이고, 주말에는 강연을 찾아다니며 공부한 덕분에 이제는 HTS 화면을 보면 뭐가 뭔지 좀 알게 되었습니다. 그사이 통장에 돈도 좀 모였고요.

화창한 어느 주말 오후, 그날도 일광 씨는 카페에 앉아 어떻게 투자를 시작하면 좋을까 머리를 요리조리 굴리고 있었는데요. 온종일 앉아서 생각을 해봐도 여전히 선뜻 어딘가에 투자를 시작하기가 겁이 납니다. 왜 그럴까요? 투자를 시작하기로 마음먹은 것도 확고하고, 그렇게 단단히 마음먹은 만큼 조금은 손해를 봐도 괜찮겠다 싶을 정도로 돈도 모였습니다. 그런데 주저하고 있습니다. 대체 뭐가 부족한 걸까요?

**일광 씨** 이제 웬만큼 투자하는 방법은 알겠는데, 왜 이렇게 시작하기가 겁나는지 모르겠네요.

**슈퍼 개미** 당연하지요. 투자방법을 알았다고 아무 전략 없이 뛰어들었다가는 쫄딱 망하기 쉽지요. 하물며 투자 고수들도 마찬가지입니다. 다른 일 없이 매일같이 온갖 뉴스와 자료에 파묻혀 주식투자만 하는 고수들에게도 시작이 어렵기는 매한가지지요.

**일광 씨** 투자하는 방법을 아는 것과 투자해서 수익을 얻는 것은 다른 거란 얘기네요. 그럼 도대체 어떻게 투자를 해야 하나요?

주식투자에 성공하기 위해서는 무엇이 필요할까요? 자금력, 정보력 등이 중요하다는 건 누구나 알 수 있습니다. 자금력이 중요하다면 과연 얼마만큼 돈이 있어야 주식시장에서 성공할 수 있을까요? 수백억 원 내지는 수천억 원이 있으면 성공할 수 있을까요?

우리나라 증시에서 전설의 큰손으로 불렸던 광화문 곰의 사연을 보면서 마음을 다잡아보도록 하겠습니다.

광화문 곰의 본명은 고성일이고 고향은 황해도 연백입니다. 7남매의 장남으로 장사 수완을 타고난 고성일 씨는 20대 초반에 광목장사로 이미 거부가 되었습니다. 당시 한강 이남에서 광목을 사다가 옷감이 귀한 이북에 팔아 몇 곱절의 이문을 남겼다고 합니다. 휴전된 뒤로는 무역에 눈을 떴는데 1959~1961년 3년 연속 수입 랭킹 1위를 기록할 정도로 성공했지요. 군복을 염색해 입던 시절 해외에서 염료를 수입해 오면, 그 즉시 가격이 20배 이상 뛰었다고 합니다. 그의 창고 앞에는 염색업자들이 염료를 구하기 위해 돈 들고 줄을 서곤 했다고 전해집니다.

이렇게 엄청난 부를 축적한 고성일 씨는 1960년대 말부터 땅을 사들이기 시작했습니다. '분단으로 살 땅이 줄어든 데다, 내가 자식을 7남매나 낳았듯이 인구도 불어날 테니 땅값이 올라갈 것'이라고 본 겁니다. 당시 수도권에 얼마나 많은 땅을 사 모았던지, "그의 땅을 밟지 않고는 서울로 들어올 수 없다"라는 말이 회자되곤 했습니다. 그 후 그의 혜안이 적중해 아파트 건축 붐이 불면서 그는 절로 돈벼락을 맞았습니다.

이렇게 6·25전쟁 이후 염료 수입업으로 번 돈을 서울 주변 땅에 투자해 또다시 거부가 된 후, 고성일 씨는 1978년 당시에도 큰돈인 100억 원을 갖고 주식시장에 뛰어들었습니다. 그리고 주가가 급등한 건설주에 투자해 주식으로도 엄청난 재산을 모았습니다. 당시 증권시장 주변에서 "하루 전체 주식거래 규모 중

30%가 그의 계좌에서 나온다" "광화문 곰이 특정 주식을 샀다는 소문만 나도 그 주식은 폭등한다"는 말이 나올 만큼 그는 막대한 영향력을 행사했습니다. 증권가에 따르면 "고 씨는 1976~1978년 중동 건설 경기가 좋을 때 건설업종 전체를 상한가로 주문 낼 수 있을 정도의 자금력이 있었다"는 말이 나돌 정도였습니다.

그에게 '광화문 곰'이라는 별명이 붙은 건 1980년 초 공영토건, 경남기업, 진흥기업 등의 주식을 500만 주씩 사들여 막강한 자금력을 과시하면서부터입니다. 주식을 곰처럼 미련하게 매매한다고 해서 얻은 별명인 겁니다.

하지만 그렇게 막강한 힘을 행사하던 '광화문 곰'에게도 쇠락의 길이 찾아옵니다. 사양길로 접어든 건설주를 집중적으로 매입했다가 큰 손실을 본 겁니다. 광화문 곰은 서울 광화문 뒤쪽 세종빌딩에 세형상사라는 사무실을 차려놓고 회장으로 있었는데요. 10여 명의 직원을 시켜 여러 증권사에 퍼져 있는 주식계좌를 통해 투자하고 부동산을 관리토록 하는 '투자꾼'이었습니다. 하루의 현금 동원 능력이 수백억 원대이며 부동산을 합친 전체 재산은 수천억 원대에 이르는 것으로 알려졌습니다.

그러나 이 증권가의 큰손도 1990년대 초반의 주가하락에는 맥을 못 췄다고 합니다. 증시 규모가 그 전보다 훨씬 커졌는데도 고성일 씨는 예전 실력만을 믿었지요. 신용금고에서 돈을 빌려 주식시장에 쏟아부었는데, 3년이 넘게 내림세가 계속되는 증시 상황에서 결국 투자원금도 제대로 건지지 못한 채 큰 손실을 본 것입니다.

고 씨는 말년에 증권가에서 '신사답지 못한 큰손'으로 알려졌습니다. 당시 일부 증권사에서 광화문 곰과 관련된 계좌에 신용융자를 주지 못하게 하는 조처를 했을 정도로 신뢰도가 땅에 떨어진 것이지요. 고 씨는 1980년대 후반부터 1990년대 초반까지 계속된 주식투자 실패로 큰 손실을 본 뒤 주식투자를 그만두었다고 합니다. 1991년에는 한보철강 주식의 시가 조종 혐의로 고발되었고, 1992년에는 상호신용금고 불법대출과 관련돼 불구속되는 등 잇따른 대형 금융사고로 곤욕을 치렀습니다. 1993년 금융실명제 시행 이후에는 증권사의 가·차명계좌를 이용한 거래마저 어려워지면서 큰 타격을 입었습니다. 그리고 1997년 9월 10일 향년 77세로 생을 마감했습니다.

일생을 사업으로 그리고 부동산 투자 혜안으로 큰돈을 벌었던 전설의 큰손도 결국 주식시장에서는 무릎을 꿇고 말았고, 시장을 이길 기회를 잡지 못한 채 역사의 한 페이지를 장식하고는 떠나버린 것입니다.

한때 우리나라 주식시장을 쥐락펴락했던 전설의 큰손이 허무하게 무너진 이유는 과연 무엇일까요? 자금력 부족이었을까요? 정보력 부족이었을까요? 둘 다 아닙니다. 투자철학이 없었던 것이 가장 큰 실패의 원인입니다.

**일광 씨** 투자에도 철학이 필요하다…. 그러니까 돈이 아무리 많아도, 남들은 알기 어려운 정보를 많이 갖고 있어도, 그보다 더 중요한 게 있다는 말이네요.

**슈퍼 개미** 그렇지요. 길게 봐야 합니다. 한두 번 투자하고 말려고 지금까지 고

생해서 투자방법을 배운 건 아니지 않습니까? 주식투자도 다른 일과 마찬가지로 결국 자신만의 철학과 전략이 필요합니다. 대가들을 한번 볼까요? 앞으로 살펴보겠지만 그들에게는 명확한 투자철학이 있었고 이를 철저히 지켰습니다.

　주식시장은 돈의 힘만으로, 또 정보의 힘만으로 정복되는 곳이 아닙니다. 주식시장은 기업가치가 거래되는 곳입니다. 철저히 기업가치를 따져보고 그 기업가치에 바탕을 둔 투자만이 성공할 수 있습니다. 그런 투자자세를 갖추기 위해서는 자신만의 투철한 투자철학과 투자원칙이 필요합니다.

　세계적으로 성공한 투자자들은 바로 그들만의 투자철학과 투자원칙을 가지고 철저히 그 원칙을 지켰던 사람들입니다. 이제 투자 대가들의 가르침을 통해 우리도 성공투자의 길로 한 걸음 다가가보겠습니다.

CHAPTER 1

# 가치투자로
# 성공한 거인들

# 피터 린치,
# 전설이 되어 떠난 월가의 영웅

**피터 린치** Peter Lynch

시장에서 철저히 외면당하는 저평가 가치주를 통해 10루타 종목을 발굴해낸 이 시대의 전설적인 펀드매니저.

"유망 종목은 멀리 있지 않고 우리 주변에서 찾을 수 있다"라는 투자철학을 가지고 자신이 가장 잘 이해하는 업종의 종목에 투자해야 성공 가능성을 높일 수 있다고 주장했습니다.

## 아내의 장바구니에서 종목을 발견하다

피터 린치는 어린 시절 아버지의 갑작스러운 사망으로 학비와 용돈을 벌기 위해 골프장 캐디 일을 시작했습니다. 당시는 미국 주식시장이 호황이던 때로, 골프장을 찾은 사람들이 주식 이야기로 열을 올리는 일이 잦았지요. 어린 피터 린치는 일찍부터 주식시장에 깊은 관심을 갖기 시작했습니다. 그리고 대학을 졸업하고 피델리티에 입사해 조사분석 업무를 했고, 이후 펀드매니저가 되었습니다.

피터 린치는 '전설이 되어 떠난 월가의 영웅'이란 수식어를 달고 다닌 사람입니다. 그가 월가의 영웅이 된 데에 사실 엄청난 비법이 있는 것은 아닙니다. 그는 일상생활에서 투자할 기업을 찾아내는 방법을 알았습니다.

피터 린치는 장바구니에 대박 종목이 숨어 있다고 믿었습니다.

예를 들어 그는 아내가 쇼핑하고 오면 장바구니를 뒤져 사 온 물건들을 보면서 지금 유행하는 상품과 그 상품을 만든 기업에 주목하는 방법으로 종목을 찾았습니다. 그런 기업 중 소위 10루타 종목이라고 불리는 대박 종목이 숨어 있었습니다.

그렇다고 피터 린치가 단순히 장바구니만 뒤진 것은 아닙니다. 그는 1년에 200개 이상의 기업을 방문했고, 또 700개 이상의 재무보고서를 직접 검토했습니다. 주식투자의 성공은 시간과 노력 없이는 이룰 수 없다는 평소의 투자신념을 철저히 지킨 결과입니다. 그는 다른 사람들이 주의를 기울이지 않는 저평가된 종목을 고르는 노력을 게을리하지 않았습니다.

또한 그는 수많은 종목을 6개의 범주로 구분해 그 종목들의 매수조건과 매도조건을 일목요연하게 정리해놓은 것으로 유명합니다. 자신만의 매매원칙을 구축해놓은 것이지요.

피터 린치는 "인내를 가져라. 계속 주목하는 주식은 실패가 없다" "어떤 기업에 대한 연구를 하지 않고 주식을 사는 것은 포커 게임에서 카드를 보지 않고 돈을 거는 것과 같다" 등의 말을 남기고 가족의 품으로 돌아간 진정한 월가의 영웅이었습니다.

피터 린치와 그의 두 딸의 모습. 그는 전성기인 47세에 가족을 위해 돌연 은퇴를 선언했고, 그 후 월가의 전설로 남았습니다.

## 핵심 투자철학

피터 린치의 투자철학을 한마디로 하면 다음과 같습니다.

"유망 종목은 멀리 있지 않고 우리 주변에서 찾을 수 있다."

신발가게 주인이 항공회사 주식을 사는 것은 바람직하지 않습니다. 자신이 잘 알거나 잘 알 수 있는 회사에 투자해야 합니다. 직장인이라면 자신이 일하는 업종의 사업내용이나 전망을 증권사 애널리스트들보다 최소 반년 정도는 먼저 알 수 있습니다. 따라서 자신이 가장 잘 이해하고 있는 종목에 투자하면 성공 가능성을 높일 수 있다는 것이 피터 린치의 투자철학입니다.

## 주식에는 6가지 범주가 있다

피터 린치는 특정 산업 내에서 투자하고자 하는 기업을 선정할 때 같은 업종의 다른 업체들과 비교해 규모를 먼저 파악했습니다. 그다음 저성장기업, 대형우량기업, 급성장기업, 경기변동형 성장기업, 자산형 기업, 전환형 기업이라는 6가지 범주로 분류했습니다.

**저성장기업** | 저성장기업은 초기 고도성장기를 거쳐 성장률이 떨어진 업체를 말

합니다. 자사의 역량을 소진했거나 더 이상의 성장기회를 찾지 못하는 기업인데, 대체로 산업 전반이 저조해지면 해당 산업 내 대부분 기업의 성장률이 떨어집니다. 저성장기업은 일반적으로 해당 국가의 GDP 성장률과 비슷하게 성장합니다. 이런 저성장기업의 특징은 비교적 규칙적으로 높은 배당을 지급한다는 점인데, 이는 더 이상 사업 확장을 위해 자금을 사용하지 않기 때문입니다.

**대형우량기업(중간성장기업)** | 대형우량기업은 대형주 중에서 급성장하지는 못하지만 저성장기업보다는 빠른 성장을 보이는 기업을 말합니다. 일반적으로 연간 10~12% 정도의 성장률을 보입니다. 이들 기업의 주식은 언제, 얼마에 매수했는지에 따라 상당한 수익을 주기도 하고 그렇지 않기도 합니다. 하지만 이런 대형우량기업은 경기후퇴기나 주가침체기에 상당히 좋은 안전판 작용을 합니다. 왜냐하면 어지간해서는 파산하지 않으며 위기가 지나면 곧바로 재평가되어 가치를 회복하기 때문입니다.

**급성장기업** | 급성장기업은 연간 20~25% 정도 성장하는 작지만 진취적인 신규기업입니다. 이들 기업은 적게는 10~40배에서 많게는 200배까지의 큰 수익을 남겨주기도 합니다. 여기서 주의해야 할 것은 급성장기업이라고 해서 반드시 첨단산업과 같은 고도성장산업에 속하는 것은 아니라는 점입니다. 저성장업에서도 사업 확장이 제대로 이루어지는 기업은 급성장기업으로 분류할 수 있습니다.

**피터 린치가 말하는 '성장기업'이란?**
판매, 생산, 수익에서 작년보다 올해 더 많은 성과를 얻은 기업을 말합니다. 그중에서도 급성장기업은 연간 20~30% 정도의 속도로 성장하는 기업을 뜻합니다. 피터 린치의 6가지 분류 중 성장과 관련된 것은 저성장기업, 대형우량기업(중간성장기업), 그리고 급성장기업입니다. 주식을 범주별로 분류했다는 것은 주식분석을 얼마나 합리적으로 했는지를 방증합니다.

피터 린치가 피델리티에서 일하던 13년 동안 그가 운용한 마젤란펀드는 연평균 29.2%의 수익률을 기록했습니다.

일반적으로 급성장기업은 많은 위험을 내포하는데, 의욕은 과다하지만 재정적 뒷받침이 부실한 초창기 업체들은 특히 그렇다고 봐야 합니다. 급성장기업 가운데 소규모 기업은 부도의 위험을 안고 있고, 대규모 기업은 흔들리기 시작하면 주가가 급락하는 특징이 있습니다.

하지만 이러한 기업은 성장을 계속할 수만 있다면 큰 성공을 거둘 수 있습니다. 따라서 이들 기업에 투자해 성공을 거두기 위해서는 대차대조표를 면밀히 검토해 재무구조가 양호한지 확인해야 합니다. 또한 이들 기업이 언제 성장을 멈출 것인지, 그리고 성장을 위해서는 얼마가 투자되어야 하는지 가늠할 수 있어야 합니다.

**경기변동형(주기형) 성장기업** | 경기변동형 성장기업은 일정한 형태로 매출 및 수익이 변동하는 업체를 말합니다. 성장산업은 사업이 확장되기만 하면 되지만, 경기변동형 성장산업은 사업의 확장과 축소가 반복하는 모습을 보입니다. 대표적인 경기변동형 산업은 자동차, 철강, 항공, 화학 산업 등입니다. 이러한 유형의 기업은 경기침체기를 벗어나 회복기로 진입하면 기업의 영업환경이 호전되어 주식가격이 대형우량기업보다 훨씬 빨리 상승하는 경향을 보입니다. 하지만 경기가 하강국면으로 들어가면 고전을 면치 못해 투자자들이 다음번 경기활황 때까지 기다려야 하는 경우도 있습니다.

일반적으로 경기변동형 성장기업의 주식에 대해 잘못된 인식을 가진 사람들이 많습니다. 해당 유형 기업의 주식이 안전하다고 믿는 것이 그렇습니다. 주요 경기변동형 성장기업으로 흔히 잘 알려진 대형기업이 많아서 그런 오해가 생깁니다. 그러나 중요한 건 경기변동형 성장산업에서 그 기업이 속한 산업이 현재 침체기에 있는지, 아니면 회복기로 접어들었는지를 알아야 한다는 것입니다. 그것이 바로 경기변동형 성장기업에서 성공하는 비결입니다.

**전환형 기업** | 전환형 기업은 흔히 전환이 이루어지기 전에는 잠재적 사양기업으로 분류됩니다. 경기변동형 성장기업보다 못한 취급을 받는데, 이들이 스스로 회사를 경영하는 것은 벅찬 일이기 때문입니다. 하지만 이러한 기업은 구조조정을 통해 회생하게 되면 상당히 빠른 회복세를 보이는 것이 특징입니다.

**자산형 기업** | 자산형 기업이란 일반적으로 투자분석가들이 발견하지 못한 가치를 지니고 있는 기업을 말합니다. 예를 들어 광산이나 보유하고 있는 부지가 뜻하지 않게 개발되는 등 부동산 호재와 관련된 기업의 경우, 또는 회사의 한 사업부에서 가진 가치가 뜻하지 않게 커지는 경우 등입니다. 방송사업과 같이 진입장벽이 높은 사업부를 보유한 기업이 그런 경우겠지요. 또한 프랜차이즈나 영업권도 같은 맥락에서 이해할 수 있습니다.

## 피터 린치가 좋아하는 주식

앞에서와 같이 6가지 범주를 기준으로 매입하고자 하는 주식이 어디에 속하는지를 판단한 다음에는, 그 주식을 매입할 때 어떤 점을 고려해야 하는지 살펴봐야합니다. 피터 린치가 생각하는 훌륭한 회사란, 큰 성장이 기대되는데도 기관투자가를 비롯한 시장 참여자들이 전혀 관심을 두지 않는 회사입니다. 이런 회사들은 몇 년 내에 제대로 평가받는 시점이 오고, 그 과정에서 큰 수익을 올립니다. 따라서 좋은 주식이란 시장 참여자들의 관심이 미치지 못하는 가운데 높은 성장을 기

록하고 있거나, 혹은 앞으로 기록할 주식을 가리킵니다. 피터 린치는 그러한 주식의 특징을 다음과 같이 정리했습니다.

**1. 회사 이름이 하찮게 들리거나 우습게 들리는 기업이 좋다**
좋은 주식이 되기 위해서는 매우 단순한 비즈니스를 하는 기업이어야 합니다. 특히 회사 상호가 따분한 것일수록 더 좋습니다. 이런 주식들은 대부분 분석가의 관심에서 벗어나 있어 숨은 진주가 되는 경우가 많습니다.

**2. 하찮아 보이고 따분한 사업을 한다**
이런 기업들이야말로 사람들의 관심에서 벗어난 경우가 많습니다. 따분한 사업이란 고철의 재처리나 병마개 제조와 같은 사업을 예로 들 수 있겠지요. 특히 따분한 사업을 하면서도 매출 기반이 단단하며 재무구조도 좋은 기업이라면 주식시장에서 저평가된 상태로 있는 경우가 대부분입니다.

**3. 무언가 혐오감을 일으키는 성질의 사업을 한다**
쓰레기 재처리라든가 장례, 오물 수거, 세차, 청소 등 누가 들어도 인상을 찌푸릴 만한 일을 하는 회사를 말합니다. 이런 회사들은 기관투자가의 관심을 받기 어렵고, 경쟁사가 생길 가능성도 매우 낮습니다. 지난 몇 년간 높은 성장성을 보이고 있음에도 업종이 혐오감을 일으키면 주목을 받지 못하는 경우가 있는데, 바로 그런 회사들이 가치를 평가받을 때 높은 수익을 안겨줍니다.

**4. 해당 기업이 모기업으로부터 분리 독립된 자회사다**
모기업은 사업부서를 분리 독립시키면 자회사가 곤경에 빠지는 것을 바라지 않는 경향이 있습니다. 그래서 분리 독립된 자회사들은 건실한 재무구조를 갖추고 독립된 사업체로 성공하기 위한 준비가 잘된 경우가 많습니다. 또한 이런 회사들은 독립성이 확보되면 비용절감 등을 포함해 수익성 증대를 위한 경영진의 창의적인 경영이 추진되는 경우가 많습니다.

## 5. 기관들이 보유하고 있지 않으면서 증권분석가들도 취급하지 않는다

기업내용은 좋은데 기관투자가들이 전혀 보유하고 있지 않은 종목이 있다면, 거기다 해당 기업을 분석하는 애널리스트가 없다면, 그 회사의 주식은 높은 수익을 올릴 수 있습니다.

## 6. 성장이 전혀 없는 업종이다

많은 사람들이 고도성장하는 첨단산업에 투자하길 즐깁니다. 하지만 그런 기업들은 성장의 동력이 떨어지고 나면 급락하는 단점이 있습니다. 반면에 성장이 거의 없으면서 안정된 영업 기반을 가진 기업들은 수명이 오래간다는 특징이 있습니다. 특히 성장하지 않는 산업에는 어지간해서는 새롭게 진입하려는 사람들이 없으므로 경쟁에서 한 발짝 옆으로 비켜서 있을 수 있습니다.

성장이 없는 산업에서 주도적인 위치를 차지하는 기업이라면 더욱 좋습니다. 왜냐하면 다른 회사들이 그 업계를 떠날 생각을 하고 있어 독점기업으로 남을 가능성이 크기 때문입니다. 또한 그런 산업에는 신규 진입자가 거의 없어 독점적 지위를 더욱 확고하게 유지할 수 있습니다.

## 7. 남들이 거들떠보지 않는 틈새에 있다

남들이 거들떠보지 않는 틈새가 있다는 것은 그 사업에 어지간해서는 다른 기업이 진입하지 않는다는 뜻입니다. 틈새시장은 진입장벽 없이는 유지되기 어려운 특징이 있습니다. 이런 경우 틈새시장에서 지배적인 위치에 있는 기업은 독점기업과 같은 이윤을 누릴 수 있습니다.

## 8. 사람들이 꾸준히 사는 물건을 팔아야 한다

음료, 약품, 생활용품 등 사람들이 살아가면서 늘 사용해야 하는 제품을 만드는 기업에 투자해야 합니다. 일시적인 유행을 따라가는 기업은 위험한 기업입니다.

## 9. 테크놀로지를 이용하는 업체여야 한다

소위 완성품 산업이라고 불리는 전방산업보다는 부품을 제공하는 후방산업을 말합니다. 완성품을 이용하는 기술을 가진 기업도 여기에 포함됩니다. 완성품의 매출이 늘어나면 당연히 부품의 매출도 늘어나기 때문이지요. 또 완성품이 경쟁에 휘말려 가격이 떨어지더라도 부품은 상대적으로 충격이 작다는 장점이 있습니다.

## 10. 내부자들이 자사 주식을 산다

회사의 내부자들이 자사 주식을 사서 투자하고 있다면, 그보다 성공 가능성이 큰 주식은 없을 겁니다. 일반적으로 회사의 내부자들은 주식을 매도하려는 성향이 있습니다. 그런 내부자들이 자사 주식을 매수한다면, 해당 기업은 최악의 경우에도 최소한 6개월 내에는 망하지 않는다고 확신해도 좋습니다.

## 11. 회사에서 자사 주식을 사들이고 있다

기업이 주주가치를 극대화하는 방법으로 자사 주식 매입이 있습니다. 어떤 회사가 스스로의 장래에 대한 믿음을 가지고 있다면 다른 주주들과 마찬가지로 자사 주식을 매수하겠지요. 이렇게 되면 유통시장에서 회사의 유통 주식수가 줄어들고 결국 주당순이익에 커다란 영향을 줍니다.

## 피터 린치가 싫어하는 주식

피터 린치는 꼭 피해야 할 주식에 대해서도 언급하고 있는데, 그런 주식에는 다음과 같은 특징이 있습니다.

### 1. 가장 관심이 집중된 산업의 가장 화제가 된 회사

최근 시장에서 가장 각광받는 회사는 가장 나쁜 주식에 속합니다. 시장 참여자들은 이런 기업들이 시장에서 무엇을 하는 회사인지, 매출이 실제로 늘고 있는지 확인도 거치지 않고 투기적으로 매수하는 경향이 있는데, 그러다 보니 PER가 30~40배에서 심지어 50~100배에 이르는 경우도 있습니다. 이런 유형은 오직 다른 사람의 의견에 의해서만 주가가 형성되기 때문에 바닥을 모르고 추락하는 경우가 많습니다.

### 2. '차세대 IBM' '차세대 삼성전자' '제2의 ○○○'

'제2의' 내지는 '차세대'로 지칭되는 기업은 현실에서 거의 실현되는 경우가 많지 않으므로 조심해야 합니다.

### 3. 사업다악화事業多惡化를 하는 기업

보유한 현금을 합병의 실익이 없는 회사를 매입하는 데 다 써버려, 결국에는 부채

**PER가 뭔가요?**

PER는 주가수익비율이라고도 합니다. 주가를 주당순이익으로 나누어서 구합니다. 만약 여러 기업 중 어떤 기업의 PER가 낮다고 해봅시다. 그러면 그 기업은 주가가 같은 수준일 때 주당순이익이 큰 기업, 또는 주당순이익이 같을 때 주가가 낮은 기업을 뜻합니다.

PER(주가수익비율)=주가÷주당순이익

만 남은 기업은 기업가치를 훼손시키는 대표적인 기업이므로 조심해야 합니다.

### 4. 누군가 속삭이며 알려주는 주식

"이거, 사실 A 회사 이사한테 직접 들은 이야기인데 말이야"처럼 누군가가 내게 다가와서 속삭이는 주식은 조심해야 합니다. 왜냐하면 확실히 상승할 것으로 판단되는 기업은 그 누구라도 다른 사람에게 알려주지 않을 것이기 때문입니다.

### 5. 단일 고객에 매출의 대부분이 좌우되는 회사

자사의 매출처가 단일 고객에 한정되는 경우도 위험합니다. 왜냐하면 수요처 역할을 하는 기업이 위험에 처할 경우, 덩달아서 위험에 빠질 수 있기 때문입니다. 자신의 운명을 남의 손에 맡겨두는 기업도 피해야 하는 대표적인 기업입니다.

### 6. 이름이 멋진 회사

이름이 멋진 회사들은 애널리스트들의 표적이 되기 쉽고, 그래서 주가도 기업의 가치 이상으로 형성되는 경우가 많습니다. 특히 이런 기업들은 실제로 가치는 별로 없으면서 시장의 관심을 끌기 위해 이름을 바꾸기도 합니다. 그중에는 부실회사라는 오명을 씻기 위해 그럴듯한 이름으로 사명을 바꾸는 경우도 있기 때문에 피해야 합니다.

## 종목 선정 시 주목해야 할 숫자들

피터 린치는 매수할 주식을 선정한 이후에 다음과 같은 지표들을 이용해 기업을 분석했습니다.

**매출액비율** | 회사에서 히트 치고 있는 상품이 그 회사 전체 매출에서 어느 정도

비중을 차지하는지 반드시 확인해야 합니다. 만약 히트상품의 매출 비중이 크다면 좋지만 그렇지 않다면 별로 좋을 것이 없는 상태입니다.

**PER(주가수익비율)** | 일반적으로 수익성장률의 절반에 해당하는 PER는 매우 긍정적이라고 판단할 수 있습니다. 반면 수익성장률의 2배 이상을 기록하는 PER는 매우 부정적인 것으로 판단해야 합니다.

**현금보유 상황** | 기업이 현금을 많이 보유하고 있다는 것은 일단 환영할 만한 일입니다. 보유한 현금은 내가 주식을 사면 보너스로 받게 됩니다. 물론 항상 현금 상황이 중요한 것은 아닙니다. 다만 기업이 그 현금을 어떻게 사용하고 있는지는 반드시 확인해야 합니다. 만약 기업이 풍부한 현금을 바탕으로 배당을 늘리고 자사주를 매입함으로써 주주가치 증대에 힘썼다면, 이는 긍정적인 신호입니다. 하지만 만약 잘못된 사업다각화에 돈을 쏟아붓는다면, 이는 매우 부정적인 신호로 받아들여야 할 것입니다.

**부채비율** | 부채비율은 '부채총계÷자기자본×100%'로 구할 수 있는데 이 비율이 지나치게 높다는 것은 도산의 가능성이 있어 불황기를 제대로 견딜 수 없다는 뜻입니다. 따라서 부채비율은 가급적 낮은 것이 좋습니다.

한 가지 더 살펴봐야 하는 것은 부채의 만기구조입니다. 부채는 1년 이내에 갚아야 하는 유동부채(단기부채)와 비교적 장기간 사용할 수 있는 비유동부채(장기부채)로 나뉩니다. 기업의 입장에서 단기부채가 많다는 것은 그만큼 단기적인 부도 상황에 빠질 우려가 있다는 뜻입니다. 따라서 부채구조를 살필 때 부채비율을 확인한 후, 단기부채와 장기부채 비율도 반드시 함께 살펴보아야 합니다.

**배당금** | 기업이 배당금을 정기적으로 지급하는 것이 좋은지는 논란의 여지가 있

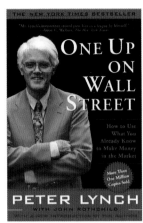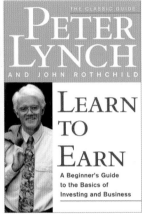

피터 린치가 저술한 책들.《전설로 떠나는 월가의 영웅》《피터 린치의 투자 이야기》《피터 린치의 이기는 투자》.

습니다. 주주가 배당금으로 더 큰 수익을 올릴 기회가 있다면, 기업은 당연히 배당금을 지급해야 합니다. 하지만 배당하지 않고 회사에 유보해 신규투자로 더 큰 수익을 올릴 기회가 있다면, 회사 입장에서는 당연히 배당하지 않겠지요. 대신 신규투자로 더 큰 이익을 얻어서 주가를 올리는 것이 주주가치를 증대시킨 올바른 의사결정이었다고 평가받을 것입니다.

배당을 하느냐 유보를 하느냐 판단하는 것은 주주와 경영자 사이의 줄다리기 게임과 같습니다. 경영자의 입장에서는 항상 사업을 확장하고자 하는 유혹을 느낍니다. 더욱 큰 규모의 조직을 움직이고 싶어 하는 것이 바로 경영자들의 욕망이지요. 따라서 많은 경영자들이 가급적 이익을 유보해서 이를 사업다각화의 재원으로 사용하려고 합니다. 하지만 문제는 제대로 된 사업다각화가 과연 이루어질 수 있느냐는 것입니다.

이런 입장에서 보면 주주는 기업이 유보해서 사업다각화에 나서는 것보다 현금배당이나 자사주 매입을 통해 유통주식수를 줄여주는 것을 더 선호합니다. 과거의 경우를 보더라도 꾸준히 배당하거나, 자사주를 매입하는 기업의 주가가 더 견고한 흐름을 보였음을 알 수 있습니다.

**장부가치** | 장부가치가 높은 회사일수록 사람들은 이를 자산주로 인식합니다. 장부가치는 일반적으로 **청산가치**[1]로 인식되는데, 만약 어떤 회사의 주당 장부가치가 2만 원인데 주가가 1만 원이라면 사람들은 그 주가가 매우 낮게 평가되었다고 생각합니다. 하지만 문제는 기업의 장부가치와 실제 가치 사이에 큰 괴리가 생길 수 있다는 것입니다. 즉 기업이 보유한 고정자산은 실제로 그 자산을 매각하게 되면 장부가치에 비해 형편없는 가격을 받거나, 가치가 전혀 없는 자산인 경우도 많습니다. 따라서 기업의 장부가치에 근거해 투자하려고 한다면, 장부가치와 실제 가치 사이에 어느 정도의 괴리가 있는지 반드시 확인해 과대평가된 자산은 없는지 판단한 이후에 투자해야 합니다.

**숨겨진 자산** | 시장에서 인식하지 못하는 숨겨진 자산이 있는 경우입니다. 예를 들면 프랜차이즈의 가치라든지, 보유하고 있는 부동산이 용도가 변경되어 그 가치가 올라가는 경우 등을 말합니다.

**현금흐름** | 현금흐름이란 사업의 결과로 기업이 얻는 돈의 액수를 말합니다. 모든 기업은 현금을 벌어들이지만, 어떤 기업들은 돈벌이를 위해 다른 업체보다 더 많은 지출을 하는 경우도 있습니다. 따라서 투자를 할 때 관심을 가져야 할 것은 일반적인 현금흐름보다는 잉여현금흐름입니다. 즉, 벌어들인 현금에서 미래 투자를 위한 자본적 지출을 제외한 현금흐름에 주목해야 합니다.

**재고자산** | 제조업이나 유통업에서 재고자산의 규모가 빠르게 증가하는 것은 좋지 못한 신호로 받아들여야 합니다. 기업들은 재고가 쌓이면 재고조정을 위해 염가세일을 하는 경우가 많습니다. 특히 섬유, 패션 제품에 그런 경우가 많은데, 일

---

1 **청산가치** 기업이 영업활동을 중단하고 청산할 경우 산출되는 가치를 말합니다.

반적으로 제품가격은 그 제품을 만드는 데 들어간 변동원가 정도까지 내려서 팔수 있기 때문에 상상도 못할 염가로 처분하는 경우가 많습니다. 이때 회사는 현금유동성에 숨통이 트일지 모르지만, 향후 기업의 존망을 장담하지 못하게 되기도 합니다. 다만 자동차산업은 재고가 쌓여 있어도 앞의 경우와 같은 재고조정은 일어나지 않습니다.

기업들은 재고관리에 특히 만전을 기해야 합니다. 재고가 지나치게 쌓여도 안되지만, 또 재고가 부족해서 물건을 제때 공급할 수 없는 것도 막대한 손실을 입습니다.

**성장률** | 주식시장에서 대다수 사람들은 '성장=사업 확대'라는 공식을 믿고 있습니다. 그래서 많은 사람이 간과하는 성장주들이 있습니다. 성장은 업종 구분만으로 가려낼 수 없습니다. 진정한 의미의 성장이란 사업 확대가 이루어지지 않더라도 매출이나 이익이 지속적으로 늘어나는 기업을 말합니다.

**세전이익** | 세전이익은 기업분석가들이 많이 이용하는 지표입니다. 일반적으로 세전이익은 매출액에서 판매관리비, 영업 외 비용과 수익을 가감한 이후에 산출되는 이익입니다. 업종 간에 이 지표를 비교하는 것은 큰 의미가 없지만, 업종 내에서 각 기업 간 세전이익률을 살펴보는 것은 좋은 지표가 될 수 있습니다.

결론적으로 보면 세전이익률이 가장 높은 업체가 비용이 가장 적게 드는 사업체인데, 이런 사업체는 사업이 악화되는 여건에서도 살아남을 확률이 매우 크다고 봐야 합니다. 투자할 때 가장 바람직한 종목은 호황, 불황을 막론하고 장기 보유 시에 비교적 높은 세전이익률을 갖는 종목이고, 성공적인 전환형 종목을 고를 때는 비교적 낮은 세전이익률의 기업을 선택해야 합니다.

## 피터 린치처럼 종목 발굴하기

자, 그럼 앞서 살펴본 피터 린치가 주목하는 수치들을 이용해 종목을 선정해보겠습니다. 일단 현재 HTS에서 제공하는 조건검색에서 사용 가능한 것들만 뽑았습니다. 완전하다고 보기 어렵지만, 그래도 몇 가지 조건들을 통해 피터 린치를 조금이라도 따라가보도록 하겠습니다. 피터 린치를 따라잡기 위한 조건들은 다음과 같습니다.

❶ PER가 수익성장의 2분의 1 이하인 종목을 찾습니다. 이를 볼 수 있는 지표는 PEG 지표입니다. PEG는 'PER÷성장률'인데, 이 지표가 낮을수록 저평가된 것으로 볼 수 있습니다. PEG 비율은 다음에 나오는 화면과 같이 0.5배 이하로 설정했습니다.

❷ 영업현금흐름의 경우 기업의 규모에 따라 달라지겠지만 영업현금흐름이 클수록 좋다는 점을 고려할 때, 임의로 500억 원 이상의 현금흐름을 보이는 종목으로 한정했습니다.

❸ 부채비율은 낮을수록 좋습니다. 우리나라에서는 기업들에 부채비율을 200% 이하로 맞추라고 요구하지만 이는 너무 높습니다. 따라서 부채비율을 50% 이하로 정했습니다.

❹ 자산가치가 뛰어난 종목을 찾는 조건은 바로 주가순자산비율인 PBR 지표입니다. PBR는 '주가÷주당순자산가치'로 계산합니다. 일반적으로 PBR 지표는 1배가 정상범위입니다. 이보다 낮은 0.7배 이하로 한다면, 자산가치 대비 주가가 저평가된 것을 고를 수 있습니다.

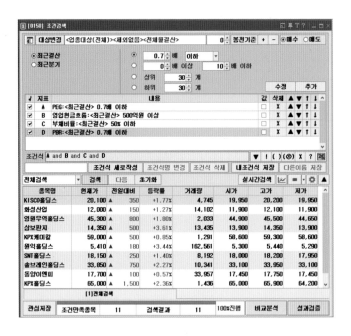

이런 조건으로 검색한 결과입니다. 조건검색은 HTS에서 찾아볼 수 있습니다.

검색결과는 화면에서 보는 바와 같이 11개 종목입니다. 이 종목들은 최소한의 조건으로 피터 린치를 따라 해본 겁니다. 하지만 숫자로 알 수 없는 질적인 조건을 꼼꼼히 따져보는 것이 더욱 중요함을 잊지 말아야 합니다.

## 피터 린치를 평가한다

피터 린치는 주식시장에서 필연적으로 나타날 수 있는 정보의 비대칭현상을 극복하고 이를 적극적으로 이용하려 했던 사람입니다. 정보비대칭이란 정보를 많이 가진 사람과 정보를 적게 가진 사람이 있을 경우, 정보를 많이 가진 사람이 유리한 입장에 서는 걸 말합니다. 만약 내가 다른 사람보다 정보를 적게 가진다면 그 정보 때문에 돈을 잃게 된다는 뜻이지요. 그래서 피터 린치는 기업에 대한 공부를 많이 했습니다.

핵심은 세상에 알려진 종목에서는 10배, 20배, 많게는 100배까지 수익을 주는 종목이 나오지 않는다는 겁니다. 그래서 피터 린치는 남들이 거들떠보지도 않는 종목 중에서 기업가치가 좋고, 또 성장 가능성이 큰 종목을 찾아내는 데 많은 시간을 들였습니다.

또 하나 주목할 점은 피터 린치가 자신이 운용하는 펀드의 자산이 커지자 기업들을 6가지 분류로 범주화했다는 점입니다. 큰 수익을 내는 것은 앞서 설명한 정보가 거의 알려지지 않은 종목이지만, 덩치가 큰 펀드로 그런 종목에만 투자할 수는 없는 일입니다. 그렇기 때문에 자신이 범주화한 종목들로 상황에 따라 적절한 투자를 했다는 것이 그의 뛰어난 점입니다.

결국 숨겨진 보물을 찾아내는 능력을 갖추는 것이 매우 중요한 투자 포인트가 된다는 점을, 피터 린치를 통해 배워야 합니다.

## 2

### 절대 원금을 잃지 마라

# 벤저민 그레이엄,
# 가치투자의 아버지

**벤저민 그레이엄** Benjamin Graham

기업분석 체계를 확립한 현명한 투자가. 그리고 확실성에 바탕을 둔 투자를 믿은 가치투자의 아버지. 워런 버핏의 스승으로 유명한 그의 투자철학의 핵심은 원금 보전입니다. 그는 대공황 직후 손해를 입은 고객들의 투자자금이 회복될 때까지 5년 동안이나 수수료를 받지 않음으로써 자신의 투자철학을 철저하게 지켰습니다.

### 워런 버핏의 스승으로 유명한 투자가

벤저민 그레이엄은 '현명한 투자자' '가치투자의 아버지'라 불리는 사람입니다. 워런 버핏의 학교 스승으로도 유명합니다. 《벤저민 그레이엄의 증권분석》(이하《증권분석》)이라는 책을 통해 주식시장에서 기업분석을 어떻게 해야 하는지 원칙을 제시하기도 했습니다.

　그가 대학을 졸업하고 처음으로 잡은 일자리는 헨더슨앤드로엡 증권회사에서 주급 12달러를 받고 증권 시세판을 작성하는 일이었습니다. 그 후 조사보고서를 작성하는 일을 맡았고, 얼마 지나지 않아 회사의 임원으로 승진했습니다. 그는 불과 25세에 이미 연봉이 60만 달러를 넘었다고 합니다.

그의 분석방법은 모든 자료를 이용해 기업의 가치를 추정해내고 현재 주식시장에서의 주가와 비교해보는 겁니다. 그리고 주가가 기업가치의 3분의 2 수준 이하인 주식을 매수하고, 주가가 기업가치에 접근하면 매도해서 수익을 올리는 투자를 했습니다.

이러한 투자법에 대해 시장 일부에서 지나치게 과거지향적이라고 비난하는 사람도 있지만, 벤저민 그레이엄이 정의한 투자와 투기의 내용을 보면 그의 투자철학을 알 수 있습니다. 그는 《증권분석》에서 "투자란 세밀하게 검토한 이후에 원금의 상환이 보장되고 만족할 만한 대상에 자금을 투입하는 것이며, 투기란 이러한 조건에 미치지 못하는 것을 말한다"라고 정의했습니다. 또 절대 주식시장에서 손해를 봐서는 안 된다는 말로 스스로가 매우 보수적인 투자자임을 밝혔습니다.

《증권분석》은 1934년 출간되었지만, 아직도 그의 분석방법은 증권시장의 바이블로 남아 있습니다.

---

벤저민 그레이엄 주요 연표

1894년 • 영국 런던에서 출생 후, 어린 시절 부모님과 함께 미국으로 이민

1914년 • 콜롬비아대학 최우등으로 졸업. 경영학을 전공하지는 않았지만, 수학과 철학에 깊은 관심을 보임

1926년 • 제롬 뉴먼과 함께 그레이엄-뉴먼펀드를 조성. 낮에는 펀드회사에서 근무하고 밤에는 콜롬비아대학에서 재무관리를 강의

1934년 • 동료 교수인 데이비드 도드와 함께 합리적인 가격대에 있는 주식들을 자세히 분석해서 이들 종목에 분산투자하는 것이 좋은 투자방법이라는 내용의 《증권분석》을 출간

1976년 • 82세의 나이로 세상을 떠남

## 핵심 투자철학

### 1. 절대 손해 보지 말 것

벤저민 그레이엄의 투자철학은 생각보다 간단합니다. 그는 평생 단 2가지 투자 철학을 가지고 있었습니다. 첫 번째는 '절대로 손해 보지 말 것'이고, 두 번째는 '첫 번째 원칙을 절대 잊지 말 것'이었습니다.

### 2. 수익증대보다는 위험 제거

그레이엄은 원금을 보전하는 것을 가장 중요하게 여겼습니다. 대공황 직후 손해를 입은 고객들의 투자자금을 원상복귀시킬 때까지 5년간 수수료를 받지 않았다는 사실에서, 그가 얼마나 자신의 투자철학을 철저하게 지켰는지 알 수 있습니다.

## 투자할 때 지켜야 할 안전거리

### 1. 안전마진의 개념

벤저민 그레이엄은 기업의 본질적인 가치를 측정하기 위해 많은 노력을 기울였습니다. 하지만 그는 한 사업 또는 한 기업의 정확한 내재가치를 측정하는 것은 불가능하므로, 최선의 방법은 합리적인 가정에 근거하여 내재가치의 합리적인 범위를 계산하는 것이라는 결론을 내렸습니다. 따라서 그레이엄은 평가된 추정치의 최저가격보다 훨씬 낮은 가격을 지불함으로써 수익을 올릴 수 있다고 생각했습니다. 즉 안전마진이란 추정치의 최저가격과 현재 시장에서 거래되고 있는 주가의 차이를 말하는 것입니다.

### 2. 안전마진의 유용성

그레이엄은 안전마진을 투자의 중심개념으로 생각했는데, 그 이유는 안전마진이

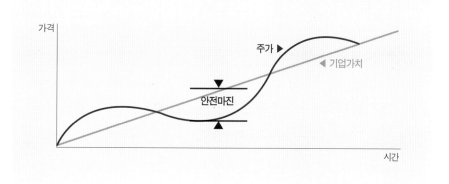

있을 경우 미래를 정확하게 추정하지 않아도 되기 때문입니다. 즉, 합리적인 내재가치의 범위를 확보하고 있으면 정확한 위험프리미엄이나 이익 또는 할인율을 결정하기 위해 무리한 가정을 하지 않아도 됩니다.

그레이엄은 '투자의 실패는 좋은 주식을 너무 높은 가격에 사는 데 있다'기보다 '경제 활황기, 즉 주식시장이 활황을 보일 때 나쁜 주식을 사는 데 있다'라고 생각했습니다. 그는 안전마진의 원칙이 궁극적으로 투자와 투기를 구분하는 시금석이 된다고 생각했고, 가격과 가치 사이의 안전마진을 확보하지 못하는 사람은 투자가 아닌 투기를 하고 있다고 주장했습니다.

그레이엄은 투자의 안전마진을 주가가 기업 순자산가치의 3분의 2 이하인 주식, 그리고 PER가 낮은 주식으로 인식했습니다. 주가가 순자산가치 이하로 거래되는 주식을 매입하려면 주식시장이 약세가 되기를 기다려야 합니다. 하지만 기업의 가치가 확보된 기업의 경우, PER가 낮은 기업을 택하면 주식시장이 약세국면으로 들어가는 것을 기다리지 않아도 됩니다.

# 투자 시 주목해야 할 숫자들

## 1. 초보 투자자를 위한 증권분석

그레이엄은 해당 종목이 매력적인 투자대상인지 판단하기 위해 현재 주가와 비교할 수 있도록 가치평가를 했습니다. 미래의 수익성을 측정하기 위한 기본적인 절차는 규모, 가격, 영업마진에 대한 과거의 평균자료를 바탕으로 계산합니다. 미래 매출액의 산출근거는 과거의 실적과 비교해 규모나 생산제품의 가격변화를 바탕으로 합니다. 하지만 이러한 예측결과는 먼저 국민총생산을 바탕으로 한 경제예측, 그리고 해당 회사와 산업에 적용될 수 있는 산업분석과 기업분석을 통해서 이루어집니다.

## 2. 투자수익률에 영향을 미치는 요인

**전반적인 장기예측** | 누구도 미래를 정확히 예측할 수 없습니다. 하지만 투자자들은 나름의 전망을 가지고 있는데, 이들은 기업의 PER에 영향을 미칩니다.

**경영** | 기업의 경영능력을 객관적이고 계량적으로 분석할 수 있는 틀은 없습니다. 하지만 뛰어난 경영성과를 나타내는 기업에는 대부분 훌륭한 경영자가 있습니다. 경영요인을 계량화할 수는 없지만 경영자의 경영능력은 제대로 평가해야 합니다. 경영능력을 과대평가하거나 과소평가하는 경우 잘못된 투자결정을 할 수도 있습니다.

**재무건전성과 자본구조** | 유보율이 매우 높고 보통주 이외에 우선주나 채권의 발행이 없는 기업은 주당순이익이 같을 경우 부채나 우선주를 발행한 기업에 비해 더 나은 투자대상입니다. 하지만 부채나 우선주가 있다고 해서 반드시 나쁜

것은 아닙니다. 만약 기업에 **레버리지 효과**[2]가 발생한다면 이들 기업도 큰 이익을 얻을 여지가 있습니다. 하지만 레버리지가 너무 높다면 부도위험도 고려해야 합니다.

**배당실적** | 여러 해에 걸쳐 배당실적이 있는 기업은 투자대상으로 좋은 기업입니다. 예를 들어 한 기업이 20년 동안 지속적으로 배당을 했다는 것은 투자결정 시 결정적인 요인이라 할 수 있습니다.

**현재의 배당률** | 일반적으로 기업들은 배당평준화정책을 사용합니다. 즉, 이익이 많이 나도 일정한 배당을 해주고 손실이 나더라도 배당을 유지하는 정책을 사용합니다. 또한 표준배당정책을 사용하는 경우도 있는데 이익의 일정 부분을 지속적으로 배당해주는 것입니다.

만약 투자자들이 표준배당률을 투자결정의 기준으로 삼는다면 배당을 많이 주는 기업을 택하면 됩니다. 하지만 최근에는 배당하지 않고 유보해서 이를 사업 확장의 자금으로 사용하는 기업에도 투자자들의 관심이 높아지고 있습니다.

## 3. 성장주의 투자수익률

벤저민 그레이엄은 다음과 같은 성장주 평가공식을 만들었습니다. 여기에서 예상성장률은 과거 평균을 바탕으로 7~10년 동안 예상되는 수치입니다.

> 가치 = 현재경상수익 × (8.5 + 연간 예상성장률의 2배)

---

2  **레버리지 효과** 빌린 돈으로 투자를 해서 이익을 얻는 것을 말합니다.

## 4. 산업분석

기업의 전망은 주가에 상당한 영향을 미칩니다. 그렇기 때문에 애널리스트들은 경제 전반에서 해당 산업의 위치와 산업 내에서 개별 기업의 위치에 많은 관심을 갖고 있습니다. 산업분석을 충분히 자세하게 진행할 수 있지만, 때로는 현재의 투자자들이 눈여겨보지 않고 있는 요소들이 미래에 중요한 요인으로 부각되는 경우도 있습니다.

일반적으로 개인이 산업분석을 하는 것은 참으로 어려운 일입니다. 개인이 자료를 수집했다고 해도 그 정보는 이미 주가에 반영된 경우가 많으며, 증권사들이 발간하는 자료에서도 남들이 파악하지 못한 새로운 내용을 발견하기란 어려운 일이기 때문입니다.

최근에는 기술의 발전 속도가 빨라지고 있고, 산업의 분화도 지속적으로 나타나고 있습니다. 따라서 현장검증, 인터뷰, 철저한 기초조사 등이 이루어질 경우 전망이 좋은 산업분야를 찾을 수 있습니다.

## 투자성향에 따른 종목 선택 기준

### 1. 보수적인 투자자의 종목 선택

고급채권과 우량주식에만 분산투자를 하는 사람들입니다. 또한 투자기준으로 볼 때 매입가격이 너무 높은 건 아닌지 따져보는 투자자입니다. 만약 그들이 매수할 종목을 선택한다면 다음과 같은 원칙을 따라야 합니다.

❶ 회사 규모는 적정한가?

기업규모를 살펴볼 때 산업의 경기변동보다 더 크게 변동할 수밖에 없는 소규모 기업들은 일단 제외해야 합니다. 일반적으로 본다면 대형주를 중심으로 투자에 나서야 합니다.

**❷ 재무상태는 견실한가?**

제조업체의 경우 **유동비율**[3]이 최소한 200%는 되어야 하고, 장기부채가 순운전자본(유동자산−유동부채)보다 적어야 합니다. 또한 유틸리티 기업인 경우 부채가 자기자본의 2배 미만, 즉 부채비율이 200% 미만이어야 합니다.

**❸ 수익의 안정성은 어떠한가?**

과거 10년 동안 지속적으로 수익을 냈어야 합니다.

**❹ 배당성향은 어떠한가?**

최근 20년 동안 지속적으로 배당을 실시했어야 합니다.

**❺ 주당순이익EPS에 비해 수익의 성장률은 어떠한가?**

최근 10년 동안 EPS 증가가 그 기간의 시작 3년과 마지막 동안의 평균 EPS에 견주어 3분의 1은 되어야 합니다.

**❻ 주가와 주당순이익의 비율은 어떠한가?**

현 주가가 최근 3년 평균 EPS의 15배를 넘어서는 안 됩니다.

**❼ 주가와 주가순자산비율PBR은 어떠한가?**

현 주가는 최근 결산기를 기준으로 PBR의 1.5배를 넘어서는 안 됩니다.

정리해봅시다. 보수적인 투자자라면 기업규모가 너무 작은 회사, 상대적으로 취약한 재무구조를 가진 회사, 최근 10년 중 영업적자를 기록한 적이 있고 지속

---

3  **유동비율** '유동자산÷유동부채×100%'로 기업의 단기지급능력을 보여주는 지표입니다.

적인 배당실적이 없는 회사들은 피해야 합니다.

## 2. 공격적인 투자자의 종목 선택

**❶** 비우량종목

비우량종목은 과거에 실적은 좋지만 지금은 인기를 끌지 못하는 종목들을 말합니다. 상장기업 분석책자를 사용해서 찾을 수 있습니다. 우선 PER가 9 이하이고 신용등급이 평균 이상인 종목들을 선별한 뒤, 다음과 같은 추가적인 재무자료들을 분석해봅니다.

- 재무상태 → 유동자산이 유동부채보다 최소한 150% 많고, 부채가 순유동자산의 110%를 넘지 않을 것(제조업의 경우)
- 수익안정성 → 지난 5년 동안 적자가 없을 것
- 배당기록 → 이번 회계기간 동안에 약간의 배당이 있을 것
- 이익성장 → 이익이 성장하고 있을 것
- 주가 → 순유형자산가치의 120%보다 낮을 것

**❷** 순유동자산 대비 저평가 종목

장부상 순유동자산의 가치에 비해 주가가 낮게 형성된 주식을 많이 편입합니다. 즉, 공장 같은 고정자산과 다른 자산은 제외하고 순유동자산만으로 비교분석하는 것입니다. 대체로 주가가 순유동자산의 가치보다 낮거나 순유동자산 가치의 3분의 2 수준에 머물 때 매입합니다. 벤저민 그레이엄의 경우, 일반적인 기준은 매력적이지만 주가가 **운전자본**[4]의 가치보다 높은 자산에 투자한 결과, 그 성과가 별로 좋지 않았음을 강조했습니다.

---

4 **운전자본** 기업의 자본에서 일상적인 기업운영에 필요한 부분을 말합니다. 영업자본이라고도 합니다.

## 벤저민 그레이엄처럼 종목 발굴하기

그레이엄의 종목 발굴의 경우 적자가 없어야 한다는 것, 배당이 있어야 한다는 것, 그리고 적정한 규모를 가지고 있어야 한다는 것 등 HTS에서는 지원되지 않는 부분이 있습니다. 그래도 사용 가능한 것을 통해 조건을 세워보면 다음과 같습니다.

❶ PBR가 1.5배를 넘지 말아야 합니다.

❷ PER는 그 역수가 회사채수익률의 2배를 넘지 않아야 합니다. 현재 회사채수익률이 3.06%이므로 '1÷(0.0306×2)'를 적용하면 PER는 16배 이하가 되어야 합니다.

❸ 유동비율인 '유동자산÷유동부채'가 150% 이상인 종목을 선정합니다.

❹ 회사채수익 1.82%의 3분의 2 수준인 배당수익률 1.21%를 만족해야 합니다.

앞의 내용들이 그레이엄의 핵심적인 선별 조건입니다. 이를 통해 종목을 선정해보면 오른쪽 그림과 같습니다.

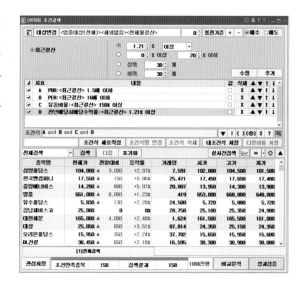

물론 이렇게 선정된 종목들도 그레이엄의 주장 중 핵심인 안전마진과의 거리를 계산해야 하므로, 검색된 종목들에 그대로 투자하기는 어렵습니다. 그래서 HTS에서 사용할 수 있는 조건 이외의 것을 감안해서 신중하게 종목을 선정해야 합니다.

## 벤저민 그레이엄을 평가한다

벤저민 그레이엄은 명실상부한 가치투자의 아버지입니다. 그는 자신의 저서 《증권분석》을 통해 주식의 기본적인 분석 체계를 세웠고, 자신도 그 분석을 철저히 지켜나갔던 사람입니다. 한편으로는 지나치게 재무제표 분석에 의존해 과거지향적이라는 비판을 받은 것도 사실입니다. 하지만 그는 불확실한 미래를 예측해 불확실한 예측결과로 투자하지 않았습니다. 명확한 과거자료로 기업의 가치를 계산하고 계산된 기업가치에 비해 시장에서 주가가 현저히 낮은 종목을 사서 기업가치가 실현될 때까지 장기투자를 하는 것이 그레이엄의 투자법입니다.

그레이엄은 자칫 분석가들이 빠지기 쉬운 자기방어적 사고에서 비교적 자유로운 사람이었습니다. '가치투자의 아버지'라 불리는 자신이 계산한 기업가치를 고집하지 않은 것도 그레이엄으로부터 본받아야 할 점입니다. 그는 자신이 계산한 기업가치를 믿으면서도 수년이 지나도 투자의 안전거리를 좁히지 못하는 종목에 대해서는 계산을 잘못했다는 점을 인정하는 자세를 보였습니다. 즉, 투자에서 고집을 부리지 않고 시장의 움직임을 인정하는 그의 유연한 자세는 높이 평가되어야 합니다.

벤저민 그레이엄이 저술한 《증권분석》의 초판.

## 3

### 친숙한 기업의 주식을 사라

# 워런 버핏,
# 오마하의 현인

**워런 버핏** Warren Buffett
자신이 이해하지 못하는 기업은 철저히 외면하고 자신이 완벽하게 이해하는 소수의 종목에 투자한 이 시대의 진정한 투자현인. 독점기업을 사랑한 투자의 달인. 버핏의 투자전략에서는 미래에 얻을 수익을 예측하는 것이 가장 중요합니다. 그는 수익 예측이 가능한 기업에 한해 오랫동안 투자를 합니다.

## 주식으로 세계 최고의 부자가 되다

'오마하의 현인'으로 불리는 워런 버핏은 주식투자로 세계 제일의 부자가 된 사람입니다. 그는 세계 최고의 기업일지라도 자신이 완전히 이해하지 못한 회사의 주식은 사지 않았습니다. 잘 알지 못하고 투자하는 것은 돈을 버리는 것과 같다고 본 것입니다.

버핏의 아버지는 공화당 소속 연방의회 의원이자 주식 브로커이기도 했습니다. 그래서 버핏은 11세 때 자연스레 부친이 근무하던 헤리스업햄 증권회사 객

오바마 미국 대통령과 이야기를 나누는 워런 버핏.

장에서 시세판을 적는 일을 했고, 그때 처음으로 시티서비스의 주식을 매입하기도 했습니다.

버핏의 어린 시절에 관한 유명한 일화가 있습니다. 그는 13세 때 〈워싱턴포스트〉와 〈워싱턴타임스-헤럴드〉를 배달하는 일을 했습니다. 그때 번 돈으로 대당 35달러짜리 중고 핀볼 게임기를 이발소에 설치했고, 게임기는 곧 7대로 불어나 1주일에 50달러의 수입을 올렸습니다. 이후 그는 친구와 함께 돈을 모아서 롤스로이스를 구입해 차 임대업을 했고, 하루에 35달러씩을 벌었다고 합니다. 결국 버핏은 고등학교를 졸업할 즈음 6,000달러를 모을 수 있었습니다.

버핏은 독점적인 수익을 올리는 기업을 선호했습니다. 그는 독점적이면서 장기적으로 성장 가능성이 있는 주식을 선별하는 능력이 뛰어난 투자자입니다. "주식시장에는 소수의 살 만한 주식과 대부분의 쓰레기가 있다"는 버핏의 유명한 말은 그가 어떤 주식에 주목하는지 말해줍니다.

또한 그는 자산운용에도 남다른 능력을 보였습니다. 섬유업을 하던 버크셔해서웨이를 매입해 경영했고, 어려움에 직면했을 때 위기를 기회로 만들었습니다. 오마하에 본점을 두고 있는 내셔널 손해보험과 내셔널 화재해상보험의 주식을 사들여 보험업에 본격적으로 뛰어든 겁니다. 버핏이 보험회사를 인수한 이유는 이들 회사가 자산운용을 위해 주식에 많은 투자를 하고 있기 때문이었습니다. 당시 인수한 두 회사는 모두 2,470만 달러 상당의 채권과 720만 달러 상당의 주식을 보유하고 있었습니다.

무엇보다 버핏은 보험회사가 주식을 매입할 수 있는 자금이 보험료로 꾸준히 들어오는 회사라는 점에 주목했습니다. 워런 버핏이 버크셔해서웨이에 처음 투자했을 때 순자산은 2,200만 달러에 불과했지만, 29년이 지난 후에는 104억 달러로 불어났습니다.

워런 버핏은 연평균 23%의 복리투자 수익률을 기록한 위대한 투자자입니다. 그가 매년 발표하는 연례보고서는 전 세계 모든 투자자가 주목하는 매우 중요한 투자지침입니다.

---

**워런 버핏 주요 연표**

1930년 · 미국 네브래스카주 오마하에서 출생

1947년 · 네브래스카대학 졸업. 대학 4학년 때 벤저민 그레이엄의 《현명한 투자자》를 읽고 감동하여 대학 졸업 후 그레이엄이 근무하는 콜롬비아대학 경영대학원에 진학

1954년 · 그레이엄-뉴먼에 입사. 근무하는 동안 스승의 투자기법을 완벽하게 이해

1961년 · 뎀스터밀 주식회사의 회장 역임

1965년 · 버크셔해서웨이에 투자

1970년 · 버크셔해서웨이 CEO 역임

1989년 · 코카콜라 이사 역임

2006년 · 빌과 멀린다 게이츠 재단 이사 역임

2012년 · 미국 〈타임〉에서 세계에서 가장 영향력 있는 100인에 선정됨

2017년 · 헤지펀드와의 수익률 대결에서 완승(버핏 7.1% vs 헤지펀드 2.2%)

2019년 · 현재 보유한 현금성자산 1,282억 달러

---

## 핵심 투자철학

### 1. 저축과 절약을 습관으로 하라

"부자가 되는 방법은 우선 절약해 돈을 모으는 것입니다. 그리고 사람들이 탐욕스러울 때 두려움을 가지십시오. 반대로 사람들이 두려워할 때 탐욕스러워지십시오."

버핏은 부모로부터 전혀 유산을 물려받지 않고 주식투자로만 세계 최고 부자

미국 네브래스카주 오마하에 있는 워런 버핏의 자택.

반열에 올랐습니다. 그에게 단순히 뛰어난 주식투자 비결이 있기 때문만은 아닙니다. 그 밑바탕에 인간에 대한 성찰과 건전한 생활 방식이 자리 잡고 있었기 때문입니다.

버핏은 세계 최고의 부자라고는 도저히 믿을 수 없을 정도로 검소한 생활을 유지해왔습니다. 버핏은 1958년에 결혼해 6년 만에 집을 마련했는데, 놀랍게도 세계 최고의 부자가 된 지금까지도 시가 60만 달러짜리인 그 집에서 50년째 살고 있습니다. 버핏의 집에 도둑이 들었다가 훔쳐 갈 물건이 없어서 그냥 빈손으로 나왔다는 일화는 세간의 화제가 되기도 했습니다.

버핏은 불필요한 돈을 쓰지 않는 검소한 태도로 살아왔으며 절약의 미덕을 항상 강조합니다. 현재의 소비를 절약해야 장기투자로 큰 재산을 만들 수 있다는 평범한 진리를 일상생활에서도 직접 실천했습니다. 버핏이 한 카페에서 식사하기 전에 점원에게 3.95달러짜리 할인 쿠폰을 내밀었고, 나중에 계산서에 할인이 적용되었는지 꼼꼼히 살폈다는 일화도 있습니다. 버핏은 주주들에게서 가장 적은 수수료를 받는 투자가이며, 그가 운영하는 버크셔해서웨이는 불과 17명의 직원을 두고 있습니다.

## 2. 잘 아는 기업에 투자하라

"코카콜라에 관해서라면 미래에 창출할 돈이 얼마나 될지 나는 매우 합리적인 수치를 제시할 수 있습니다. 하지만 상위 10위권에 있는 인터넷 회사에 관해서라면 향후 25년 동안 그 기업들이 얼마의 돈을 창출할지 나는 모릅니다. 내가 아는 것이라고는 내가 모른다는 사실뿐이고, 모르기 때문에 나는 투자하지 않습니다."

버핏은 IT 주식에는 거의 투자하지 않았습니다. IT 산업의 빠른 변화를 잘 모르기 때문이었습니다. 버핏은 기업에 투자할 때 스스로 그 기업을 이해할 수 있는지 가장 먼저 자문했고, 바보조차 돈을 벌 수 있을 정도로 쉽고 좋은 사업에 투자하는 것을 원칙으로 삼았습니다. 변화가 많은 기업보다 단순하고 이해하기 쉬운 기업을 선호했다는 말입니다.

버핏은 막연한 기대감으로 투자하는 것에 대한 환상을 버려야 한다고 강조합니다. 실제로 버핏은 자기가 잘 아는 회사, 이익의 변동성이 없는 회사에 대부분을 투자했습니다. 버핏이 보유한 기업들을 보면 코카콜라, 질레트, 씨즈캔디, 워싱턴포스트, 월트디즈니, 나이키, 타임, CNN을 가진 타임워너, 월마트, 코스트코 등입니다. 우리가 일상생활에서 즐겨 찾고 자주 이용하고 잘 아는 소비재 기업들입니다.

그러나 4차산업 열풍이 부는 경제구조의 변화는 오마하의 현인 워런 버핏의 투자관도 변화시켰습니다. 최근에는 애플과 아마존 등 4차산업 핵심 기업들에 대한 투자도 대규모로 이루어졌고, 이러한 뒤늦은 투자에 대해 버핏은 후회하는 발언을 하기도 했습니다.

### 3. 복리의 마술을 믿어라

"복리는 언덕에서 눈덩이를 굴리는 것과 비슷합니다. 작은 눈덩이로 시작해서 오랫동안 언덕을 굴리다 보면 눈덩이에 약간의 점성이 생기면서 끝에 가서는 정말 큰 눈덩이가 되죠. 나는 13세 때 〈워싱턴포스트〉를 배달하면서 작은 눈덩이를 처음 만들었습니다. 이후 56년이라는 긴 언덕을 아주 천천히 조심스럽게 굴려왔을 뿐이죠."

버핏은 버크셔해서웨이를 통해 44년 동안 연 20%의 수익률을 복리로 거둬왔습니다. 20%의 수익률이라고 하면 아마 대수롭지 않다고 생각하는 투자자들도 많을 겁니다. 하지만 그것은 복리의 마법과 시간의 위력을 간과하기 때문입니다.

복리를 마법이라고 부르지만, 사실 복리가 위력을 발휘하기 위해서는 시간이 필요합니다. 1년이나 2년의 단기투자로는 복리의 위력을 제대로 느낄 수 없습니다. 이것이 10년, 20년 혹은 30년, 40년 쌓이면서 비로소 그 위력을 드러내는 것이지요. 버핏은 이것을 눈덩이 굴리는 것에 비유했습니다.

## 7가지 핵심 투자원칙

워런 버핏은 투자를 결정할 때 미래에 얻을 수익을 예측하는 데 초점을 둡니다. 만약 미래수익을 예측할 수 없다면 미래가치에 대한 어떠한 계산도 억측에 불과한 것입니다. 버핏은 미래수익이 예측 가능한 기업에 한해 장기투자를 합니다. 그런 버핏의 투자원칙을 다음 7가지로 정리할 수 있습니다.

❶ 장기투자는 합리적으로 미래수익을 예측할 수 있는 기업에 한정한다.

❷ 합리적으로 미래수익을 예측할 수 있는 기업이 안정적인 경제성을 가지는지 확인한다. 이러한 안정적인 경제성은 더 큰 수익을 창출하여 기업이 자유롭게 자금을 운용하고 새로운 기업을 매수하거나, 무엇보다도 한 기업이 운영하는 우수한 사업의 수익성을 더욱 향상시키는 데 기여한다.

❸ 우수 기업은 일반적으로 주주의 자본에 지속적으로 높은 이익률을 보이고 상당한 이익을 창출한다. 소위 소비자 독점이라고 부르는 시장 지배적 위치를 차지하고 있고, 주주의 경제적 이익을 중요시하는 경영진에 의해 운영된다는 특징이 있다.

❹ 매수가격은 투자에 따른 기대수익률로 결정된다. 즉 주식의 가격이 낮을수록 수익률은 높아진다.

❺ 먼저 소유하고 싶은 기업을 고른 이후에 주식의 가격, 그에 따른 기대수익률

을 살펴보고 매수 여부를 결정한다.

❻ 안정적인 수익구조를 가진 기업 중에서도 연복리수익률 15% 이상의 기업에 투자한다.

❼ 전문적인 투자지식이 있는 경우 다른 사람의 돈을 이용해 수익을 낼 수 있어야 한다. 즉 합자회사 등을 설립하여 이익을 극대화할 수 있다.

## 필수품형 기업과 소비자독점형 기업

### 1. 필수품형 생산기업

필수품형 기업이란 기업이 소비자의 구매결정에 영향을 미치는 요인이 가격밖에 없는 기업을 말합니다. 이런 기업들은 모두 생활용품을 판매하고, 시장에 다수의 경쟁자가 있으며, 오직 가격만이 소비자 구매결정에 영향을 미칩니다. 따라서 필수품형 기업 간의 경쟁에서는 생산비용이 적게 드는 기업이 이기기 마련입니다. 필수품형 생산기업의 특징은 다음과 같습니다.

**적은 판매 수입** | 적은 판매 수입의 원인은 가격경쟁에 기인합니다. 한 회사가 가격을 내리면 다른 회사도 경쟁을 위해 가격을 내리기 때문입니다.

**낮은 자기자본이익률** ROE | 자기자본이익률이 낮다는 것은 시장여건과 가격문제로 발생하는 취약한 재정상태를 반영합니다.

**변별력 없는 상표** | 구매하는 제품의 이름에 큰 의미가 없습니다.

**다수의 생산업자** | 다수의 생산자는 경쟁을 부추기고, 경쟁은 가격인하를 부르며, 가격인하는 낮은 이익률로 이어지며, 결국 주주에게 낮은 수익을 가져다줍니다.

**생산시설 과잉** | 한 사업의 생산시설이 과잉이라면 수요가 초과된 공급량보다 많아질 때까지 누구도 이익을 얻을 수 없습니다. 초과수요가 생기면 이들 회사는 생산량을 늘리고 다시 초과공급 상태에 빠지게 됩니다.

**일정하지 않은 수익** | 일정하지 못한 수익은 미래수익에 대한 예측을 불가능하게 만듭니다. 이런 회사의 미래를 합리적으로 예측하려는 것은 매우 어리석은 일입니다.

**유형자산을 활용하는 경영진의 능력에 의한 수익성** | 회사의 수익성이 특허권, 저작권, 그리고 상표권과 같은 무형자산에 의해 좌우되는 것이 아니라, 전적으로 경영진이 공장이나 설비와 같은 유형자산을 얼마나 효율적으로 활용하는가에 달려 있다면, 이는 필수품형 기업의 전형입니다.

### 2. 소비자독점형 기업

소비자독점형 기업을 톨브리지Toll Bridge형 기업이라 부릅니다. 톨브리지형 기업은 소비자들에게 독점력을 행사하는 기업을 말하는데, 다음과 같은 3가지 기본적인 유형으로 나눠집니다.

- 상표가치가 높고 단기간에 소모되는 제품을 생산하는 기업
- 대중 광고매체
- 사람들에게 꼭 필요한 서비스를 제공하는 기업

## 우량기업 판단을 위한 9가지 질문

버핏은 소비자독점형 기업을 우량기업으로 봤습니다. 소비자독점형 기업을 찾아냈다면, 이제는 실제로 그 기업이 소수의 살 만한 종목인가를 진단해봐야 합니

다. 이를 위해서는 다음의 9가지 질문을 던져볼 수 있습니다.

❶ 소비자 독점적인 사업인가?

❷ 수익성이 높고 상승세인가?

❸ 보수적으로 자산을 운용하는가?

❹ 주주자본에 대해 지속적으로 높은 이익을 내는가?

❺ 수익을 유보하는가?

❻ 영업활동에 쓰는 비용은 어느 정도인가?

❼ 유보수익을 자유롭게 재투자하는가?

❽ 물가상승 시 무리 없이 제품가격을 인상할 수 있는가?

❾ 유보수익이 그 기업의 시장가치를 상승시킬 수 있는가?

## 워런 버핏의 투자조건

### 1. 기업요소

• 회사의 활동은 단순하고 이해하기 쉬운가?

• 오랜 역사가 있는가?

• 향후 전망은 밝은가?

### 2. 경영요소

• 경영자의 합리성

• 경영자의 솔직성

• 업계 관행에 도전할 용기

## 3. 재무요소

**자기자본이익률** | 좋은 회사는 부채를 늘리지 않더라도 높은 자기자본이익률$_{ROE}$을 유지하는 기업입니다. 만약 부채를 늘려야 자기자본이익률이 높아지는 기업이라면 조심해야 합니다.

**주주이익** | 워런 버핏은 주주이익이라고 하는 용어를 창안했습니다. 이 주주이익은 **잉여현금흐름**[5]을 뜻합니다. 잉여현금흐름이 많이 발생하는 기업은 주주의 부가 늘어난 기업입니다.

**매출액이익률** | 매출액이란 기업의 영업을 통해 벌어들이는 자원입니다. 매출액이익률이 높다는 것은 영업을 잘하고 회사의 비용을 효과적으로 통제하는 기업이라는 뜻입니다.

**유보자금의 수익성** | 유보자금은 자기자본이익률로 재투자되는 자금입니다. 그러므로 자기자본이익률이 평균 이상의 수준을 유지하는 기업이라면, 좋은 회사라고 판단할 수 있습니다.

## 4. 시장요소

이해하기 쉽고 오랜 역사가 있으며 또 주주이익을 극대화하려는 경영자가 있는 기업을 선별한다 하더라도, 이것이 곧바로 성공투자로 이어지는 것은 아닙니다. 성공투자가 되기 위해서는 그런 기업의 주식을 합당한 가격에 매입하고, 해당 기업이 투자가가 생각한 대로 실적을 올릴 수 있어야 합니다.

　만약 투자에 실패했다면 그 이유는 ❶ 너무 높은 가격으로 주식을 매입했거나

---

5　**잉여현금흐름** 기계 설비, 세금, 공장 등 각종 비용과 투자금액을 뺀 현금흐름을 말합니다.

❷ 경영자의 자질이 못 미쳤거나 ❸ 기업의 장래를 잘못 예측했기 때문일 겁니다. 결국 성공투자를 위해서는 평균 이상의 수익을 올리는 기업을 선별하는 일도 중요하지만, 동시에 그 기업을 내재가치 이하의 가격으로 매입해야 합니다. 주식을 기업의 내재가치 이하로 매입하면 그만큼 위험이 줄어들기 때문입니다. 이때 2가지 장점이 있습니다.

❶ 주가가 더 이상 하락할 위험이 줄어듭니다.
❷ 기업의 내재가치와 해당 기업 주가와의 차이가 충분히 크다면, 설령 기업의 내재가치를 다소 잘못 산출하는 일이 있더라도 손해를 볼 가능성이 줄어듭니다.

　이처럼 내재가치 이하로 충분히 낮은 가격에 주식을 매입한다면 큰 이익을 볼 가능성은 항상 열려 있습니다. 왜냐하면 주식은 장기적으로 기업의 내재가치를 찾아 상승하기 때문입니다.

## 워런 버핏처럼 종목 발굴하기

워런 버핏의 종목 선정을 HTS에서 따라 하기는 어렵습니다. 그래서 버핏이 실제로 투자할 종목을 어떻게 선정하고 판단하는지 과정을 소개하고자 합니다. 조금은 어렵게 느껴지더라도 버핏의 합리적 선택과정을 체험해보세요.

### 1. 탐색작업
❶ 소비자독점형 기업의 기준에 합당한가?
먼저 종목을 선정하기 위해서는 그 기업이 소비자독점형 기업, 즉 톨브리지형 기업인지 먼저 확인해야 합니다. 그 기업이 소수의 우량기업이라면, 다수의 매수할 가치도 없는 기업에 속해서는 안 됩니다.

❷ 내가 그 회사에 대해 제대로 이해하고 있는가?

소비자독점형 기업이라고 해도 분석하는 사람 자신이 그 회사의 제품, 매출경로, 원가상황, 경영진 등 회사의 모든 것을 제대로 알고 이해할 수 있어야 합니다. 일반적으로 IT 같은 고급기술이 사용되는 기업의 경우 개인투자자들이 이해하기 어려운 것이 사실이므로, 각별히 유의해야 합니다. 내가 알지 못하는 기술을 이용하는 기업은 그만큼 투자의 불확실성이 높기 때문입니다.

❸ 보수적이고 합리적으로 자산을 운용하고 있는가?

경영진들이 회사의 자산을 보수적으로 운용하고 있는지 관심을 기울여야 합니다. 지나치게 높은 부채비율을 가지고 있지는 않은지, 그저 회사의 외형을 키우기 위해 수익이 불확실한 산업으로 기업을 확장하고 있지는 않은지, 또 경영진들이 과시적인 소비를 하지는 않는지 등을 살펴봐야 합니다.

❹ 기업의 이익이 지속적으로 증가하고 있는가?

분석대상 기업의 주당순이익이 지속적으로 증가하고 있는지 살펴보는 것은 대단히 중요합니다. 만약 훌륭한 기업이라면 직접 찾아가기 전에 주당이익이 증가하는 모습만으로도 어느 정도 그 기업을 찾아낼 수 있습니다.

다음의 예를 살펴봅시다. 만약 일광상사와 구슬상사의 주당이익 흐름이 다음 도표와 같다면, 우리는 어떤 회사의 미래이익을 합리적으로 예측할 수 있을까요? 도표만 봐서는 감이 잘 잡히지 않으니, 그래프를 이용해서 추이를 살펴볼 필요가 있습니다. 두 회사의 이익추이 그래프를 살펴보겠습니다.

그래프에서 보는 바와 같이 수익의 움직임이 안정적인 일광상사는 미래를 보다 합리적으로 예측할 수 있을 것입니다. 구슬상사는 수익의 움직임이 불규칙적이어서, 이런 회사의 미래이익을 예측한다는 것은 거의 불가능합니다. 따라서 위

| 일광상사 | | 구슬상사 | |
|---|---|---|---|
| 연도 | 주당이익(원) | 연도 | 주당이익(원) |
| 2009 | 1,070 | 2009 | 1,570 |
| 2010 | 1,160 | 2010 | 160 |
| 2011 | 1,280 | 2011 | 280 |
| 2012 | 1,420 | 2012 | 420 |
| 2013 | 1,640 | 2013 | -230 (손실) |
| 2014 | 1,600 | 2014 | 600 |
| 2015 | 1,900 | 2015 | 1,900 |
| 2016 | 2,390 | 2016 | 2,390 |
| 2017 | 2,430 | 2017 | -430 (손실) |
| 2018 | 2,690 | 2018 | 690 |

▼ 일광상사 주당이익 추이

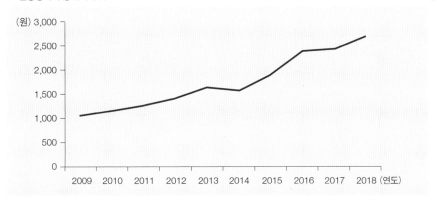

▼ 구슬상사 주당이익 추이

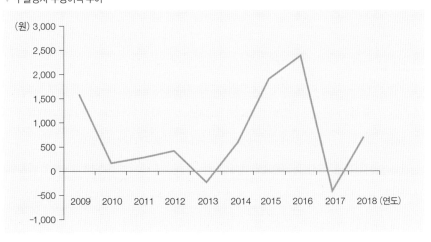

런 버핏의 투자방법을 적용할 경우, 일광상사처럼 수익 움직임이 안정적이면서도 지속적으로 증가하는 기업을 선택해야겠지요.

그렇다면 일광상사의 주당이익 흐름을 이용하여 주당 복리이익성장률을 구해볼 필요가 있습니다. 이때 10년간 복리이익성장률과 5년간 복리이익성장률을 구해보면 더욱 의미 있는 결과를 얻을 수 있을 겁니다.

결과를 보면 일광상사는 10년간 복리이익성장률 연 9.65%의 성장률을 보였고, 최근 5년 동안 복리이익성장률 10.94%의 성장률을 보였습니다. 즉 최근 10년 동안의 이익성장률에 비해 최근 5년 동안의 이익성장률이 더 높게 나타난 겁니다. 만약 이런 결과를 얻었다면 다음과 같은 추가적인 질문을 해봐야 할 겁니다.

• 성장률이 변화한 이유는 무엇인가?
• 과거의 재정상태가 기업의 미래수익을 예측하는 데 어떤 영향을 미치는가?
• 변화의 요인이 된 기업의 경제상황으로는 어떤 것을 들 수 있는가?
• 이 회사가 자사주 매입을 했는가, 아니면 수익성 있는 새로운 투자대상에 투자했는가?

❺ 유보수익을 이용하여 주주의 부를 극대화하고 있는가?

기업은 이익이 발생했을 경우 그 이익으로 무엇을 할 것인지 결정해야 합니다. 대부분의 수익은 핵심 사업의 설비를 대체하는 데 사용됩니다. 즉 자본적 지출이 발생하는 겁니다. 이럴 경우 주주에게 돌아가는 이익은 제한적입니다.

예를 들어 어떤 회사가 2010년에 100억 원의 이익을 얻었는데 그중 설비교체를 위해 2011년에 50억 원, 2012년에 50억 원을 사용해야 합니다. 그렇다면 주주에게 돌아갈 몫은 전혀 없는 셈입니다. 따라서 주주이익이 커지기 위해서는 제한적이지 않은 이익이 많이 발생해야 합니다.

만약 제한적이지 않은 이익이 발생했다면 회사는 이 이익을 사내에 유보해 재투자에 사용하거나, 주주들에게 배당으로 지급할 수도 있고, 혹은 자기주식을 매입할 수도 있습니다. 이때 만약 회사에 유보했다면 주주들이 직접투자로부터 벌어들일 수 있는 수익률 이상의 수익을 얻어야 합니다. 그렇지 못하다면 주주의 부가 줄어드는 결과를 가져올 것이기 때문입니다.

물론 배당이나 자기주식 매입을 통해 주주이익 극대화를 꾀할 수도 있습니다. 이 방법은 배당이나 자기주식 매입에 비해 사내유보로부터의 수익률이 낮을 것으로 예상되는 경우에 취할 수 있습니다.

❻ 자기자본이익률이 평균 이상이고 지속적으로 증가하고 있는가?

만약 주식을 변동금리를 제공하는 채권과 같은 성격으로 본다면, 이 채권(채권은 CHAPTER 8에서 자세히 다룹니다)의 수익률은 '주당이익÷주당자기자본'으로 구할 수 있습니다. 즉 자기자본이익률이 채권성 주식의 이익률이 됩니다. 예를 들어 주당자기자본이 일광상사는 1만 5,000원이고 구슬상사는 1만 원이라고 한다면, 각 회사의 자기자본이익률은 일광상사는 17.9%, 구슬상사는 6.9%입니다. 즉 일광상사는 1주의 자산가치 1만 5,000원이 연간 17.9%의 수익을 얻는다는 뜻이고, 구슬상사는 1주의 자산가치 1만 원이 6.9%의 수익을 얻는다는 뜻이 됩니다.

이를 더욱 명확히 확인하기 위해서는 각 회사의 과거 자기자본이익률을 직접 구해봄으로써 그 추세를 확인해야 합니다. 이때도 자기자본이익률이 들쑥날쑥한 형태를 보이는 것보다 안정적이고 지속적으로 증가하는 모습인 경우에 예측력이 더 강하다는 것을 잊어서는 안 됩니다.

## 2. 가격분석

**❶ 초기 투자수익률과 국채와의 상대적 가치**

기업을 분석할 경우 초기 투자수익률을 구해보는 것은 대단히 중요합니다. 이렇게 함으로써 특정 가격에서 기대할 수 있는 초기 투자수익률을 구할 수 있기 때문입니다.

　예를 들어 일광상사의 2004년 주가가 2만 5,000원인데 이 회사의 주당순이익이 2,690원이라면, 일광상사의 초기투자수익률은 10.76%(=2,690÷25,000)가 됩니다. 이후 초기투자수익률이 10.76%인 주식이 향후 얼마만큼의 수익률로 성장할지 예측할 수 있습니다.

　다음으로 기업의 주당이익을 국채수익률을 이용하여 상대가치로 구해볼 수 있습니다. 만약 2004년의 국채수익률이 11%라면, 국채수익률을 이용해 계산한 일광상사 가치는 2만 4,454원(=2,690÷0.11)이 됩니다. 당시의 주식가격 2만 5,000원과 비슷한 결과이지요. 이 결과를 바탕으로 어떤 의사결정을 내려야 할까요?

　즉, 지금 연리 11%를 지급하는 국채와 현재 수익률이 10.76%이고 2,690원의 주당이익이 연평균 24.14%에 달하는 일광상사의 주식 중 어떤 것을 고를 것이냐의 문제입니다. 당연히 일광상사 주식이 더 매력적인 투자안이 될 겁니다.

　많은 사람들이 주당이익을 국채수익률로 나누어 기업의 내재가치를 구할 수 있다고 믿습니다. 하지만 그것은 국채수익률로 본 기업의 내재가치, 즉 국채와의 상대적 가치에 지나지 않습니다. 기업의 내재가치는 기업이 거둬들이는 수익률의 현재가치가 되어야 합니다.

**❷ 채권성 주식으로서의 평가**

주식을 변동이자가 지급되는 채권으로 인식한다면 어떻게 될까요? 앞의 예를 이용하여 채권의 성질을 갖는 주식을 평가해봅시다. 만약 현재와 같은 수익률이 향후 10년간 지속된다면 각 회사의 주당자기자본은 어떻게 변할까요?

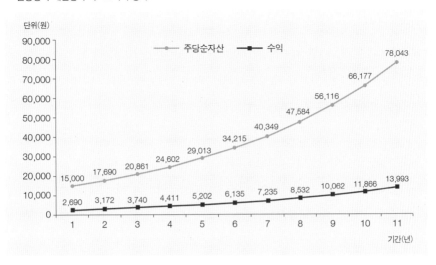

일광상사는 자기자본이익률이 17.93%입니다. 만약 경영진이 이 상태를 계속 유지한다면 유보수익에 대해서도 역시 17.93%의 수익을 낼 수 있을 겁니다. 따라서 현재의 주당순자산 1만 5,000원이 자기자본이익률 17.93%가 유지되어 복리로 증가한다면, 10년 후에 주당자기자본은 7만 8,043원으로 커집니다.

만약 첫해에 연이자 2,690원의 이익을 얻을 수 있는 국채를 수익률 11%로 산다면 24,454원을 지불해야 합니다. 국채의 가격으로 표시된 것이 그 회사의 내재가치라고 한다면, 첫해에 일광상사를 매수하기 위해서는 2만 4,454원이 필요할 것입니다. 이 가격은 주당순자산의 1.6배에 해당하고 일광상사의 수익에 대해서는 9배에 해당합니다. 즉, 일광상사 주식을 첫해에 2만 4,454원에 산다면 첫해의 수익은 11%가 되는 겁니다.

하지만 이렇게 투자한 결과 10년이 지나면 7만 8,043원의 주당순자산과 1만 3,990원의 이자를 얻을 수 있습니다. 이때도 국채수익률이 11%라면 국채의 상대가격으로 본 주식의 내재가치는 12만 7,209원이 됩니다. 그리고 계산한 대로 첫해에 주식을 2만 4,545원에 매수해서 10년 뒤의 주당순자산인 7만 8,043원에 매도한다고 하면, 10년간 투자에 대한 연복리수익률은 12.3%가 됩니다. 만약 국채수익률로 계산된 주식의 내재가치인 12만 7,209원에 매도한다면 연복리수익률이 17.9%에 달하는 겁니다.

이번에는 구슬상사를 살펴보겠습니다.

구슬상사는 자기자본이익률이 6.9%입니다. 경영진이 이 상태를 계속 유지한다면, 유보수익에 대해서도 역시 6.9%의 수익을 낼 수 있을 겁니다. 따라서 현재의 주당순자산 1만 원이 자기자본이익률 6.9%가 유지되어 복리로 증가한다면, 10년 후에 주당자기자본은 1만 9,488원이 됩니다.

만약 첫해에 연이자 690원의 이익을 얻을 수 있는 국채를 수익률 11%로 산다면 6,273원을 지불해야 합니다. 이는 주당순이익의 9배에 달하는 가격입니다. 이렇게 투자한 결과 10년이 지나면 구슬상사는 1만 9,488원의 주당순자산과 1,345원의 이자를 얻을 수 있습니다. 이때도 국채수익률이 11%라면 국채의 상대가격으로 본 주식의 내재가치는 1만 2,227원이 됩니다. 그리고 만약 계산한 대로 첫해에 주식을 6,273원에 매수해서 10년 뒤의 주당순자산인 1만 9,488원

▼ 구슬상사 채권성 주식으로서의 평가

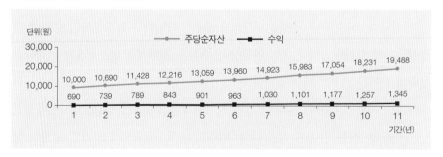

에 매도한다면, 10년간의 투자에 대한 연복리수익률은 12%가 됩니다. 만약 국채수익률로 계산된 주식의 내재가치인 1만 2,227원에 매도한다면 연복리수익률은 6.9%가 되는 것입니다.

종합해보면, 같은 PER 9배 수준의 가격을 지불하여 17.93%의 연복리수익률을 올릴 일광상사를 매입하는 것이 더 좋은 투자안이 되는 겁니다. 결국 소비자 독점력의 혜택을 보는 좋은 기업들은 지속적으로 자기자본에 대해 높은 수익을 내고 있으며, 수익에 비해 가격이 높다고 생각되는 경우에도 이러한 기업에 대한 투자는 오히려 이익을 가져다주는 투자가 될 것입니다.

❸ 연간 주당이익성장률 수치를 이용한 투자수익률 예측

일광상사가 10년간 주당이익성장률인 25.14%로 성장을 지속하고 주당배당성향이 40%라면, 향후 10년간의 주당순이익과 배당금은 다음 도표와 같습니다.

즉, 2014년 일광상사 주당순이익은 2만 5,335원이 되고, 여기에 10년간 배당금의 합계액이 4만 5,087원이 됩니다. 여기에 과거 10년간 PER가 최저 10배에서 최고 20배 사이에서 형성되었던 점을 감안하면, 2014년 일광상사의 예상주

| 연도 | 주당순이익(원) | 주당배당*(원) |
|---|---|---|
| 2005 | 3,366 | 1,347 |
| 2006 | 4,213 | 1,685 |
| 2007 | 5,272 | 2,109 |
| 2008 | 6,597 | 2,639 |
| 2009 | 8,255 | 3,302 |
| 2010 | 10,331 | 4,132 |
| 2011 | 12,982 | 5,171 |
| 2012 | 16,178 | 6,471 |
| 2013 | 20,245 | 8,098 |
| 2014 | 25,335 | 10,134 |
| 합계 | | 45,087 |

* 배당성향은 40%로 가정

가는 29만 8,437원이 될 것입니다.

> 2만 5,335원(주당순이익)×10배(PER)+4만 5,087원(누적 배당금)=29만 8,437원(예상주가)

만약 PER 수준이 높았던 20배를 가정한다면 가격은 무려 55만 1,787원이 됩니다. 그렇다면 지금 일광상사의 주식을 얼마에 사느냐에 따라 투자의 복리수익률이 결정된다는 것을 이해할 수 있습니다.

## 워런 버핏을 평가한다

다시 한 번 말하지만, 워런 버핏은 다음과 같은 인상적인 말을 남겼습니다.

"주식시장에는 소수의 살 만한 주식과 대부분의 쓰레기가 있다."

즉, 주식시장에는 독점적 사업구조를 가지고 안정적인 이익을 꾸준히 실현하는 소수의 살 만한 주식과 수익도 제대로 내지 못하고 수익을 낸다 하더라도 들쭉날쭉한 실적을 기록하는 기업의 쓰레기 같은 주식이 있다는 겁니다.

특히 버핏은 주식을 살 때 자신이 완벽히 이해한 주식만을 매수하는 것으로 유명합니다. 버핏은 '주식을 사지 않으면 본전이지만 주식을 사서 주가가 떨어지면 손해'라는 점을 인식하고 있었습니다. 그가 IT 버블기에 IT 산업의 총아였던 마이크로소프트 주식을 쳐다보지 않았을 정도로 자신의 원칙을 지킨 것은 매우 유명합니다. 그리고 본인의 스승인 벤저민 그레이엄과 필립 피셔의 시장분석 방법을 적절히 융합하고, 그레이엄의 주식분석과 필립 피셔의 미래가치 분석을 적용해 주식투자로 가장 많은 돈을 번 사람이 되었습니다.

끊임없이 기업을 분석하고 그 기업의 모든 것을 이해할 수 있을 때 투자한다는 워런 버핏의 투자원칙은 일반 투자자들이 반드시 유념해야 할 것입니다.

## 현재보다 미래의 가치를 보라

# 필립 피셔,
# 성장주의 아버지

**필립 피셔** Philip A. Fisher

현재의 기업가치보다는 미래의 기업가치를 중요시하는 투자자. 그래서 지금은 저평가되지 않았어도 성장 잠재력이 충분하다면 장기투자를 서슴지 않았습니다. "위대한 기업을 샀다면 영원히 매도기회는 없다"라며 훌륭한 회사를 너무 일찍 파는 것은 주식투자에서 큰 손해를 입는 길이라고 주장했습니다.

## 무조건 3년을 보유한 투자가

필립 피셔는 성장주의 아버지라고 불립니다. 그는 향후 성장 가능성이 큰 종목을 매수해서 더 이상 성장세가 지속되지 못할 때 매도했습니다. 그는 저평가된 싼 주식을 매입하기보다 성장 가능성이 큰 주식을 조금 비싸게 사더라도 더 비싼 값에 파는 것이 옳다고 생각하는 투자자였습니다. 기업이 그 가치를 주가에 충분히 반영하기 위해서는 수년 또는 수십 년의 시간이 걸리는 것이 일반적입니다. 그러니 필립 피셔의 투자방법은 성장주를 매입해서 장기간 보유하는 것입니다. 그는 적

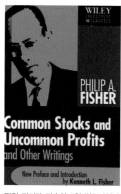

필립 피셔가 저술한 《위대한 기업에 투자하라》.

어도 3년 이상을 보유해야 한다는 '3년 보유론'을 주창하기도 했는데, 어떤 때는 매입 후 3년이 지나지 않았다는 이유만으로 매도하지 않은 적도 있습니다.

어릴 적부터 투자에 관심이 많았던 필립 피셔는 대공황이 발생하기 이전, 주식시장이 강세를 보이던 1920년대 중반에 주식투자로 적잖은 수익을 올렸다고 합니다. 그는 특히 성공투자를 위해서는 경영자의 사업가적 능력과 정직성 등이 중요하다는 것도 알았습니다. 필립 피셔의 투자법을 단적으로 보여주는 것이 바로 모토로라와 텍사스 인스트루먼트 같은 회사에 투자한 사례입니다. 그는 1950년대에 두 기업의 성장성에 주목했습니다. 특히 모토로라는 주당 42달러에 매입해서 44년이 지난 2000년에 매도했는데, 투자수익이 매입가의 240배에 달했습니다.

그는 과거나 현재의 기업내용에 얽매이지 않고 미래의 성장 가능성을 적극적으로 찾아보려 했습니다. 지금은 비록 주가가 조금 비싼 듯하더라도 성장 잠재력이 큰 기업을 발굴해 장기투자하면 반드시 큰 수익이 돌아온다고 믿었습니다.

---

**필립 피셔 주요 연표**

1907년 • 미국 캘리포니아주 샌프란시스코에서 출생

1928년 • 샌프란시스코은행의 증권 애널리스트로 입사해 월스트리트의 애널리스트로 투자업계에 첫발을 들임

1931년 • 투자자문회사 피셔앤드컴퍼니를 설립. 투자자들에게 1개월에서 1년을 기준으로 투자실적을 평가하지 말고 3년 정도를 기다릴 것을 강조

1956년 • 텍사스 인스트루먼트와 모토로라를 매입. 텍사스 인스트루먼트는 1990년, 모토로라는 2000년에 매도

1958년 • 《위대한 기업에 투자하라》 출간

워런 버핏은 필립 피셔를 "그는 훌륭한 기업이 어떻게 만들어지는지 완벽하게 이해하고 있으며 나는 그의 생각에 절대적으로 동의한다"라고 높이 평가했습니다. 버핏의 투자는 그의 스승인 그레이엄보다 피셔의 영향을 많이 받은 것으로 알려져 있습니다.

## 핵심 투자철학

### 1. 위대한 기업을 샀다면 영원히 매도기회는 없다

필립 피셔는 주식투자에서 볼 수 있는 가장 큰 손해가 훌륭한 회사를 너무 일찍 파는 데서 비롯한다고 말했습니다. 오래 보유할수록 수십 배에서 수백 배까지 경이적인 수익을 안겨줄 회사를, 불과 수십 퍼센트 수익이 났다고 파는 것이야말로 가장 큰 손해라고 강조한 것입니다. 심지어 "위대한 기업의 주식을 샀다면 영원히 매도기회는 없다"고까지 말했습니다.

### 2. 매력적이지 않은 바구니에까지 달걀을 담을 필요는 없다

필립 피셔는 분산투자보다는 집중투자를 선호하는 투자자였습니다. 그는 달걀을 너무 많은 바구니에 나눠 담으면, 매력적이지 않은 바구니에까지 달걀을 담게 된다고 말했습니다. 바구니가 많으면 관리상 어려움이 많다는 이유로 보통 서너 개 종목에 집중투자했습니다.

## 필립 피셔의 8가지 투자원칙

❶ 장기적으로 평균 이상의 높은 성장을 위해 사업전략을 구사하는 회사의 주식을 사라. 이런 회사들은 타고난 능력으로 새로운 경쟁자의 진입을 어렵게 한다.

❷ 앞에서 말한 회사들이 시장에서 인기가 없을 때, 더욱 관심을 가져라. 특히 시

장상황이 이들에게 우호적이지 못하거나, 재무분석가들이 이들의 진정한 가치를 제대로 파악하지 못할 때는 더욱 관심을 가져야 한다.

❸ 일단 매입한 주식은 사업에 본질적인 변화가 있거나, 더 이상 평균 이상의 성장을 지속할 수 없을 때까지 보유하라. 단기적인 가격변동이나 실적 등을 이유로 주식을 파는 것은 어리석은 짓이다.

❹ 투자의 목적이 장기적으로 자산을 증가시키는 것에 있다면, 배당금은 별로 중요하지 않다.

❺ 실수는 투자에 이미 내재된 비용이다. 중요한 것은 투자자가 가능한 한 빨리 실수를 깨닫고, 그 원인을 철저하게 분석해 똑같은 실수를 반복하지 않는 것이다. 그리고 좋은 주식에서 높은 수익을 올리고 있다면, 그저 그런 몇 개의 주식에서 발생하는 작은 손실에 대해서는 연연하지 않는 것이 좋다.

❻ 정말 좋은 회사들은 얼마 되지 않는다. 투자자는 이 소수의 좋은 회사에 집중투자해야 한다. 잘 알지도 못하는 수십 개의 회사에 분산투자하는 것은 오히려 위험을 가중시킬 뿐이다. 일반적으로 10개나 12개 정도가 알맞다(피셔의 포트폴리오는 10개 미만으로 구성되어 있었으며, 그중 서너 개에 총투자자금의 75%가 집중되어 있었다).

❼ 투자자가 직접 기업의 가치를 평가하고 스스로 투자판단을 내릴 수 있어야 한다. 그리고 자신의 판단이 정말 옳다고 생각한다면, 대부분의 사람과 생각이 다르다 하더라도 그것을 지킬 용기가 필요하다.

❽ 성공은 열정과 지성, 성실을 모두 겸비했을 때 이루어진다는 기본적인 성공원칙은 투자에도 적용된다.

## 성장주 발굴의 15가지 기준

필립 피셔는 성장주를 발굴하기 위해 기업이 다음의 15가지 기준을 충족시키는지를 분석했습니다. 그리고 기준을 충족시키는 기업이 시장에서 저평가된 경우, 엄청난 수익을 거둘 수 있다고 주장했습니다.

❶ 적어도 향후 몇 년간 매출을 상당히 늘릴 수 있는, 충분한 시장잠재력을 가진 제품이나 서비스를 가지고 있는가?

❷ 최고 경영진은 매력적인 성장 잠재력을 갖고 있는 현재의 제품 생산라인이 더 이상 확대되기 어려워졌을 때, 회사의 전체 매출을 추가로 늘릴 수 있는 신제품이나 신기술을 개발하려는 의지가 있는가?

❸ 기업의 연구개발 노력은 회사 규모를 감안할 때 얼마나 생산적인가?

❹ 평균 수준 이상의 영업조직이 있는가?

❺ 영업이익률은 충분한가?

❻ 영업이익률 개선을 위해 무엇을 하고 있는가?

❼ 돋보이는 노사관계를 맺고 있는가?

❽ 임원들 간에 훌륭한 팀워크가 유지되고 있는가?

❾ 두터운 기업 경영진을 보유하고 있는가?

❿ 원가분석과 회계관리 능력은 우수한가?

⓫ 해당 업종에서 아주 특별한 의미가 있는 별도의 사업부를 갖고 있는가? 또 이 사업부는 이 기업이 경쟁업체에 비해 뛰어나다는 사실을 알려주는 중요한 단서를 제공하는가?

⓬ 이익을 바라보는 시각이 단기적인가, 아니면 장기적인가?

❸ 성장에 필요한 자금조달을 위해 가까운 장래에 증자할 계획이 있으며, 이로 인해 현재의 주주가 누리는 이익이 상당 부분 희석될 가능성은 없는가?

❹ 경영진은 모든 것이 순조로울 때는 투자자들과 대화하지만 문제가 발생하거나 실망스러운 일이 벌어졌을 때는 입을 다물어버리지 않는가?

❺ 의문의 여지가 없을 정도로 진실한 최고 경영진이 있는가?

## 투자자가 피해야 할 10가지 지침

❶ 증권가에서 추천하는 기업의 주식을 매수하지 마라.

❷ 훌륭한 주식인데 단지 장외시장에서 거래된다고 무시해서는 안 된다.

❸ 사업보고서의 표현이 마음에 든다는 이유로 주식을 매수하지 마라.

❹ 순이익에 비해 주가가 높아 보인다고 해서, 앞으로의 추가적인 순이익 성장이 이미 주가에 반영됐다고 속단하지 마라.

❺ 너무 적은 호가 차이에 연연해서 거래를 망치지 마라.

❻ 너무 과도하게 분산투자하지 마라. 관리가 어려워진다.

❼ 전쟁 우려로 인해 매수하기를 두려워해서는 안 된다. 전쟁은 통화팽창 요인으로 전쟁이 끝나면 주가는 더 올라간다.

❽ 주가와 관련 없는 통계수치는 무시하라.

❾ 진정한 성장주를 매수할 때는 주가뿐만 아니라 시점도 정확해야 한다.

❿ 군중을 따라가지 마라.

## 필립 피셔처럼 종목 발굴하기

필립 피셔는 수익성 있는 성장주에 투자하는 사람입니다. 사실 미래의 성장 가능성을 보고 투자한다는 건 당연한 말입니다. 그러나 미래의 성장성을 예측할 수 있는 시스템은 어디에도 없습니다. 따라서 과거의 성장률을 통해 예측할 수밖에 없습니다.

필립 피셔가 요구하는 조건에 맞는 종목을 찾기 위해 다음과 같은 조건을 사용해봤습니다.

❶ 기업은 매출이 증가하면서 수익이 증가해야 합니다. 따라서 매출액증가율을 최근 결산기에 전년 대비 30% 이상 매출이 증가하고, 최근 3년 평균 20% 이상 매출이 증가한 기업으로 설정했습니다.

❷ 매출액이 증가하는 가운데 순이익도 증가해야 합니다. 따라서 주당순이익인 EPS도 매출액 증가율과 마찬가지로 최근 결산기에 전년 대비 30% 이상 증가하고, 최근 3년간 평균 20% 이상 증가한 기업으로 설정했습니다.

❸ 기업의 순이익률은 수익성을 보여주는 중요한 지표입니다. 순이익률은 최근 결산에 15% 이상, 그리고 최근 3년 평균 10% 이상의 수익률을 기록한 기업으로 설정했습니다.

앞의 조건을 통해 검색해본 결과는 다음과 같습니다.

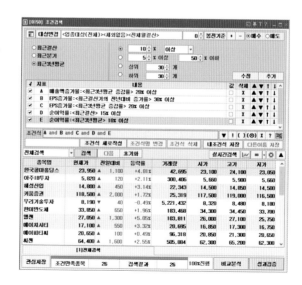

이러한 결과는 단순히 양적인 수치를 통해 발굴한 것입니다. 노사관계나 회계관리 능력 같은 질적인 요인들은 따로 평가해야 한다는 것을 잊지 말아야 합니다.

## 필립 피셔를 평가한다

필립 피셔는 워런 버핏의 스승 중 한 사람입니다. 버핏의 스승으로 알려진 이는 이외에도 벤저민 그레이엄이 있습니다. 앞서 살펴봤듯이 그레이엄은 기업가치를 계산할 때 주로 과거의 정보를 이용합니다. 기업가치에 비해 현저하게 저평가된 기업에 투자해, 그 기업의 주가가 기업가치에 근접하면 매도함으로써 수익을 거두는 전략입니다.

그러나 필립 피셔는 기업의 가치가 과거의 정보를 가지고 고정적으로 구할 수 있는 것이 아니라, 미래에도 움직이거나 변하는 것으로 이해했습니다. 즉, 지금 주가가 기업가치에 비해 비싸 보여도, 그 기업이 지속적으로 성장해 기업가치가 계속 커질 수 있다면 과감하게 투자를 하는 겁니다.

필립 피셔의 투자전략이 맞아떨어지기 위해서는 산업구조의 변화에 대한 통찰이 필요합니다. 앞으로 성장할 수 있는 산업과 기업은 지속적으로 매수하고, 사양산업으로 들어서는 기업에 대해서는 과감하게 매도하는 전략을 세워야 합니다. 그러기 위해서는 어떤 산업이 유망하고 또 어떤 산업이 쇠락의 길을 가는지에 대한 이해가 필요합니다. 성장 가능성이 있는 기업을 매수했다가 해당 산업 또는 해당 기업의 성장속도에 더 이상 가속도가 붙지 않으면, 그때 가서 매도하면 되는 것이지요.

기업가치라는 것이 부도가 나는 상황이 아니라면 하루 이틀에 변하는 것이 아닙니다. 그래서 장기투자가 기본인 것이지요. 미래에 대한 통찰을 바탕으로 한 투자가 필립 피셔 투자법의 백미입니다.

# ⑤

## 역발상으로 투자하라

# 존 템플턴,
# 영혼이 맑은 투자자

**존 템플턴** John Templeton

남들이 사면 팔고, 남들이 팔면 사는 역발상 투자자. 그리고 자신의 인생철학을 투자로 연결한 영혼의 투자자.

'템플턴 플랜 21단계'를 통해 삶에서 지켜야 할 규범들을 세우고, 이를 바탕으로 17가지 투자원칙을 세웠습니다. 그중 역발상 투자가 그의 투자철학의 핵심인데, 실제로 1960년대 일본 주식시장에 투자해 큰 수익을 올려 이를 증명했습니다.

## 삶의 철학에서 투자원칙을 깨닫다

존 템플턴은 비교적 부유한 가정에서 태어났습니다. 그의 아버지는 변호사였는데 목화씨를 골라내는 공장을 운영하는 등 여러 사업을 했습니다. 또 자식들이 최대한 자유롭게 자랄 수 있도록 배려했습니다. 그런 환경에서 존 템플턴은 다양한 경험을 할 수 있었고 어린 시절부터 좋은 물건을 싼값에 사는 방법을 터득했습니다. 바로 이런 경험들이 그를 위대한 투자자로 성장시킨 원동력이었습니다.

2012년 존 템플턴의 아들 존 템플턴 주니어가 달라이 라마에게 템플턴상을 수여하는 모습.

존 템플턴의 투자원칙은 '역발상 투자'입니다. 한마디로 '남들이 사면 팔고, 남들이 팔면 사는 것'이지요. 그는 1939년 제2차 세계대전이 발발해서 주식시장이 얼어붙었을 때 주식을 매입해 큰돈을 번 것으로 유명합니다. 그러나 단순히 주가가 쌀 때 주식을 샀기 때문만은 아닙니다. 그는 기업가치에 비해 주가가 저평가된 기업을 찾아내는 데 뛰어난 안목도 가지고 있었습니다.

증시 격언 중 "강세장은 비관 속에서 태어나 회의 속에서 자라며 낙관 속에 성숙해가고 행복 속에 사라져간다" "최고로 비관적일 때가 가장 좋은 매수시점이고 최고로 낙관적일 때가 가장 좋은 매도시점이다"는 템플턴이 남긴 말 가운데 가장 유명한 말입니다.

존 템플턴은 템플턴 그로스펀드의 설립으로 글로벌펀드라는 새로운 분야를 개척함으로써 투자범위를 전 세계로 확대한 것으로도 유명합니다. 또한 그는 영혼

존 템플턴 주요 연표

1912년 · 미국 테네시주에서 출생

1934년 · 예일대학 경제학과 졸업 후 로즈 장학생에 선발돼 영국 옥스퍼드대학으로 유학

1938년 · 월스트리트에 진출

1939년 · 제2차 세계대전이 터지자 1만 달러를 빌려 당시 1달러 밑으로 폭락한 104개 주식을 100주씩 매수. 4년 뒤 그의 투자액은 4만 달러로 불어남

1954년 · 템플턴 그로스펀드 설립 후 투자범위를 전 세계로 확대해 글로벌펀드라는 새로운 분야를 개척

1972년 · 템플턴상 제정

1987년 · 존 템플턴 재단을 설립하고 영국 기사 작위를 수여받음

2008년 · 바하마에서 95세의 나이로 세상을 떠남

이 맑은 투자자로 알려졌는데, 늘 기도하고 묵상함으로써 자신의 맑은 영혼을 투자에 투영하려고 했습니다. 그는 투자활동 이외에 프린스턴신학교 이사와 학장을 역임했고, 1972년에는 종교계의 노벨상으로 불리는 템플턴상을 제정했습니다. 또 1987년부터 존 템플턴 재단을 설립하고 봉사활동에도 힘써서 영국 여왕으로부터 기사 작위를 받기도 했습니다.

## 템플턴 플랜 21단계

존 템플턴은 자신의 인생철학을 투자에 고스란히 적용한 사람입니다. 그의 인생과 투자의 철학을 말해주는 것이 바로 '템플턴 플랜 21단계'인데 주요 내용은 다음과 같습니다.

### Step 1 삶의 규범을 배우라

성공과 행복을 향해 나아가려면 삶의 규범을 배우고, 알고 있는 규범을 더 깊이 연구하고, 새로운 규범을 찾아야 합니다. 또한 정직, 신뢰, 진실, 불굴의 의지, 열정, 활력, 겸손, 배려, 기쁨, 소망 등을 삶에 그대로 적용하는 노력도 필요합니다.

### Step 2 당신이 가진 것을 활용하라

자신이 가진 모든 것을 제대로 활용하고 매일 새로운 것을 배우고 경험해야 합니다. 책을 통해 간접 경험하고 타인의 장점을 배워 자기 것으로 소화하고, 타인의 말을 경청하며 자신이 가진 지식과 능력을 지혜롭게 활용하면, 모든 면에서 성공을 거두고 행복해질 수 있습니다.

### Step 3 다른 사람을 도움으로써 스스로를 도우라

다른 사람을 돕는다는 것은 우리의 삶을 긍정적으로 받아들이는 하나의 방식으로, 삶에 대한 긍정이야말로 성공과 행복으로 가는 출발점입니다. 지금 내가 최고의 능력을 발휘하는 분야에서 일하고 있는지, 나의 일이 모든 이에게 도움이 되는지 곰곰이 생각해봐야 합니다.

### Step 4 소중한 것부터 먼저 하라

스스로 중요하다고 생각하고 믿는 것을 하나씩 나열하여 각각의 가치에 순위를 매겨보고, 실제 삶의 현장에서 이를 어떻게 실천하고 행동해왔는지 생각해봐야 합니다. 성공한 사람들의 기본적인 행동규범인 책임감, 활력, 근면, 성실, 열정, 불굴의 의지 등을 본인도 배우고 실천해야 합니다.

### Step 5 지금 하는 일에서 행복을 찾아라

행복은 우리가 지금 하는 일에서 찾아야 하고, 또 우리가 현재 하는 모든 것이 쌓여 행복이 이루어집니다. 행복과 성공은 만드는 것이지 소비하는 것이 아닙니다. 끊임없이 새로운 목표를 세우고 항상 적극적인 자세로 현재에 충실하고 미래를 준비한다면 나 자신만이 아니라 모든 이에게 행복을 줄 수 있습니다.

### Step 6 부정적인 것에서 긍정적인 면을 찾아라

부정적인 것에서 긍정적인 면을 찾으며 어떤 것이든 긍정적으로 표현하고 행동할 수 있다면, 사람들 간의 조화와 생산적인 변화를 가져올 수 있습니다. 타인의 험담을 피하고 비교하지도 말고 항상 칭찬과 배려로 겸손을 유지해야 합니다.

### Step 7 일에 자신의 전부를 투자하라

현재 자신이 맡은 일에 최선을 다해 자신의 전부를 투자해야 합니다. 목표를 이루기 위해 더욱더 열정적으로 노력해야 하고, 일을 모두 완수하기 전까지 즐기고 싶은 일도 자제해야 합니다.

### Step 8 자신의 행운을 만들어가라

자신의 행운을 스스로 만들어나가고 항상 준비하며 자신이 할 일을 분명히 하고 더욱더 가치 있는 목표를 지향하면, 당신은 이 세상 최고의 행운아가 될 수 있습니다. 행운이란 주도면밀한 계획과 불굴의 의지, 적절한 상상력으로 만들어가는 것이기 때문입니다.

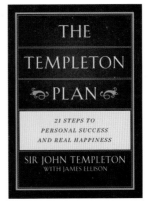

존 템플턴이 저술한 《템플턴 플랜》.

### Step 9 성공의 2가지 원칙을 지켜라

성공의 2가지 원칙인 정직과 불굴의 의지를 지키기 위해 항상 신중하게 생각하고 행동하며, 일단 시작한 일은 전력을 다해 철저히 완수해야 합니다. 모든 사람과의 관계는 신성한 신탁을 대하듯 해야 하며 약속은 반드시 지키고 얕은수는 결코 쓰지 말아야 합니다.

### Step 10 시간의 주인이 되어라

시간의 주인이 되어 지금 해야 할 일을 미루지 말고 바로 해야 합니다. 시간의 노예가 되어서는 안 됩니다.

### Step 11 마지막 땀 한 방울을 더 흘려라

마지막 땀 한 방울이라도 더 흘리면서 노력한 결과와 그렇지 않은 결과의 차이는 엄청나게 큽니다. 조금 성공한 사람과 아주 크게 성공한 사람이 기울인 노력의 차이는 비록 작을지라도, 결과는 매우 크게 나타날 수 있습니다. 그 둘을 가르는 관건은 마지막까지 땀 한 방울의 노력을 누가 더 했느냐입니다.

### Step 12 절약하고 저축해서 최고의 수익률로 늘려라

저축을 생활화하여 안정적으로 자산을 증식시켜야 합니다. 월급과 수입이 얼마든지 반드시 일부를 저축해야 합니다.

### Step 13 더 나아지도록 꾸준히 노력하라

더 나아지도록 노력하고 경쟁해야 하며 현재의 일에 최선을 다하면서, 항상 미래를 준비하고 새로운 시도를 두려워하지 말아야 합니다. 내면의 기업가 정신을 일깨워 가장 합리적이고 분별력이 뛰어난 창조적 인물이 되도록 노력해야 합니다.

### Step 14 사고를 절제하고 효과적으로 행동하라

사고를 절제하며 효과적으로 행동하고 마음을 더 맑게 하여 긍정적이고 생산적인 생각으로 모든 일에 적극 접근해야 합니다.

### Step 15 사랑은 우리 삶에 꼭 필요한 것이다

사랑은 인생에서 가장 소중한 것이며 자신과 가족뿐 아니라 적까지도 사랑으로 포용해야 합니다. 그럼으로써 모든 사람과의 관계에서 친절과 배려심 그리고 인내심으로 화합하는 마음을 가져야 합니다.

### Step 16 신념의 힘을 최대화하라

신념은 우리의 사고와 감정, 행동을 긍정적으로 최대화하는 힘을 가지고 있습니다. 불굴의 신념으로 목표를 설정하고 그 과정에서 만나는 어려움을 이겨나가 성공과 행복을 개척해야 합니다.

### Step 17 기도를 통해 힘을 얻어라

기도함으로써 정신을 맑게 하고 깊이 있는 통찰력을 얻을 수 있습니다. 또한 겸손한 마음가짐과 균형 잡힌 감각, 소망을 통해 항상 승리하는 삶을 영위할 수 있습니다.

### Step 18 삶이란 주는 것이다

삶이란 주는 것이고 주면 더 크게 받습니다. 기부함으로써 긍정적이고 적극적인 방식으로 스스로를 키워갈 수 있습니다. 물질적으로 성공한 것은 어떤 형태든지 타인에게 도움이 되도록 되돌려주는 게 좋고, 주는 것을 두려워하지 말아야 합니다.

### Step 19 겸손함으로써 이겨라

성공하려면 겸손한 자세로 모든 일에 감사해야 합니다. 진심으로 자신을 낮춤으로써 누구에게든 거부감을 주지 않고 친밀감으로 사교성 있는 삶을 살아야 합니다.

### Step 20 새로운 미개척 분야를 발견하라

새로운 미개척 분야에 도전하며 미래에 적극 대응해야 합니다. 변화를 두려워하지 말고 새로운 기회를 통해 자신을 더욱더 계발하는 계기로 삼아야 합니다.

### Step 21 해결책을 찾아라

문제를 만들기보다 해결하는 사람이 되어야 합니다. 부정적인 사람은 문제에 집착하면서 걱정하지만, 긍정적인 마음을 갖고 성공한 사람은 적극 문제를 해결하고 전화위복의 기회로 삼습니다.

## 존 템플턴의 17가지 투자원칙

존 템플턴은 《존 템플턴의 영혼이 있는 투자》를 통해 성공을 위한 17가지 투자원칙을 제시했습니다. 이를 간략히 소개하면 다음과 같습니다.

## 1. 최종수익률로 평가하라

정확한 투자수익률은 세금 및 인플레이션을 감안한 최종수익률입니다. 이를 감안하지 않으면 어떤 투자전략도 경제환경의 본질을 반영하지 못합니다.

## 2. 투기적 매매가 아닌 투자를 하라

종목 교체가 잦은 전문 브로커보다 장기적으로 주식을 여유 있게 보유하는 투자자들이 포트폴리오를 더 잘 운용합니다. 장기투자자들은 새로운 정보에 더 정통하고, 내재가치에 대한 이해도 더 넓기 때문입니다.

## 3. 개방적이며 유연한 자세로 다양한 투자상품을 주시하라

하나의 투자대상이 늘 최고의 수익률을 주지는 못합니다. 여러 종류의 투자대안에 대해 개방적인 자세를 취해야 합니다. 특정 산업이 인기를 끌고 특정 투자대상에 투자열풍이 불어도, 이는 일시적으로 끝날 가능성이 크기 때문에 보다 다양한 시각과 열린 마음이 필요합니다.

## 4. 쌀 때 사라

주식은 낮은 가격에 사고 높은 가격에 파는 것입니다. 그러나 투자를 하다 보면 주가가 높게 올랐을 때 따라 사고, 주가가 많이 떨어졌을 때 따라 파는 일이 허다합니다. 군중을 따라다니면 투자에 실패하고 맙니다. 주식은 비관적인 전망이 최고조일 때 싸게 사고 낙관적인 전망이 지배할 때 비싸게 팔아야 합니다.

## 5. 매수하기 전에 좋은 주식인지를 살펴보라

무조건 싸다고 매수할 수는 없습니다. 반드시 좋은 주식을 매수해야 합니다. 좋은 주식이란 성장산업이면서 시장점유율이 확고히 1등인 기업을 말합니다. 기술혁신이 중요한 기업인 경우 기술력이 좋아야 하고, 뛰어난 경영진과 원가경쟁력도 갖춰야 합니다. 또한 재무구조가 좋고 소비자에게 신뢰를 주는 등 모든 것을 공통적으로 갖춘 기업이 좋은 주식입니다.

## 6. 시장의 흐름이나 경제전망이 아닌 개별 종목의 가치에 주목하라

개별주식의 내재가치는 고유한 것이며, 다양한 형태의 투자기회를 제공합니다. 따라서 개별 종목의 가치는 뒷전이고 경제상황이나 시황에 휘둘리는 투자를 해서는 안 됩니다.

## 7. 위험을 분산하라

분산투자는 기본입니다. 즉, 보유종목의 숫자가 많을수록 위험이 줄어듭니다. 열심히 종목을 분석해도 오류가 생길 수 있기 때문입니다. 포트폴리오 구성의 기본은 여러 산업에 걸쳐 위험도가 다른 투자상품에 분산해 투자하는 것입니다.

## 8. 스스로 공부하거나 전문가의 도움을 받아라

최고의 투자결정을 내리기 위해서는 확실한 정보가 필요합니다. 또 전문가의 도움을 받으면 투자수익률을 훨씬 높은 수준으로 끌어올릴 수 있습니다. 스스로 분석하든 전문가의 도움을 받든 기본적인 분석역량을 강화해야 현명한 선택이 가능해집니다.

## 9. 자신의 투자에 주의를 게을리하지 마라

그냥 사놓고 잊어버릴 수 있는 주식은 없습니다. 언제든 조치를 취할 수 있도록 계속해서 긴장된 자세로 투자에 주의를 기울여야 합니다.

## 10. 패닉에 빠지지 마라

경제위기가 최고조일 때 투자자가 저지르는 최악의 행동은 패닉에 빠지는 것입니다. 패닉에 빠지면 추격매도를 하게 됩니다. 이럴 때는 자신의 포트폴리오를 다시 분석해보세요. 시장이 폭락하기 전에 구성한 포트폴리오에 대한 믿음이 확인되면, 그 상태를 유지해야 합니다. 두려움에 사로잡히면 일을 망칩니다.

## 11. 실수로부터 배우라

실수는 누구나 할 수 있습니다. 그러나 실수했다고 낙담해서도 안 되고 손실을 만회하기 위해 더 큰 위험을 부담하는 것도 안 됩니다. 오히려 실수로부터 뭔가를 배우는 자세가 필요합니다. 실수와 실패를 혼동해서는 안 됩니다. 세상에 실수하지 않는 사람은 아무것도 하지 않는 사람일 겁니다.

## 12. 기도를 통해 마음을 가라앉히고 통찰력을 얻어라

마음속 혼란은 투자자들에게 가장 큰 적입니다. 정보의 홍수 속에서 자칫 혼란을 겪기 쉽습니다. 마음이 혼란스럽고 정신이 맑지 못할 때는 기도를 통해서 마음의 중심을 잡는 것이 중요합니다.

## 13. 시장평균 수익률을 넘어서기가 얼마나 어려운지 알라

시장수익률을 이긴다는 목표는 우수한 투자결정을 몇 번 했다고 해서 쉽게 이룰 수 있는 것이 아닙니다. 따라서 반드시 신중한 자세를 견지해야 합니다.

## 14. 자만을 버리고 겸손하도록 하라

투자세계는 항상 변합니다. 상승장일 때 작은 성공에 도취되어 자신의 능력을 자만해서는 안 됩니다. 도를 넘어선 자신감은 재앙의 씨앗입니다. 겸손한 마음가짐을 가질 때 지혜를 얻을 수 있습니다.

### 15. 세상에 공짜는 없다

눈에 보이지 않는 비용이 클 수 있다는 점을 알아야 합니다. 절대 내부자 정보를 듣고 섣불리 투자해서는 안 됩니다. 내부자 정보는 그럴듯해 보이지만 큰돈으로 연결되기보다 낭패를 부르는 경우가 많습니다.

### 16. 시장을 너무 무서워하거나 부정적인 시각으로 바라보지 마라

긴 시간을 놓고 보면 주식시장은 상승과 하락을 반복합니다. 지난 100여 년간 미국 증시를 이끌어온 주체도 낙관론자들이었습니다. 증시의 작은 출렁임과 일시적인 하락에 의기소침해서는 안 됩니다.

### 17. 선을 행하면 그에 따른 보답을 받는다

진정 가치가 있는 일에 시간과 에너지를 쏟는다면 그에 상응하는 보상을 받을 것입니다. 사회에 악영향을 미치는 기업에 투자하는 대신 윤리적인 기업에 투자하는 전략은 금전적인 성공뿐만 아니라 박애정신을 고취한다는 측면에서도 성공을 가져다줄 겁니다.

## 역발상으로 투자하라

템플턴의 투자는 역발상 투자로 정리할 수 있습니다. 그 사례들을 살펴보면 쉽게 이해할 수 있습니다.

### 1. 외환위기에 빠진 한국에 투자하다

지난 1997년 말 동아시아를 중심으로 외환위기가 닥쳐올 때 템플턴은 한국 증시에 투자했습니다. 당시 85세였던 그는 이미 자신이 운영하던 템플턴펀드를 프랭클린그룹에 매각하고 공식적으로 은퇴한 상태였지요. 하지만 개인자금 1,000만 달러를 한국 증시에 투자해 미국 투자세력의 한국 증시 진출을 이끌어냈습니다.

## 2. 1960년대부터 일본시장에 투자하다

템플턴의 가장 큰 공로 가운데 하나가 투자시장을 미국에서 전 세계로 확장시켰다는 것입니다. 그는 이미 이전에 일본 증시에서 엄청난 성공을 거둔 바 있습니다. 1956년 템플턴펀드를 시작한 그는 1960년대부터 일본시장을 주시하기 시작했습니다. 1960년대 말까지 도쿄 주식시장의 시가총액은 전부 합쳐봤자 IBM 시가총액에도 못 미쳤을 정도였습니다. 그는 1968년부터 일본시장에 투자를 시작했는데, 당시 도쿄 주식시장에서 거래되던 주식들의 PER주가수익비율는 3배로 미국의 15배에 비해 턱없이 낮았습니다.

이때 템플턴이 투자한 종목들은 일본의 간판 기업들이라고 할 수 있는 히타치, 닛산자동차, 마쓰시타전기, 스미토모은행, 야스다화재 등이었습니다. 모두 우수한 경영진과 높은 기술력을 갖추었지만 매우 저평가된 주식들이었습니다. 야스다화재는 장부가치의 20%에 거래될 정도였습니다.

템플턴은 많을 때는 펀드자금의 50%를 일본시장에 투자하기도 했습니다. 그의 예측대로 도쿄 주식시장은 1960년대 말이 넘어서부터 상승세를 보이기 시작했고, 1986년 도쿄 주식시장 상장종목의 평균 PER는 30배를 넘어섰습니다.

이때 그는 대부분의 보유 주식을 처분하기 시작했는데 당시 시장 전문가들 사이에서는 일본 증시의 PER가 75배까지 갈 것이라는 낙관론이 지배적이었습니다. 그러나 일본 주가지수는 2년 만에 반 토막 나기 시작했고, 이는 템플턴이 얼마나 위대한 투자자인지 증명한 일로 회자되고 있습니다.

## 존 템플턴처럼 종목 발굴하기

존 템플턴은 저가 성장주 발굴의 달인입니다. 그는 우량종목이라고 널리 알려진 종목은 매입하지 않았습니다. 펀드에서 우량주라고 부르는 것 중에서 상당수가 실제 우량주가 아니라고 생각했습니다.

그는 규모가 작고 기업내용은 다소 모자란 듯해도 기초가 튼튼하고 특색 있는 고수익 기업이 알려진 우량주보다 더 안전하다고 판단했습니다. 그래서 주가가 실제 가치보다 낮은 주식 중에서 일반인에게 잘 알려지지 않은 소외종목을 즐겨 매입했습니다. 투자에서 가장 중요한 것은 일반인에게 인정받지 못하는 종목을 선정해내는 능력이고, 템플턴은 이것을 유연성이라고 말했습니다.

그가 즐겨 사용하는 지표들은 PER, 영업이익률 그리고 청산가치 등입니다. 따라서 이들 지표를 통해 종목을 검색해보겠습니다.

❶ 주가수익비율, 즉 PER는 시장평균보다 낮은 7배를 적용했습니다.
❷ 기업은 본업으로부터 벌어들인 영업이익률이 중요합니다. 따라서 영업이익률 은 최근 3년 평균 20% 이상으로 설정했습니다.
❸ 청산가치, 즉 주가순자산비율인 PBR는 매우 보수적으로 적용해서 0.5배 이 하로 설정했습니다.

이렇게 설정한 조건을 바 탕으로 종목을 검색한 결과 는 다음 화면과 같습니다.

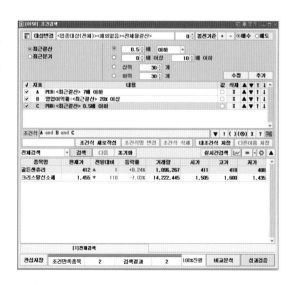

## 존 템플턴을 평가한다

유럽 투자의 전설로 불리는 앙드레 코스톨라니는 주식을 살 때와 팔 때에 대해 이렇게 말한 적이 있습니다.

"주식보다 바보가 많으면 주식을 팔고, 바보보다 주식이 많으면 주식을 사라." 즉, 주식시장에 투자자들이 몰려서 주식이 품귀현상을 보이면 주식을 팔아야 할 때고, 주식시장에서 투자자들이 투매하면서 주가가 떨어지면 주식을 사야 할 때라는 겁니다. 그러면서 주식시장에 투자하는 투자자들을 '레밍'이라고 표현했습니다. 레밍은 쥐과의 동물로 단체로 절벽 아래로 뛰어드는 자살쇼를 벌이는 것으로 유명한데요. 몇 마리의 레밍이 무작정 뛰기 시작하면, 그 주변의 수많은 레밍은 영문도 모르고 따라 뜁니다. 그렇게 수천 마리가 함께 뛰다가 절벽을 만나도 멈출 수 없어 모두 아래로 떨어지는 겁니다.

이런 행동을 우리는 군집행동이라고 합니다. 군집행동은 다른 금융회사 또는 투자자의 의사결정을 무조건적으로 따르는 것을 의미합니다. 한쪽에서 어느 주식이 좋다고 하면 묻지도 따지지도 않고 무조건 그 주식을 사는 행위가 그 예입니다. 이렇게 하다 보면 시장에서 과열 현상이 벌어집니다. 그렇게 폭탄 돌리기를 하다가 아무것도 모르는 사람 손에서 폭탄이 터집니다.

템플턴은 이런 군집행동을 하지 않는 사람입니다. 다시 한번 그의 투자원칙을 되새겨보면, 단순합니다. '남들이 사면 팔고, 남들이 팔면 사는 것'이지요. 이 역발상의 투자철학은 그를 '투자의 전설'로 만들었습니다.

CHAPTER 2

# 실전에서
# 성공한 고수들

## ①

### 성장하는 주식을 사라

# 윌리엄 오닐,
# 매매타이밍의 고수

**윌리엄 오닐** William O'Neil

철저한 기업분석을 바탕으로 성장성이 높은 종목이 신고가를 기록할 때 과감하게 매수하는 매매타이밍의 고수, 신고가매매의 달인.

50년에 걸쳐 600개의 성공적인 투자수익률을 기록한 회사를 철저히 분석해, 성공 주식의 조건을 찾아냈습니다. 그는 이를 CAN SLIM 모델이라 불렀습니다.

## 불우한 시절을 극복한 최고의 실전투자가

윌리엄 오닐은 미국이 대공황으로 몸살을 앓던 시기에 태어났습니다. 어린 시절 아버지를 일찍 여의고 불우한 어린 시절을 보낸 그는 대학을 졸업한 이후 증권회사에 입사해 증권 브로커로 일을 시작합니다.

그러나 그가 주식을 접한 것은 입사하기 전이었습니다. 그는 직장에 다니기 전 공군에 복무할 때 처음으로 주식과 인연을 맺었습니다. 프록터앤드갬블P&G에 300달러를 투자한 것입니다. 오닐은 그 과정을 통해 '왜 시장에서 소위 잘나가는 몇몇 종목들이 지속적으로 높은 투자수익률을 올리는가?'라는 의문을 가졌고, 그때부터 원인이 무엇인지 연구했습니다. 윌리엄 오닐이 최고의 실전 고수로 꼽히게 된 것은 바로 그 질문에서 시작되었습니다.

오닐은 첫 직장인 하이든스톤앤드컴퍼니에 입사하면서 종목시세 연구를 본격적으로 시작했는데, 그의 눈에 들어온 것이 바로 드레이퓨스펀드의 성과였습니다. 그는 소규모 펀드에 불과했던 드레이퓨스펀드가 다른 경쟁 펀드에 비해 2배 이상 투자수익률을 올리는 것에 주목했습니다. 그 원인을 분석한 결과 드레이퓨스펀드는 매년 100개 이상의 종

윌리엄 오닐이 창간한 〈인베스터스 비즈니스 데일리〉

목을 매매했는데, 이들 종목이 모두 **신고가**[6]를 경신한 시점에 매수됐다는 공통점이 있었지요.

그는 이 연구를 통해 '높은 투자수익률을 올리는 주식은 저가주식이 아니라 박스권을 탈출해 신고가를 기록한 주식이라는 것'을 배웠습니다. 이러한 경험을 통해 그는 신고가매매의 달인으로 거듭났고, 실전 최고수가 되는 비법을 터득했습니다.

오닐이 주식투자만 한 것은 아니었습니다. 그는 증권회사를 그만두고 리서치 겸 투자자문회사인 윌리엄오닐앤드컴퍼니를 설립했고, 그 후 〈데일리 그래프스〉와 〈인베스터스 비즈니스 데일리〉〈오닐 데이터 그래프스〉를 잇달아 설립했습니다.

---

6 **신고가** 주가가 최고 가격을 기록한 경우, 그 가격을 말합니다.

윌리엄 오닐 주요 연표

1933년 • 미국 오클라호마시티의 중하층 가정에서 출생해 텍사스에서 성장

1958년 • 전통 있는 증권회사 중 하나인 하이든스톤앤드컴퍼니에서 증권 브로커로 직장생활을 시작

1963년 • 증권회사를 그만두고 리서치 겸 투자자문회사인 윌리엄오닐앤드컴퍼니 설립

1984년 • 〈인베스티스 비즈니스 데일리〉를 설립. 〈인베스터스 비즈니스 데일리〉는 2000년대 들어
10만 부 이상의 발행부수를 기록하고 한 달에 290만 명의 방문자를 끌어모을 정도로 급성장

현재 오닐은 스스로 〈월스트리트 저널〉의 유일한 경쟁사라고 자부하는 〈인베스터스 비즈니스 데일리〉의 회장으로 재직하고 있습니다.

## 반드시 피해야 할 19가지 투자실수

윌리엄 오닐은 투자자들이 가장 많이 저지르는 19가지 실수 유형을 제시했는데, 이를 통해 그의 투자철학을 살펴보겠습니다.

❶ 손실이 적고 감수할 수 있는데도 **손절매**[7]를 하지 않는 것

❷ 주가가 하락하는데 **물타기**[8]를 해서 비극적인 종말로 치닫는 것

❸ 평균 매입단가를 높이기보다 낮추는 것

❹ 고가주식을 소량 매수하기보다 저가주식을 대량 매수하는 것

❺ 너무 빨리, 너무 쉽게 돈을 벌려고 하는 것

❻ 주변의 말 혹은 루머에 솔깃하거나, 시장전문가 의견을 듣고 주식을 사는 것

❼ 배당금 욕심에, 혹은 단지 낮은 PER에 현혹돼 2류 주식을 고르는 것

❽ 주식 선정기준이 없거나 안목이 없어 처음부터 제대로 주식을 고르지 못하는 것

---

7 **손절매** 주가가 더욱 하락할 것으로 예상되어 손해를 감수하고 파는 것을 말합니다.

8 **물타기** 매입한 주식의 가격이 하락할 때, 그 주식을 더 사서 평균 매입단가를 낮추려는 투자법을 말합니다.

❾ 낮익은 전통기업 주식만 매수하는 것

❿ 좋은 정보와 훌륭한 조언을 제대로 알아보지도, 따르지도 않는 것

⓫ 차트 활용 없이 신고가 종목의 매수를 두려워하는 것

⓬ 떨어지는 주식은 붙잡으면서 오르는 주식은 조금만 이익이 나도 쉽게 파는 것

⓭ 세금과 수수료를 너무 걱정하는 것

⓮ 주식을 매수한 이후, 언제 어떤 상황에 그 주식을 팔지 전혀 생각하지 않는 것

⓯ 기관이 적극 매수하는 좋은 주식을 사는 게 얼마나 중요한지 이해하지 못하
는 것

⓰ 단기 고수익을 노려 선물과 옵션에 과도하게 집중투자하는 것

⓱ 시장가격에 거래하지 않고, 매매주문 때 미리 한계를 정해 예약 주문하는 것

⓲ 중요한 결정을 필요한 순간에 결심하지 못하는 것

⓳ 주식을 객관적으로 보지 못하는 것


## 주가상승을 예측하는 CAN SLIM 모델

윌리엄 오닐은 1950~2000년까지 성공적인 투자수익률을 기록한 회사 600개를
철저히 분석했습니다. 그 결과 성공적인 주식에는 비교적 간단한 조건이 있음을
알아냈고, 이를 CAN SLIM 모델이라 불렀습니다. 이 모델은 비약적인 주가상승
세 직전 초기 상승단계에서 나타나는 7가지 주요 특징을 조합한 말입니다. 실제
주가 움직임에 기초한 것으로 일시적인 유행의 변동이나 경기변화를 감안하더라
도 유효성이 높은 모델입니다.

**Current** ㅣ 현재의 주당분기순이익. 최소한 18~20%는 증가하고 있어야 합니다.
그리고 높을수록 좋습니다. 분기 매출액 증가율도 높아지고 있거나 25%는 되어
야 합니다.

**Annual** | 연간 순이익 증가율. 최근 3년간 매년 놀라운 성장률을 기록해왔고 연간 최소 25% 이상씩 수익이 성장해야 합니다. 그리고 자기자본이익률ROE도 17% 이상이어야 합니다.

**New** | 신제품, 경영혁신, 신고가, 신규투자자. 신제품이나 새로운 서비스를 만들어낸 회사, 경영혁신을 이룬 회사, 해당 업종에 새로운 변화의 물결을 일으키고 있는 회사를 주목해야 합니다. 양호한 주가 패턴을 만들어낸 뒤 신고가를 경신한 주식을 사는 것이 무엇보다 중요합니다.

**Supply** | 수요와 공급. 발행주식 수가 적고 그 주식에 대한 높은 수요를 보여야 합니다. CAN SLIM의 다른 원칙을 충족시킨다면 자본금 규모가 얼마든 상관없습니다. 하지만 바닥권을 탈출해 상승세를 타기 시작한 주식이라면 거래량이 큰 폭으로 증가하는지 확인해야 합니다. 거래가 늘면서 상승하는 주식이 좋은 주식입니다.

**Lead** | 주도주인지 소외주인지를 분별해야 합니다. 시장 주도주를 사고, 소외주는 피해야 합니다. 그 분야에서 최고의 회사 주식을 사야 합니다. 주도주 대부분은 **상대적 주가강도**[9] 점수가 80~90점, 또는 그 이상인 기업을 말합니다.

**Institutional** | 기관매수. 기관투자가들의 매수가 늘어나는 주식, 최근 운용 실적이 최상위인 기관투자가 가운데 적어도 한두 곳이 매수하는 주식을 사야 합니다. 경영진이 자기 회사 주식을 많이 보유하는 종목도 주목해야 합니다.

---

9  **상대적 주가강도** 주식의 가격이 다른 주식에 비해 얼마나 빠른 속도로 상승 또는 하락하는지 나타냅니다.

**Market** | 시장의 방향. 매일매일의 주요 지수와 거래량의 변화, 주도 종목의 움직임을 통해 시장 전반이 어디로 흘러가는지 정확하게 바라볼 수 있는 안목을 길러야 합니다. 이를 통해 큰 이익을 거두느냐 손실을 보느냐가 판가름 납니다.

## 윌리엄 오닐의 투자원칙

### 1. 손절매 원칙

오닐은 최선의 방어가 최고의 공격이라고 생각했습니다. 손실만 줄여도 10번 중 서너 번의 성공으로 큰 재산을 모을 수 있기 때문입니다. 오닐의 손절매 원칙은 다음과 같습니다.

❶ 어떤 예외도 없이 손실한도를 7~8%로 제한하라.
❷ 손절매는 보험가입과 같은 것으로, 손절매는 빨리하고 이익실현은 천천히 하라.
❸ 절대 물타기를 해서는 안 된다.
❹ 손해가 난 주식에 대해 애착이나 미련을 가져서는 안 된다.

### 2. 이익실현 원칙

오닐은 주식을 매도할 최선의 시점이 바로 주가가 오를 때로 봤습니다. 누가 봐도 주가가 강한 상승세를 타고 있을 때가 매도시점입니다. 오닐의 이익실현 원칙은 다음과 같습니다.

❶ 주식을 매수한 후 8주를 기준으로 20% 수익이 난 종목은 매도한다.
❷ 주식매수 후 1~4주라는 단기간에 20% 이상 급상승한 종목은 대부분 2~3배 추가 상승하는 주식이 될 가능성이 크므로 이익실현을 천천히 한다.

## 3. 성공하는 투자의 5단계 원칙

오닐은 '성공하는 주식투자의 5단계 원칙'을 제시했는데, 그 내용은 다음과 같습니다.

**❶ 추세전환 신호를 포착하라.**

하락장에서는 4종목 중 3종목의 주가가 하락합니다. 이런 장세에서 상승장과 똑같은 방식으로 투자하는 건 어리석은 일입니다. 상승국면이 어느 정도 진행된 뒤 2~4주 동안 **매물출회**[10]가 3~5일 정도 일어나면 하락세로 전환된다는 신호로 봅니다. 반대로 상승세로 돌아서는 신호는 첫 번째 랠리를 시도한 지 4~7일 사이에 거래량이 갑자기 전날보다 큰 폭으로 늘면서 주요 지수가 눈에 띌 정도로 상승하는 경우입니다.

**❷ 매수단가보다 20~25% 상승하면 팔고, 7~8% 이상 떨어지기 이전에 손절매하라.**

주가가 떨어질 때 결코 원금 보전을 생각하지 말아야 합니다. 예를 들어 A라는 주식을 8만 원에 샀는데 5만 원으로 떨어졌다고 가정해보면, 37.5%의 손실이 발생한 겁니다. 이 종목이 5만 원에서 8만 원으로 올라 원금이 보전되려면 60%가 올라야 합니다. 60%씩 오르는 종목은 흔치 않습니다.

**❸ 최고 종목 선택의 12가지 기준을 따르라.**

오닐이 제시하는 최고의 종목 선택 기준 12가지는 다음과 같습니다.

• 가장 최근 분기의 주당순이익은 전년 동기 대비 주당순이익에 비해 최소 25%

---

10 **매물출회** 거래량이 전날보다 많이 늘어나면서 주가가 전날보다 하락하는 경우를 말합니다.

이상은 증가해야 한다.

- 최근 몇 분기 사이 어느 시점에서 순이익 증가율이 과거의 증가율에 비해 가속화하고 있어야 한다.
- 최근 3년간 순이익은 해마다 25% 혹은 그 이상 늘어나고 있어야 한다.
- 매출액이 최근 한 분기 혹은 그 이상에 걸쳐 25% 이상 증가하고 있어야 한다. 그렇지 않으면 최근 3개 분기의 매출액 증가율이 가속화하고 있어야 한다.
- 가장 최근 분기의 매출액 대비 세후 순이익률이 사상 최고치를 기록했거나 이에 근접한 수준이어야 하며, 해당 업종 내에서 최고 수준이어야 한다.
- 자기자본이익률이 15~17% 혹은 그 이상이어야 한다.
- 첨단 기술기업이라면 주당순이익보다 주당순현금흐름이 더 커야 한다.
- 일반적인 강세시장에서는 주당순이익과 상대적 주가강도의 등급이 특별한 경우를 제외하고는 90 혹은 그 이상이어야 한다.
- 해당 기업이 속해 있는 업종 그룹은 시장에서 활발히 거래되는 10% 안에 들어야 한다.
- 매수대상 주식은 뮤추얼펀드와 은행, 보험회사 같은 기관투자가들이 매수하고 있어야 한다.
- 자사주매입 기업은 긍정적이며 5~10% 이상은 매수해야 한다.
- 어떤 주식을 매수하든 회사의 내용을 충분히 이해하고 있느냐가 중요하다.

오닐의 기준에서는 주당순이익 성장률과 기관투자가들의 관심이 매우 중요합니다. 대신 장부가치나 배당금, 주가수익비율 등은 무시해도 좋습니다. 강세장을 이끌었던 주도주 8개 종목 가운데 오직 1종목만이 다음 혹은 그 이후 강세장에서 다시 주도주로 부상합니다. 주가수익비율은 그 기업의 변화에 대해 아무것도 말해주지 못합니다.

❹ 주식은 펀더멘털이 좋은 상태에서 주가가 오를 때 팔아야 한다.

일반적으로 주가가 20~25% 올랐다면 차익을 실현해야 합니다. 그러나 때로는 더 보유해야 하는 종목이 있습니다. 3년간 순이익 및 매출성장률이 매우 뛰어나고, 자기자본이익률이 매우 높고, 기관투자가의 튼튼한 매수세가 뒷받침되며, 강력한 업종 그룹의 리더 종목이고, 고점을 돌파한 지 1주 또는 2~3주 만에 거래량 증가를 수반하며, 주가가 20% 상승했다면, 이런 종목들은 매수시점으로부터 최소한 8주간 계속 보유해야 합니다. 그런 뒤 차익 실현을 다시 고려해야 합니다.

❺ 포트폴리오 경영의 핵심은 분산투자가 아니라 관리다.

너무 많은 종목을 보유하고 있으면 그 종목들을 잘 파악하기가 어렵습니다. 그래서 결국 팔아야 할 때, 종목을 교체해야 할 때를 놓칩니다. 자산배분도 간단할수록 좋습니다. 주식과 현금 혹은 MMF[11]로 단순화해야 언제 주식시장을 빠져나가고 돌아올 것인지 재빨리 파악해 행동할 수 있습니다.

## 윌리엄 오닐처럼 종목 발굴하기

윌리엄 오닐의 종목 발굴은 신고가를 경신하는 급등주에 편승하는 전략입니다. 따라서 오닐의 종목 발굴을 위해 다음과 같은 조건을 설정해봤습니다.

❶ 시장에서 소외된 종목을 걸러내기 위해 시가총액 기준으로 1,000억 원 이상의 기업 선별

❷ 매출액 기준으로 최근 결산기에 전년 대비 25% 이상 증가한 기업

❸ 주당순이익인 EPS 기준으로 최근 결산기에 전년 대비 25% 이상 증가한 기업

---

11   **MMF** 수시 입출금이 가능한 만기 1년 이내의 초단기금융상품을 말합니다.

❹ 수급을 보기 위해 외국인 투자자들이 3일 연속 순매수를 이어가는 종목 선별

❺ 자기자본이익률인 ROE가 15% 이상 기록한 기업

※ 신고가는 월봉을 기준으로 5개월간의 신고가 종목을 대상으로 합니다.

이런 조건으로 선정한 윌리엄 오닐의 종목 발굴 결과는 다음과 같습니다.

## 윌리엄 오닐을 평가한다

윌리엄 오닐은 실전에서 큰 성공을 거둔 투자자로, 그의 투자원칙은 모든 면에서 뛰어나다고 볼 수 있습니다. 특히 우리가 주목해야 할 것은 바로 '신고가 종목'을 매수한다는 점입니다. 오닐은 성장성이 높은 종목이 신고가를 기록할 때 그 주식을 사서 큰 수익을 올렸지요.

흔히 주식시장에서 투자가들은 신고가를 기록하는 종목에 대해 너무 많이 올라 따라 사기 겁난다고 말합니다. 그러나 성장하는 종목은 반드시 신고가를 기록합니다. 문제는 신고가 종목을 따라 사기 이전에 철저한 종목분석이 앞서야 한다는 겁니다. 그래서 오닐이 정한 CAN SLIM 원칙을 따라 해볼 가치가 있습니다.

## ②

시장은 언제나 옳다

# 제시 리버모어,
# 추세매매의 창시자

**제시 리버모어** Jesse Lauriston Livermore

오르는 종목은 사고, 내리는 종목은 파는 추세
를 사랑한 사람. 달걀을 한 바구니에 담고 그 바
구니가 넘어지지 않도록 지킨 집중매매를 한 투
자가.

그가 강조하는 투자전략은 추세에 따라 매매하는 것입니다. 특히
피라미딩 전략이 리버모어의 핵심 투자전략입니다.

## 비극으로 끝난 파란만장한 투자인생

제시 리버모어는 '월가의 큰 곰' '추세매매의 창시자'로 불립니다. 가난한 농부의
아들로 태어난 그는 10대 초반에 단돈 5달러를 들고 가출해 보스턴으로 떠났습
니다. 그의 파란만장한 삶은 이때부터 시작됩니다.

리버모어는 14세 때 주식 중개회사에 주식 호가판을 관리하는 사환으로 취직
합니다. 이때부터 주가의 패턴을 찾기 위해 모의투자를 하면서 투자일지를 정리
했고 1년 뒤 첫 번째 매매로 3.12달러의 수익을 올렸습니다.

그 후 사설 증권거래소와 상품거래를 주로 했는데, 회사를 그만두고 전업투자자로 나설 때까지 1만 달러의 수익을 올렸다고 합니다. 1만 달러는 현재가치로 20만 달러, 우리 돈으로 하면 2억 원이 조금 넘는 돈입니다.

주식시장의 풍운아였던 제시 리버모어는 트레이더로서 성공과 실패를 거듭했습니다. 그는 특히 공매도 포지션을 이용해 주가가 폭락할 때 큰돈을 벌었는데, 1906년 4월에는 유니온퍼시픽 주식을 공매도해 25만 달러의 수익을 올리기도 했습니다. 당시 샌프란시스코 대지진으로 급격한 하락장세가 나타났기 때문에 큰돈을 만질 수 있었던 겁니다.

몇 년 후 1907년 10월 24일에 주식시장 대폭락 사태가 벌어졌습니다. 리버모어는 지속적인 공매도로 약세 포지션을 쌓아놓고 있었던 터라 순식간에 100만 달러의 수익을 올렸습니다. 그는 그날을 '인생 최고의 날'로 회고합니다. 또 대공황이 불어 닥친 1929년 가을 대폭락 장세에서는 1억 달러의 수익을 올렸습니다. 주식시장에서 단기간에 올린 수익 규모로는 전무후무한 기록이었습니다.

하지만 1929년 '대박 수익' 이후 그의 삶은 트레이더로서나 개인으로서나 불행

---

**제시 리버모어 주요 연표**

1877년 • 미국 매사추세츠주 액튼의 가난한 농부 집안에서 출생

1891년 • 주식 중개회사인 페인웨버에서 주식 호가판을 관리하는 사환으로 일하기 시작

1892년 • 첫 매매로 3.12달러의 수익을 올렸고 이것이 트레이더로서의 출발점이 됨

1898년 • 뉴욕 증권거래소를 무대로 활동하기 시작했지만 이듬해에 거의 모든 투자금을 잃어버림

1906년 • 유니온퍼시픽 주식을 공매도하여 25만 달러의 수익을 올림

1907년 • 공매도 포지션을 쌓아놓고 있다가 주식시장의 대폭락으로 순식간에 100만 달러의 수익을 올림

1929년 • 대공황의 주가폭락으로 1억 달러 수익을 거둠

1934년 • 연방법원에 파산신청

1940년 • 11월 28일 오후 4시 30분, 호텔 휴대품 보관소 의자에 앉아 권총으로 자살

의 연속이었습니다. 아내 도로시가 알코올 중독에 시달렸고, 자녀와 자주 만나지도 못했으며, 리버모어 자신도 낭비와 사치에 빠졌습니다.

그의 말년은 불행의 정점으로 치달았습니다. 급기야 1934년 5월 연방법원에 파산신청을 했고, 1940년 11월 28일 호텔에서 권총으로 자살하면서 '월가의 큰 곰'으로서 일생을 마감했습니다.

## 시장은 언제나 옳다

호가판을 관리하던 10대 시절의 경험과 20대 초반의 투자실패는 리버모어 투자철학의 토대가 되었습니다. 바로 '떠도는 정보에 귀를 기울이지 말 것' '기분과 감정을 철저하게 배제하고 오로지 시세의 흐름에만 주목할 것', 이 2가지가 그의 투자철학입니다.

이러한 투자철학에 따라 그는 매매타이밍을 결정할 때 어느 때보다 주의를 기울였습니다. 조급해지면 분명 그 대가를 치러야 하기 때문이지요. 또한 그는 개개인의 의견은 다르지만 시장은 틀리는 법이 없다는 믿음을 가지고 있었습니다. "차트를 챙기기보다 스스로 기록하고, 인내심을 갖고 감정통제에 성공한다면, 정확성을 갖춘 기록을 보유할 수 있다. 스스로 생각하면 새로운 아이디어도 얻을 수 있다"는 말로 자신의 투자철학을 전했습니다. 결국 그가 투자에 실패했을 때도 자신의 투자철학을 어겼을 때였습니다.

## 피라미딩·집중화·수익관리 전략

### 1. 피라미딩 전략

제시 리버모어의 매매법은 추세매매법이 핵심입니다. 그리고 추세매매법의 핵심이 피라미딩Pyramiding 전략입니다. 피라미딩 전략이란 직전 고점, 직전 저점을 돌파하거나 신고가, 신저가를 경신하는 주식을 매매하는 방법이라고 할 수 있습니다.

대부분 사람들은 고점에서는 투자에 실패할까 두려워 좀처럼 매매하지 못하게 됩니다. 그러나 제시 리버모어는 끊임없는 시장 관찰을 통해 통계적으로 그런 방법이 오히려 안전하고, 수익률이 높으며, 집중적으로 이익발생이 이루어진다는 사실을 발견했습니다. 다만 이 매매방법은 추세를 이어가지 못하고 주가가 역행하는 움직임을 보일 때 손실의 위험이 있다는 문제점이 있습니다. 즉, 직전 고점을 상향돌파해서 추격매수하면 주가가 하락하여 이미 돌파한 직전 고점대를 밑도는 경우, 손실을 보게 됩니다.

주가가 추세를 이어가기만 한다면 이익은 저절로 나기에 아무런 걱정이 없습니다. 하지만 주가가 반대로 움직여 평가손실이 발생하면 투자자는 당황하기 마련이고, 마땅한 대응방안이 없다면 손실규모가 커질 수 있어 주의해야 합니다.

이러한 추세매매법의 문제점을 해결하기 위해 제시 리버모어는 수학적이고 통계적인 절묘한 방법을 동원했습니다. 어떤 종목 1만 주를 사기로 하고 기회를 엿보고 있는데, 해당 종목이 추세를 만들면서 직전 고점을 벗어나 상승한다면 일단 3,000주만 매입합니다. 만일 주가가 지속적으로 상승한다면 3,000주를 추가로

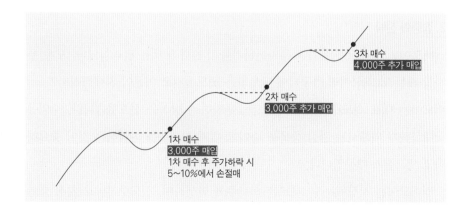

3차 매수
4,000주 추가 매입

2차 매수
3,000주 추가 매입

1차 매수
3,000주 매입
1차 매수 후 주가하락 시
5~10%에서 손절매

매수합니다. 그리고 주가가 또 상승한다면 나머지 4,000주를 매수하는 것으로 매입을 마무리합니다.

그러나 만약 처음 3,000주를 매입한 후 주가가 역행하는 움직임을 보이면, 추가매수를 하지 않고 있다가 5~10% 선에서 손절매매를 합니다. 이렇게 되면 손실은 보유금액 30%에 대한 5~10%로 한정되고, 이익은 60~100%에 대해 무한하게 이루어지므로 '이익은 키우고 손실은 줄여라'라는 원칙에 부응합니다. 또한 자금의 30% 규모로 추세를 검증하기 때문에 손실 가능성에 대해 심리적인 여유가 생깁니다. 따라서 시장을 냉정한 눈으로 관찰할 수 있게 되고, 언제나 이기는 싸움을 하게 됩니다.

리버모어는 분할매입 비율과 횟수, 최종매입 규모, 손절매매 비율에 대해서는 각자의 성향에 따를 것을 권하고 있습니다. 그러나 변하지 않는 사실은 추세매매를 강화해야 한다는 것입니다.

리버모어의 매매법은 일반적으로 매매할 때 자금의 100%로 단번에 매수하는 개인투자자들과 전혀 다릅니다. 또한 개인투자자는 분할매수를 통해 자금관리를 하더라도 주가가 하락하여 평가손이 발생하기 시작하면 물타기를 거듭하면서 하락위험을 가중시킵니다. 따라서 9번 성공하더라도 1번의 실패로 엄청난 손실을 입을 수 있습니다.

## 2. 집중화 전략

리버모어의 투자전략은 기존 투자전문가들의 전략과 맥을 달리합니다. 보통 투자할 때는 달걀을 여러 바구니에 담으라는 포트폴리오 이론이 지배적이지만, 리버모어는 대표 선도주를 파악해서 집중투자하는 방식을 선호했습니다. 수익을 극대화하기 위해서는 관심 종목을 줄이고 대표 선도주를 파악하는 것이 중요하다고 생각했기 때문입니다.

리버모어는 시장에는 늘 새로운 선도주가 탄생하며, 선도주야말로 시장 흐름

**114**

에 맞설 수 있다고 생각했습니다. 이에 따라 거래종목을 정할 때는 시장을 주도하는 업종 중에서도 주도적인 위치를 차지하는 종목을 선택했습니다.

### 3. 철저한 수익관리

리버모어는 자금관리에도 철저한 전략을 세웠습니다. 주식시장에서는 갑자기 이유 없는 일이 발생하기 때문입니다. 리버모어는 불안한 주식시장에서 자금관리를 하지 못한다면 승률이 90% 이상이라도 단 한 번으로 모든 돈을 날릴 수 있다고 생각했습니다. 그래서 그는 수익이 발생하면, 수익을 인출하고 남은 돈으로 다시 투자했습니다. 때로는 휴가를 떠나 한 발짝 벗어난 상태에서 시장 흐름을 관망하기도 했습니다. 리버모어는 계좌규모가 원금의 2배가 되면 그 수익을 인출해야 한다고 주장했습니다.

## 투자 시 지켜야 할 64가지 법칙

### 1. 리버모어의 시장을 보는 눈

❶ 주식시장처럼 역사가 자주 되풀이되는 곳도 없다.

❷ 아무도 당신에게 거액의 돈을 쉽게 건네주지 않는다.

❸ 주식투자는 나태한 자, 한탕주의자를 위한 게임이 아니다.

❹ 종목을 이길 수는 있겠지만 주식시장을 이길 수는 없다.

### 2. 주식투자 시 가져야 할 30가지 마음가짐

❶ 무엇을 하지 말아야 하는지부터 먼저 깨달아야 한다.

❷ 주식투자로 급전을 마련해보겠다는 건 만용일 뿐이다.

❸ 세계대전조차 주식시장의 장세를 막을 수 없다.

❹ 투자라는 게임은 수학적 계산만으로 가능한 것이 아니다.

❺ 판단의 옳고 그름은 실제 돈을 걸어봐야 알 수 있다.

❻ 매일 또는 매주 투자를 해서 매번 성공할 수는 없다.

❼ 시장이 예상과 다르게 움직인다고 해서 화내지 마라.

❽ 내부자 정보가 기아, 전염병, 흉작보다 더 위험하다.

❾ 주식투자의 최대 적은 무지, 탐욕, 두려움, 희망이다.

❿ 자동차를 살 때보다 덜 생각하고 재산을 거는 건 무모하다.

⓫ 마지막이나 처음에 8분의 1을 잡으려는 시도를 하지 마라.

⓬ 주식을 한꺼번에 사는 건 시세에 대한 지나친 탐욕이다.

⓭ 투자를 사업으로 생각하고 사업원칙 위에서 운용하라.

⓮ 경솔과 욕심 대신 건전한 상식으로 냉철한 사고를 하라.

⓯ 인간적 약점은 투자자에게 최대 적이다.

⓰ 주식시장에서는 우리의 본성에 반하는 행동도 필수다.

⓱ 투자자는 육체적으로나 정신적으로나 건강해야 한다.

⓲ 당장 눈앞에 보이는 상황이 아닌 훨씬 더 앞을 내다보라.

⓳ 투자자는 철저하게 연구를 해야 하며 경험을 쌓아야 한다.

⓴ 출발부터 유쾌하게 수익을 내는 거래를 해야 한다.

㉑ 자신과 자신의 판단에 믿음을 가져야 한다.

㉒ 시장의 소문들은 투자자가 방어할 수도, 바로잡을 수도 없다.

㉓ 어떤 주식이 계속 하락하면 뭔가 크게 잘못된 것이다.

㉔ 차트에 대한 자신감이 지나치면 일을 그르치게 된다.

㉕ 거래를 성공적으로 마감한 후에 계좌에서 인출하라.

㉖ 재정적으로 감당할 수 없다면 어떤 거래도 해선 안 된다.

㉗ 수익을 은행에 저축할 때까지는 절대 안전하지 않다.

㉘ 계좌의 **평가이익**[12]은 말 그대로 평가이익일 뿐이다.

㉙ 주식시장에서 바보는 항상 거래해야 한다고 생각한다.

㉚ 판단이 잘못됐다면 손실을 인정하고 다음 기회를 노려라.

## 3. 리버모어의 30가지 투자법칙

❶ 무엇보다 타이밍이 중요하며 결코 서두르면
  안 된다.

❷ 주식의 전환점을 결정해서 그 시점의 움직임을
  해석하라.

❸ 움직임이 시작되는 심리적 시간에 투자 게임을 시작하라.

❹ 시장이 적절하게 움직이기 위해서는 시간이 필요하다.

❺ 참을성을 갖고 거래시점이 올 때까지 기다려야 한다.

❻ 성급하게 매수하면 결국엔 후회할 일이 생기고 만다.

❼ 최소저항선이 윤곽을 드러낼 때까지 기다렸다가 움직여라.

❽ 주가와 씨름하거나 이유를 요구하는 것은 의미가 없다.

❾ 큰돈을 걸기 전에 일단 작은 테스트 비용부터 걸어보라.

❿ 손실이 더 커지기 전에 매도해서 손절매해야 한다.

⓫ 첫 거래에서 손실이 발생한 주식은 물타기하지 마라.

⓬ 강세장에서는 머리가 아니라 엉덩이가 큰돈을 벌어준다.

⓭ 매일 소폭의 등락에서 수익을 내려고 탐하지 마라.

⓮ 분명한 추세에 있다면 중간의 사소한 변동들은 무시하라.

⓯ 추가매수가는 이전 매수가보다 높은 가격이어야 한다.

⓰ 시장이 활발하다면 서둘러 작은 이익을 취하지 마라.

---

12 **평가이익** 보유자산의 시장가치가 증가하면서 생기는 이익으로, 미실현 이익이라고도 합니다.

❶ 많이 상승했다고 팔고, 많이 하락했다고 사는 게 아니다.

❶ 강세장이나 약세장에 있다고 섣불리 예단하지 마라.

❶ 추세와 맞서려 하지 말고, 반드시 추세와 동행하라.

❷ 강세장에는 강세론을, 약세장에서는 약세론을 취하라.

❷ 장세를 확인하고 강세장이라는 가정하에서 거래하라.

❷ 위험신호가 있으면 즉각 행동을 해서 손실을 줄여라.

❷ 비정상적 조정은 무시할 수 없는 위험신호로 봐야 한다.

❷ 비밀정보가 아닌 오직 자기 자신의 판단을 믿어야 한다.

❷ 어떤 정보든 간에 내부정보를 반드시 경계하라.

❷ 주도주에서 돈을 벌 수 없다면 다른 종목에서도 마찬가지다.

❷ 제한된 수의 산업들과 그 산업들의 주도주를 연구하라.

❷ 정보를 주는 사람은 정보의 질에 대해 신경 쓰지 않는다.

❷ 비밀정보에 현혹돼 거래하는 것은 바보 같은 일이다.

❸ 추세를 거슬러가는 주식은 가능한 매수하지 않는다.

## 제시 리버모어처럼 종목 발굴하기

제시 리버모어의 종목 발굴은 피라미딩 전략을 통해 이루어집니다. 신고가를 기록한 종목을 집중적으로 매수하는 전략입니다.

따라서 검색조건은 주봉을 기준으로 52주 신고가를 기록한 종목으로 선정합니다. 52주 신고가는 최근 1년 중 최고가를 경신한 종목을 말하는 것으로, 주식시장에서 일반적으로 사용하는 검색조건입니다. 물론 이 기간은 사람들의 주관적인 판단에 따라 달리할 수 있습니다.

52주 신고가 종목을 검색한 결과는 다음에 나오는 첫 번째 HTS 화면과 같습니다. 이렇게 검색된 종목 중 코스모화학의 차트를 통해 피라미딩 전략이 어떻게

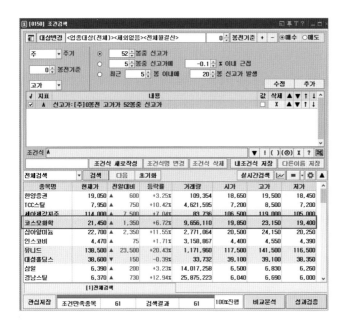

이루어지는지를 살펴보겠습니다.

두 번째 화면의 코스모화학 일봉차트를 통해 살펴볼 수 있는 바와 같이, 피라미딩 전략은 신고가를 돌파하는 시점을 매수시점으로 집중투자하는 전략입니다. 이렇게 신고가 종목에 투자할 때는 많이 올랐는지를 보는 것보다 새로운 지평을 여는 가격에 주목해볼 필요가 있습니다.

## 제시 리버모어를 평가한다

앞서 살펴봤듯이 제시 리버모어는 피라미딩 전략으로 유명합니다. 피라미딩 전략이란 시장의 추세를 추종하는 매매를 말합니다. 상승추세에 있는 종목은 신고가를 기록하느냐에 집중하고, 하락추세에 있는 종목은 신저가를 기록하느냐에 집중하는 전략이지요. 흔히 알고 있는 바와 같이 시장의 흐름과 개별 종목의 흐름 모두 추세가 있습니다. '추세는 내 친구'라는 말이 있듯이 추세를 추종하는 것은 시장의 대세를 따르는 매매입니다. 추세가 형성된 종목에 투자하는 것은 가장 확률 높은 투자법이 될 수 있습니다.

또한 제시 리버모어의 투자법에서 주목할 점은, 시장의 추세는 시세에 물어봐야지 시장에 돌아다니는 뉴스 등의 정보에 기대서는 안 된다는 점입니다. 리버모어가 활동한 시기보다 더 많은 정보가 흘러다니는 지금도 이 원칙은 명심해둘 필요가 있습니다. 정보를 이용한 매매는 매우 위험합니다. 왜냐하면 정보에는 잡음도 있고 역정보도 있기 때문입니다.

흔히 "달걀은 한 바구니에 담지 말라"고 말합니다. 하지만 리버모어의 원칙은 '달걀은 한 바구니에 담되, 그 바구니를 반드시 지켜라'입니다. 이것이 집중투자가 가능한 이유입니다. 시장의 정보에 흔들리지 않고, 추세를 믿으며, 달걀이 든 바구니를 지킬 능력이 필요합니다.

## ③

### 저가주를 공략하라

# 존 네프,
# 가치투자의 황제

**존 네프** John Neff

예측 가능한 저PER주 투자로 큰 성공을 거둔 가
치투자의 황제. 오일쇼크가 몰아쳤던 1970년대
이후에도, 경기회복이 본격화된 1990년 이후에
도 저PER주 투자로 5,546%의 수익률이라는 놀
라운 성과를 창출한 투자가.
"버핏처럼 분석하고 존 네프처럼 투자하라"라는 말이 있을 정도로
최고의 실전투자가로 추앙받고 있습니다.

## 펀드매니저들이 꼽는 최고의 투자가

펀드매니저들에게 자신의 돈을 맡아 운용해줄 펀드매니저를 고르라면 존 네프를
꼽는 사람이 많다고 합니다. '가치투자의 황제'로 불리는 존 네프는 펀드매니저들
사이에서도 존경받는 투자자로 손꼽힙니다.

그의 어린 시절은 불행했습니다. 대공황 시기에 태어났고, 어린 시절 부모님
의 이혼으로 가정사도 엉망이었습니다. 그러나 집안에 사업가들이 많은 탓에 사

업가로서의 자질을 물려받았지요. 그는 어린 나이에 물건을 싸게 사서 비싸게 파는 방법을 터득하면서 실질적인 노동이나 생산을 하지 않아도 돈을 버는 길이 있다는 것을 깨달았습니다.

존 네프는 고등학교를 졸업하고 첫 직장을 잡은 이후, 친부의 일을 돕기도 했습니다. 그는 한국전쟁에도 참전했는데, 이때 아버지 회사의 주식을 사면서 주식투자의 길로 접어들었습니다. 군 복무 중에는 주식 관련 서적을 탐독했습니다. 제대 이후에는 대학에서 투자에 대한 연구를 시작해 벤저민 그레이엄의 후계자인 로빈스 박사에게서 투자에 관한 지식을 배웠습니다.

대학 졸업 후 월스트리트에서 애널리스트로 투자분석업무를 시작한 그는 많은 양의 데이터를 수집해 일정한 규칙에 따라 처리한 후 결과를 뽑아내는 등 자신만의 분석기법을 발전시켰습니다. 그리고 이러한 노력을 인정받으면서 빠르게 승진할 수 있었습니다.

그 후 존 네프는 펀드운용사인 웰링턴으로 자리를 옮겨 윈저펀드에서 펀드매니저로서 삶을 시작합니다. 그는 펀드운용에서 "예측 가능한 환경에서 예측 가능한 기업을 선정해야 한다. 그 방법은 엄청난 수익은 못 얻어도 최소한 예전 방법보다는 안전하다"는 것을 강조했습니다.

존 네프는 저PER주 투자에 몰두했습니다. 전 세계적으로 오일쇼크가 몰아쳤

존 네프 주요 연표

1931년 • 대공황이 한창이던 때 미국 오하이오주의 소도시 왓슨에서 태어남
1935년 • 부모가 이혼하면서 친부와 떨어져 어머니와 재혼한 양아버지와 함께 생활
1949년 • 고등학교를 졸업하고 첫 직장에 취직
1963년 • 윈저펀드운용사인 웰링턴에 합류
1964년 • 윈저펀드에서 1인 포트폴리오 매니저로 활동
1995년 • 1964년부터 이때까지 윈저펀드를 운용해서 총 5,546%의 수익률 기록

던 1970년대 미국 주식시장은 어려운 시기였지만, 저PER주 투자로 비교적 안전하게 그 시기를 넘겼습니다. 존 네프는 오직 손실 가능성이 적은 종목만 골라서 투자했습니다. 1990년대 들어서도 저PER주에 대한 투자를 이어갔는데, 경기회복이 본격화된 이후 그 효과가 본격적으로 나타나면서 윈저는 최고의 투자기관으로 거듭났습니다.

저PER주에 집중투자해 큰 성공을 거둔 뒤 월가에서 '가치투자의 황제'로 불린 존 네프는 1964년부터 1995년까지 윈저펀드를 운용해서 총 5,546%의 놀라운 수익률을 거두었습니다. 이 같은 투자성과는 같은 기간 S&P500 지수 총수익률 250%를 훌쩍 뛰어넘는 성적입니다. 미국 주식시장에 "버핏처럼 분석하고 존 네프처럼 투자하라"라는 말이 있을 정도이니, 존 네프가 얼마나 성공적인 투자가였는지 알 수 있습니다.

## 핵심 투자철학

### 1. 저PER주에 투자하라

네프는 스스로를 '저PER 공략가'라고 불렀습니다. 그는 저PER주에 투자할 경우 2가지의 추가소득을 거둘 수 있다고 설명합니다. 기업의 이익이 늘어남에 따라 내재가치가 커지는 소득이 첫 번째고, 다른 투자자들이 이 주식을 주목하게 됨에 따라 얻는 소득이 두 번째입니다. 그는 "저PER주는 때때로 상상을 초월하는 잠재력을 갖는다"며 "많이 오르고 적게 떨어진다"고 강조했습니다.

네프에 따르면 결국 투자의 성패는 '싼 주식'을 고르는 데 달린 셈인데, 그렇다면 수많은 주식 가운데 어떻게 저평가 주식을 찾아낼까요?

이 질문에 네프는 '네프의 공식'으로 답했습니다. 해당 기업의 배당수익률과 이익성장률을 더한 다음, 현재 PER로 나누는 것입니다.

$$총회수율 = \frac{배당수익률 + 이익성장률}{현재\ PER}$$

이렇게 계산한 '총회수율'이 2를 넘지 못하면 투자후보에서 제외했습니다. 즉, 현재 주가를 반영한 PER를 이용해 상대적으로 저평가된 주식을 가려낼 방법을 제안한 것입니다. 네프는 특정 기업의 성장 잠재력이 아무리 커도 주가가 떨어져 PER가 낮아지지 않는 한 그 기업의 주식을 매입하지 않았습니다. 이는 총회수율을 높이기 위함이었습니다.

## 2. 까다롭게 골라라

네프는 총회수율 조건을 충족한다고 해서 무조건 매입하지는 않았습니다. 그는 여기에 까다로운 원칙들을 더했습니다. 먼저, 이익성장률이나 배당수익률이 높아져 총회수율을 떨어뜨린 것은 아닌지 검증을 거듭했습니다. 어떤 종목이 네프의 눈에 들려면 최소한 연평균 7% 정도의 이익성장률을 유지해야 하고, 건전한 대차대조표와 충분한 현금흐름을 갖고 있어야 합니다.

또 해당 업종의 평균 자기자본이익률을 상회하고, 유능한 경영자가 있으며, 낮지만 꾸준한 성장을 지속할 것으로 예상되고, 좋은 제품과 서비스라는 강점을 갖고 있으며, 시장전망도 밝아야 합니다. 반면에 20% 이상 성장하는 기업의 주식은 투자후보에서 제외했습니다. 과대평가됐을 가능성이 높기 때문이기도 하지만, 그 정도 높은 성장률은 장기적으로 지속될 수 없다고 판단한 것이지요.

동시에 배당률도 고려했습니다. 그는 시장평균 배당률보다 높은 종목을 원했습니다. 현금수입인 배당금은 시장이 약세일 때 특히 중요합니다. 최소한의 수익을 올릴 수 있고, 새로운 투자의 원천이 될 수 있기 때문입니다. 네프는 "내 펀드 운용 기간에 시장평균 수익률보다 높은 투자수익률을 올릴 수 있었던 이유 중 절반은 배당 수입 덕분이었다"고 말하기도 했습니다.

### 3. 이익실현 타이밍도 중요하다

존 네프는 "파는 것이 사는 것만큼 중요하다"고 강조했습니다. 그가 다른 성장주 투자자들과 구분되는 점입니다. "주식과 사랑에 빠지지 말라"는 증시의 격언대로, 네프는 투자한 주식이 어느 정도 오르면 주저하지 않고 이익을 실현했습니다. 자신이 정한 목표수익률의 70%를 실현한 시점을 매도 기준으로 삼았습니다. 이 시점에서 보유주식의 70% 정도를 매각하고, 나머지는 더 오르면 매각합니다. 만약 1차 매각 이후 주가가 내림세가 됐다면 그대로 보유하고 있다가 다시 적정 가격이 되었을 때 팔았습니다. 그는 특히 최초 매각시점이 목표수익률 100%가 아니라 70%인 이유를 설명하며 "당신으로부터 주식을 매입하는 투자자를 위해서 투자수익을 남겨라"라고 충고했습니다.

네프는 "나처럼 강세시장에서 팔고, 약세시장에서 사라. 아무도 거들떠보지 않는 종목에 집중투자하기 위해서 당신은 옹고집이 돼야 하고, 어리석다는 소리도 감수해야 할 것이다. 주위에 당신과 같은 사람을 찾아보기도 어려울 것이다"라며 용기 있는 투자자들을 응원했습니다.

## 존 네프의 11가지 투자원칙

❶ 그날의 저가주를 공략하라. 최저가 종목 중 탄탄한 기업 한두 곳은 반드시 있다. 실적악화 등 치명적 결함이 없다면 곧 반등한다.

❷ 비인기주를 찾아라. 가령 구조조정이 알려지면 투매가 일어난다. 그러나 투자자는 구조조정 이후의 매력을 봐야 한다.

❸ 양질의 성장세를 유지하는 기업을 찾아라. 성장세 지속은 결정적인 호재다.

❹ 다른 사람이 모르는 투자기회를 포착하라. 기업관계나 상호지분 등을 찾아보면 둘 사이의 연관성을 찾을 수 있다.

❺ 잘못 분류된 기업을 찾아라. 겉은 경기순환주인데 상품구성비를 뜯어봤을 때

경기에 무관한 제품의 비중이 더 높다면 더할 나위 없이 좋은 투자대상이다.

❻ 임계치를 확보한 기업을 찾아라. 감당하기 어려울 만큼의 고성장기업은 경계 대상이다.

❼ 덤의 기회를 포착하라. 저PER주 투자는 덤을 얻을 기회를 자주 준다. 악재에 시달리던 기업에 갑작스러운 호재가 생기면 투자자들은 기대 이상의 성과를 얻을 수 있다.

❽ '나만의 능력'을 적극 활용하라. 체험을 통해 알고 있는 기업과 업종에 대한 인지 수준을 높이는 것이 좋다.

❾ 좁은 영역에 얽매이지 마라. 잘하는 업종만 사면 분산투자에 실패한다. 총체적 역량을 챙겨야 한다.

❿ '나만의 지평'을 확장하라. 온종일 여러 회사와 맞닥뜨리는 것부터 저PER주 탐색이 시작된다. 식사하면서 식자재 회사에 대해 탐색하는 식이다.

⓫ 투자 소신을 세워라. 투자는 복잡하지 않은데 투자자가 투자를 복잡하게 만든다. 종목 이해에 도움이 되는 모든 것에 관심을 두고 투자 소신을 꾸준히 지켜야 한다.


## 존 네프처럼 종목 발굴하기

존 네프는 저PER주 투자를 기반으로 합니다. 그의 전략은 PER가 낮은 종목 중 연간 7% 정도의 이익성장률을 기록하는 종목을 중심으로 선정해, 기업가치를 회복하는 과정을 통해 수익을 내는 것입니다. 따라서 다음과 같은 검색조건을 통해 종목 발굴을 할 수 있습니다.

❶ PER는 5배 이하의 종목으로 보수적으로 설정합니다.
❷ 순이익 증가율은 3년 평균 7% 이상 성장한 것으로 설정합니다.

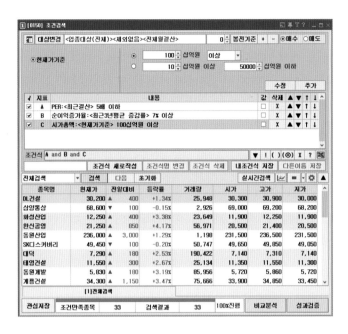

❸ PER의 특성상 위험도를 줄이기 위해 시가총액 기준 1,000억 원 이상의 기업 만을 대상으로 설정합니다.

존 네프의 방식으로 검색한 종목들의 결과는 앞의 화면과 같습니다.

마지막으로, 검색된 종목은 '네프의 공식'이라 불리는 총회수율을 구해야 합니다. 이 항목은 HTS에 없으니 개별 기업마다 계산해봐야 합니다. 앞의 화면에 나온 종목은 제한된 검색조건으로 발굴되었으니 유의해야 합니다.

## 존 네프를 평가한다

존 네프의 원칙은 한마디로 '저PER주에 투자하라'입니다. 흔히 시장에서 장기 소외된 종목 중에 저PER주들이 나옵니다. 문제는 저PER주라고 해서 정말로 모두 저평가된 종목이라고 보기는 어렵다는 겁니다. PER가 낮아진 이유를 꼼꼼히 따져보는 것이 중요합니다. 예를 들어 기업이 부도 위기에 처해 주가가 급락해서 PER가 낮아지는 경우도 있고, 기업이 성장한계에 부딪혀 시장으로부터 외면을 당해 주가가 떨어져 PER가 낮아지는 경우도 있기 때문입니다. 이런 종목을 제외하고 나면 진정으로 기업가치가 크고 좋지만 시장에서 그 가치를 인정받지 못해 PER가 낮은, 아주 소수의 저평가된 종목을 골라낼 수 있습니다. 존 네프는 바로 이런 소외된 종목에 주목했습니다.

경우에 따라서 시장이 폭발적으로 상승할 때 흔히 고PER주를 선호하는 경우도 있습니다. 잘 알려진 예로 IT 버블 때 엄청난 고PER주가 각광받은 적이 있지요. 그러나 존 네프 말대로 그런 주식은 시세를 이어나가지 못하고 이내 원래 주가로 돌아갔습니다. 하지만 시장에서 장기적으로 소외되었던 저PER주는 그 가치를 인정받으면 고공행진을 하고, 또 그 시세가 큰 부침 없이 유지되는 것을 볼 수 있습니다.

기업가치가 좋으면서도 시장에서 소외되어 가치를 인정받지 못하고 있는 주식을 찾아내는 혜안이 필요합니다.

## 4

### 박스권에 주목하라

# 니콜라스 다비스,
# 손실 최소주의자

**니콜라스 다비스** Nicolas Darvas

'주가는 계단식으로 오르내린다'는 전제 아래, 박스권 상향돌파는 매수시점, 박스권 하향돌파는 매도시점을 지킨 박스권 매매의 신봉자. 헝가리 출신의 무용가였던 그는 우연한 기회에 주식투자를 시작해 '박스이론'을 개발하기에 이르고, 이를 통해 2만 5,000%라는 경이적인 수익률을 기록했습니다.

## 우연히 투자를 시작한 헝가리의 무용가

스스로를 기술적 펀더멘털리스트Techno-fundamentalist라 부르는 니콜라스 다비스는 헝가리에서 태어났습니다. 흥미로운 건 그가 처음부터 주식투자를 전문으로 하지는 않았다는 것입니다. 다비스의 원래 직업은 무용가였습니다. 그의 투자인생은 우연한 기회에 시작되었는데, 무용 공연을 마친 후 출연료 대신 광산주를 받으면서부터였습니다. 다비스는 투자에 대해서는 아무것도 모른 채 모두 합쳐 3,000달러에 상당하는 광산주 6,000주를 보유하고 있었는데, 이 주식이 2개월도 되지 않아 1만 1,000달러로 불어났습니다. 이 일은 그가 투자의 세계에 깊게 심취하는 마법과 같은 계기가 되었습니다. 처음 그는 매수하려는 기업에 대해 아무것도 모른 채로 남들이 좋다는 주식은 사고 보는 투자를 했습니다. 이익이 나면 좋은 것이고 손실이 나면 운이 따르지 않았기 때문이라고 생각한 것입니다.

묻지마식 투자를 하던 그는 무대를 월스트리트로 옮겨 본격적으로 주식투자를 시작합니다. 처음 1만 달러로 투자를 시작한 그는 강세장 덕분에 상당한 이익을 챙겼고, 그로 인해 계속 수익을 낼 수 있다는 믿음을 갖게 되었습니다. 하지만 그 후 열심히 사고팔기를 거듭했음에도 수익이 2달러에도 못 미치는 참담함을 맛봐야 했습니다. 이를 통해 잦은 매매는 수수료만 날리고 주식중개인만 돈을 벌게 해준다는 것을 알았습니다.

참담한 결과에 충격을 받은 다비스는 자신만의 투자전략 개발에 나섰습니다. 주식 관련 책을 읽으며 지식을 쌓고 투자방식을 검토하기 시작했습니다. 그리고 상승추세와 이를 뒷받침해주는 거래량 증가를 보고 사들인 주식이 높은 수익을 거뒀다는 사실을 알게 됐습니다. 이를 통해 그는 주가와 거래량에 초점을 맞춰 투자하기 시작했고, 실전 경험을 거듭하면서 주가변동이 우연히 발생하지 않는다는 걸 발견했습니다. 경험이 쌓일수록 기본적인 접근만이 올바른 투자판단의 근거라는 것을 확신했지요. 그는 수년 동안 애널리스트들의 보고서를 읽고 대차대조표와 손익계산서를 꼼꼼히 분석하면서 냉정하고 객관적인 분석가가 되었습니다.

니콜라스 다비스가 주창한 '박스이론'은 이런 과정을 통해 개발됐습니다. 주식시장에서 주가의 규칙적인 움직임을 알아야 했고, 그래서 과거의 주가와 거래량을 검토했습니다. 이를 통해 그는 기본적 분석에서는 큰 성공을 거두지 못했지만 기술적 분석에서는 성공할 수 있었습니다. 상승추세와 점진적인 거래량 증가를 확인하고 매입한 주식은 그에게 높은 수익을 안겨줬습니다.

(왼쪽) 니콜라스 다비스가 투자할 주식을 찾고 있는 모습. (오른쪽) 1955년 런던에서 니콜라스 다비스가 새로운 무용을 선보이는 모습.

다비스는 거듭된 연구를 통해 주가의 방향이 한번 정해지면 그 방향으로 움직이는 경향이 강하고, 일정한 범위 안에서 주가의 움직임이 반복된다는 사실을 깨달았습니다. 그는 주가가 저점과 고점 사이를 일정하게 진동하며 오르내리는 움직임을 하나의 박스로 그렸습니다. 이러한 경험과 연구를 바탕으로 '박스이론'을 만들었고 박스매매를 통해 2만 5,000%라는 엄청난 수익률을 기록했습니다.

사람들은 흔히 다비스를 기술적 분석가로 알고 있습니다. 하지만 그는 기술적인 움직임을 보되 수익이 개선될 종목에 한해서 매수하는 것이 좋다고 강조했습니다. 그러면서 이러한 투자법을 '기술적 펀더멘털Techno-fundamental 이론'으로 불렀습니다.

## 박스이론을 통한 투자전략

니콜라스 다비스는 주가가 아무 방향으로 움직이는 것이 아니라, 일단 방향성이 정해지면 지속적으로 그 방향을 따라 움직인다는 것을 발견했습니다. 동시에 일정한 방향성을 가지고 있더라도 그 안에서 오르내리는 과정을 반복한다는 것도 알았습니다. 다시 말해 주가는 상한선과 하한선 사이에서 일관성 있게 진동하는

데, 이러한 진동이 박스모양과도 같다고 해서 박스이론이라 부릅니다. 주가가 박스 안에서 움직일 때 매매를 통해 이익을 실현하거나 손실을 줄일 수 있습니다. 박스이론을 통한 투자전략은 다음과 같습니다.

### 1. 상향돌파 시 매입, 하향돌파 시 매도

박스이론을 통해 주가의 흐름을 읽기 시작한 다비스는 우량주매매, 최적의 타이밍, 손실 최소화, 이익극대화를 목표로 주식투자에 임했습니다. 박스권을 상향돌파하는 주식은 매입하고, 주가가 내려가서 정해놓은 가격이 되면 되팔았습니다.

### 2. 박스는 고정된 것이 아니다, 유연한 박스권 조정

손절매 가격은 주가 추이에 따라 조정했습니다. 주가가 상승하기 시작하면 박스권을 높이고 물량을 추가로 매입하면서 시세를 따라갔고, 팔아야 할 가격도 높였습니다.

### 3. 상승하는 주식은 매도금지

다비스는 상승하는 주식을 매도하지 않았습니다. 오르는 주식을 조급하게 팔아버리려는 욕구를 자제하고 상승추세를 따라갔습니다. 단, 항상 매도 준비를 하고 있다가 추세가 꺾이면 최대한 빨리 주식을 정리했습니다.

**주식의 2가지 분석방법, 기본적 분석과 기술적 분석**
기본적 분석은 전통적인 증권분석 방법입니다. 경제 흐름을 거시적인 안목에서 판단하고, 주식에 내재한 가치를 분석해 앞으로의 주가를 예측합니다.
반면에 기술적 분석은 과거의 주가나 거래량 등의 데이터를 기초로 앞으로의 주가를 예측하는 방법입니다. 흔히 '차트분석'으로 불리기도 합니다.

# 핵심 투자철학

## 1. 주식투자는 자동차 운전과 같다

니콜라스 다비스는 주식투자를 자동차 운전에 비교했습니다. 운전자는 엑셀과 핸들, 브레이크 조작법을 전문강사에게 배울 수 있지만, 강사가 앞차와의 거리를 얼마로 유지해야 하는지, 언제 속도를 내고 언제 감속을 해야 하는지 등을 가르쳐주지는 않습니다. 이처럼 주식을 사고파는 법은 배울 수 있지만 언제, 어떻게, 얼마나 사고팔아야 하는지는 오직 경험을 통해서만 알 수 있습니다.

## 2. 때로는 주식시장을 떠나라

다비스는 효과적인 주식투자를 위해 때때로 주식시장을 떠나 있으라고 조언합니다. 시장은 '심리의 집합체'이기 때문에 대세에 휘둘릴 수밖에 없다며, 시장과 적절히 거리를 두는 게 좋다고 했습니다.

실제로 무용가였던 그는 국외공연이 많아 월가를 떠나 있는 경우가 많았습니다. 그럴 때마다 불안했지만 나중에 확인해보면 그때 더 많은 수익을 올렸다고 합니다.

## 3. 주식시장은 슬롯머신이 아니다

다비스는 초기의 실패를 통해 주식시장이 슬롯머신에서 돈이 쏟아지듯 일확천금을 얻을 수 있는 요술기계가 아님을 알았다고 했습니다. 물론 운이 좋아서 성공하는 사람도 있지만, 아무 근거 없이 덩달아 자신도 운이 있을 거라고 기대하면서 주식투자를 해서는 안 된다고 강조했습니다.

## 10가지 투자원칙

❶ 추천종목을 따라 하지 마라. 확실한 정보란 절대 없다.

❷ 믿을 만한 전문가의 조언도 틀릴 수 있다.

❸ 증권가에 떠도는 격언을 무시하라.

❹ 유동성이 떨어지는 장외주식은 절대로 거래하지 마라.

❺ 그럴듯해 보이는 루머는 절대로 믿지 마라.

❻ 주식투자는 기본적 분석으로 접근할 때 비로소 효과가 있다.

❼ 여러 종목의 단기거래보다는 오르는 한 종목을 길게 보유하라.

❽ 자존심과 고집을 억제하라.

❾ 공명정대와 냉정을 유지하라. 특정 이론이나 주식에 집착해서는 안 된다.

❿ 가장 중요한 것은 위험부담을 최대한 줄이는 것이다.

## 4대 투자기법

❶ 주가와 거래량을 예의 주시하라.

❷ 박스이론에 의해 박스권을 상향돌파하는 주식을 매입하라.

❸ 박스권 상향돌파 시 자동 매수주문을 내라.

❹ 손실방지점을 설정해 하향돌파 시 즉각 매도주문을 하라.

## 니콜라스 다비스처럼 종목 발굴하기

니콜라스 다비스는 차트를 이용하는 기술적 분석가입니다. 특히 그는 장기횡보로 박스권을 형성했던 주가가 상방향으로 분출할 때, 엄청난 에너지를 발산하며 상승하는 종목을 발굴해서 투자하는 것으로 유명합니다.

　차트를 통해 장기횡보 후 상승세를 분출하는 종목을 찾아내는 니콜라스 다비스의 투자법을 살펴보겠습니다.

　화면의 종목은 레저 전문기업 아난티로 주봉상 4년 가까이 장기횡보를 보인 이후, 박스권을 돌파하면서 시세가 분출하는 모습을 보여줍니다. 이렇게 박스권을 돌파한 종목의 경우 돌파시점이 최적의 매수시점이 된다는 점을 기억해야 합니다.

## 니콜라스 다비스를 평가한다

니콜라스 다비스는 기본적 분석을 통해 성장하는 기업의 주가 움직임을 보면서 투자하는 기술적 분석가라고 보는 것이 옳습니다. 흔히 주가가 움직이기 위해서는 장기적으로 횡보하는 모습을 보입니다. 소위 '에너지 축적기간'이라고 합니다. 그렇게 충분히 횡보하면 비행기가 이륙하듯이 에너지를 분출하면서 상승하는 모습을 보입니다.

　이렇게 에너지를 축적하는 기간을 그래프로 그려보면 일정한 박스권을 형성하면서 움직이는 것을 볼 수 있습니다. 바로 이 박스권을 이용한 매매가 니콜라스 다비스 매매법의 핵심입니다.

문제는 박스권을 형성했다고 해서 모두가 상승세를 타는 것은 아니라는 점입니다. 박스권을 무너뜨리면서 아래로 추락하는 경우도 종종 있습니다. 그래서 박스권 상단을 뚫고 올라갈 때가 매수 포인트입니다. 반대로 박스권 하단을 깨고 내려가는 그 순간이 바로 매도 포인트입니다.

흔히 대가들의 주식투자 원칙이라고 하면 뭔가 복잡하고 어려울 것이라고 생각하는 경우가 있습니다. 하지만 니콜라스 다비스의 매매원칙처럼 박스권을 이용한 비교적 단순한 원칙도 있습니다. 문제는 그 단순한 원칙을 제대로 실천하느냐입니다. 원칙은 단순하게 정하되, 반드시 지키는 것. 그것이 성공투자로 향하는 길입니다.

## ⑤
우선 시장에서 살아남아라

# 조지 소로스,
# 헤지펀드의 황제

**조지 소로스** George Soros

게임의 룰이 바뀌는 순간을 절호의 기회로 활용한 재귀성 이론의 창시자. 헤지펀드를 통해 20세기와 21세기 세계 투자업계에 막대한 영향을 끼친 투자가.

헤지펀드의 황제, 냉혹한 투기꾼으로 엇갈린 평가를 받고 있습니다. 실제로 그는 시장이 안정적일 때보다 시장이 요동치는 위기의 순간에 큰 수익을 올렸기에 평판이 좋지 않습니다.

## 투자의 천재인가, 희대의 사기꾼인가

조지 소로스는 헝가리 부다페스트에서 태어났습니다. 그의 성은 원래 슈바르츠였는데, 당시 유럽에서 반유대주의가 기승을 부리는 바람에 소로스로 바꿨습니다. 제2차 세계대전 직후에 영국으로 이민을 갔고, 거기서 런던정경대학을 졸업한 후 다시 미국으로 이민 갔습니다.

미국 월스트리트에서 펀드매니저 일을 시작한 지 얼마 지나지 않아 소로스는 최고 소득을 올리는 펀드매니저로 두각을 나타냈습니다. 그 후 1969년에 초기 1만 달러로 시작한 투자회사 퀀텀펀드는 그로부터 20여 년 후 2,100만 달러의 펀드자산을 가진 회사가 됐습니다. 이 과정에서 소로스가 달성한 수익률은 연평균 35%로 금융계에서 전무후무한 기록으로 남아 있습니다. 참고로 워런 버핏은 연 23%의 복리수익률을 기록했습니다.

조지 소로스는 영국 경제를 뒤흔든 사건으로 유명합니다. 1992년 유럽 각국의 통화가 불안해진 틈을 타 영국 파운드화를 투매해 영국에 검은 수요일을 야기하고, 1주일 만에 10억 달러(약 1조 3,000억 원)를 벌어들여 신화적 존재로 떠오른 사건이지요. 당시 그는 '우리의 세금을 투기꾼이 가로채 갔다'며 영국 국민의 비난을 받기도 했습니다. 또한 1997년 아시아 금융위기 때도 환투기로 거액을 벌어들여, 말레이시아 마하티르 총리로부터 동남아 통화위기의 주범으로 지목받는 등 '투자의 천재'와 '최고의 사기꾼'이란 상반된 평가를 받습니다.

하지만 그는 매우 검소한 생활을 하는 것으로 유명합니다. 그의 취미는 테니스이며 오랫동안 맨해튼의 조그만 원룸 아파트에서 살았고, 재혼 후 아내가 첫아이를 임신했을 때 비로소 뉴욕 5번가의 2층짜리 맨션으로 옮겼다고 합니다.

▼ 조지 소로스의 투매로 발생한 1992년 검은 수요일 당시의 파운드화 가치 추이

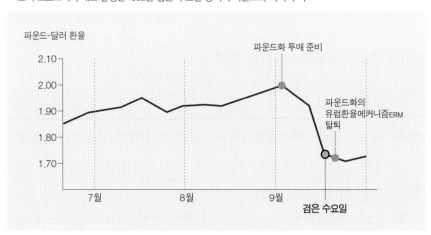

1949년 처음 고안된 헤지펀드의 역사는 소로스 이전과 이후로 나뉠 정도입니다. 미국, 유럽, 일본이 엔고에 합의한 플라자합의가 이뤄진 1985년 이후 소로스는 엔화표시자산에 투자해 수억 달러를 벌어들였습니다. 이 사실이 1989년에 알려질 때까지 일반 대중들은 헤지펀드의 존재 자체도 알지 못했습니다. 그리고 헤지펀드가 처음 형성된 이후 40년 동안 엄청난 수익을 올린 것이 알려지면서, 소로스는 헤지펀드 업계의 전설로 평가받게 됐습니다.

하지만 IT 버블이 불어닥친 지난 2000년 4월, 간판 펀드인 퀀텀펀드가 첨단기술주에 발이 묶여 50억 달러의 손실을 기록했습니다. 그는 "헤지펀드의 시대는 갔다"고 공식 선언했습니다. 그리고 그 후 평생을 함께했던 '하이 리스크, 하이 리턴High Risk High Return'이라는 투자전략 대신 수익이 적더라도 안전한 투자를 하겠다고 밝혔습니다.


조지 소로스는 우리에게 3가지 이미지로 남아 있습니다. 첫 번째 이미지는 투자자로서 '국제금융 전문가' '국제적인 환투기꾼' '투자의 신'이라는 평가에서 비롯합니다.

소로스가 가진 두 번째 이미지는 '기부천사'입니다. 미국 경제주간지 〈비즈니스위크〉가 발표한 2004년부터 4년간 사회에 거액을 환원한 50명의 미국인 중 소로스는 전체 4위였습니다. 그의 앞은 워런 버핏, 빌 게이츠와 그의 부인 멀린다 그리고 조지 카이저(BOK 파이낸셜 회장), 이렇게 3명뿐이었습니다.

소로스의 마지막 이미지는 철학자 혹은 사상가입니다. 그는 런던정경대학을 졸업한 이후 늘 학자의 꿈을 간직하고 있었습니다. 사업가로 성공한 이후에는 케인즈에 필적할 만한 경제철학자로 알려지고 싶어 해, 경영인으로서는 드물게 철학이나 경제학 저서를 출간해왔습니다. 첫 저서였던《금융의 연금술》부터 2008년 미국 서브프라임 모기지 사태에 이은 경제위기를 겪으며 쓴 책《조지 소로스, 금융시장의 새로운 패러다임》에 이르기까지, 일관성 있게 등장하는 '재귀성 이론'은 소로스의 독창적인 철학을 담아낸 이론이라 할 수 있습니다.

---

조지 소로스 주요 연표

1930년 • 헝가리 부다페스트에서 출생

1947년 • 영국으로 이민 간 뒤 런던정경대학 졸업

1956년 • 미국 월스트리트에서 자산운용책임자 일을 시작한 지 얼마 지나지 않아 최고 소득을 올
         리는 펀드매니저로 두각을 나타냄

1969년 • 1만 달러로 시작한 투자회사 퀀텀펀드는 그로부터 20여 년 후 2,100만 달러의 펀드자산
         을 가진 회사로 성장

1979년 • 자선단체인 열린사회재단을 설립하고 구소련 및 동구권의 순조로운 체제전환을 위해 매
         년 3억 달러의 거액을 지원

1992년 • 유럽 각국의 통화가 불안해진 틈을 타 영국 파운드화를 투매해 영국에 검은 수요일을 야
         기하고 1주일 만에 10억 달러를 벌어들임

2000년 • 간판 펀드인 퀀텀펀드가 첨단기술주에 발이 묶여 50억 달러의 손실을 기록하면서 "헤지
         펀드의 시대는 갔다"라고 공식 선언

2011년 • 7월 26일 자신이 운영하는 헤지펀드 퀀텀에 투자한 외부인들의 자금을 모두 돌려준다며,
         사실상 헤지펀드 업계에서 은퇴 선언

---

## 핵심 투자철학

### 1. 일단 시장에서 살아남고 그다음에 돈을 벌어라

소로스는 시장이 반드시 옳은 것은 아니며 언제나 어느 한 방향으로 치우쳐 있다
고 말했습니다. 시장이 항상 합리적인 방향으로 움직이는 것은 아니기 때문에,
주식시장에서 성공하려면 예측 불가능한 시장에서 살아남는 것이 우선이라는 것
입니다. 그는 투자자가 많으면 많은 대로, 불안 요인이 있으면 있는 대로 어떻게
든 시장에서 살아남아야 한다는 것을 강조했습니다.

## 2. 잘못을 인정하라

소로스는 막대한 수익을 내는 비법이 무엇이냐는 질문에 대해 "내가 남들보다 나은 이유는 실수를 인정하기 때문이다. 사람들은 흐름을 읽고 비판적으로 생각한다는 것이 얼마나 중요한 일인지 모르는 것 같다. 각국 정부들은 자신들이 범한 잘못을 인정하려 하지 않는다. 얼마나 놀라운 일인가"라고 대답했습니다. 그러면서 주식시장에서 맞느냐 틀리느냐는 절대 중요하지 않으며 옳았을 때 얼마나 많은 돈을 벌 수 있는지, 틀렸을 때 얼마나 많은 돈을 잃는지가 중요하다고 강조했습니다.

## 3. 리스크 관리에 철저하라

소로스의 투자철학은 '하이 리스크, 하이 리턴'이었습니다. 젊은 시절의 조지 소로스는 리스크에 초점을 맞추지 않고 상황에 맞게 끊임없이 투자 스타일을 바꾸곤 했습니다. 그러나 지난 2000년 4월 퀀텀펀드가 첨단기술주에서 50억 달러를 손해 본 이후, 평생 지켜온 투자철학을 버리고 수익이 적더라도 안전한 투자를 하겠다고 다짐했습니다.

## 재귀성 이론을 통한 투자전략

소로스의 대표적인 투자이론은 재귀성 이론입니다. 재귀성 이론은 '세상은 불완전하다'는 전제에서 시작합니다. 소로스는 실물 경제와 금융시장 사이에는 보이지 않는 연결이 작용한다고 했습니다. 그런데 이들 사이에 뭔가 불안정한 요소가 발생하면 시간이 지남에 따라 그 불안정한 것이 해결되는 것이 아니라, 오히려 심화하는 경향이 발생한다고 합니다.

　예를 들어 시장에 이유가 불분명한 요소가 발생하면 그 경향을 지켜보던 사람의 불안감이 커지고, 그 영향으로 시장의 불안요인은 계속해서 더 크게 증폭됩니

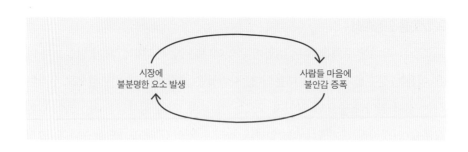

시장에
불분명한 요소 발생

사람들 마음에
불안감 증폭

다. 마치 주식시장과 투자자가 하나의 네트워크 안에서 돌고 도는 것처럼 영향을 주고받으면서 움직인다는 것입니다. 즉 경제는 사람들의 심리에 따라 한쪽으로 치우쳐 있다가 일정 한계를 넘으면 마치 용수철이 튕기듯이 반대쪽으로 재귀하며 극단적으로 움직입니다.

결국 재귀성 이론에 따르면 주식시장에 대한 투자자들의 생각은 기업수익이나 경기전망 등 주식시장의 실질적 요인에 의해 영향을 받기도 하지만 반대로 영향을 받지 않기도 합니다. 개인투자자들의 생각에 따라 주가가 움직이고, 이에 따라 경기나 기업수익이 영향을 받는 일도 생긴다는 것이지요. 이를 정리하면 다음과 같습니다.

❶ 기존의 경제이론을 완벽히 부정하고 주식시장은 항상 불확실하다는 가정에서 출발한다.

❷ 시장 참여자들은 완전한 정보를 가지고 있지 않기 때문에 시장과는 항상 따로 놀게 된다. 따라서 당연히 우세한 편견이 시장가격에 영향을 미치게 된다.

❸ 시장 참여자와 시장은 서로 영향을 주고받으므로 시장의 내재가치와 시장가격은 항상 불균형을 이룰 수밖에 없다.

❹ 이러한 불균형이 일정 수준 이상으로 커지면 실제와의 차이를 극복하기 위한 큰 폭의 등락, 즉 대반전이 나타난다. 이 대세의 전환점을 미리 포착해서 승부를 걸어야 한다. 그것이 핵심 투자전략이다.

## 10가지 투자원칙

❶ 자신만의 투자이론과 원칙을 정하라.

❷ 아는 분야에 투자하라.

❸ 예측보다는 시나리오에 충실하라.

❹ 모든 수단을 동원해 리스크를 회피하라.

❺ 위기상황에서 인내하라.

❻ 실수하면 즉각 수정하라.

❼ 대세를 거스르되 굴절시점을 파악하라.

❽ 펀드의 높은 수수료를 생각하라.

❾ 늘 소득보다 적게 소비하라.

❿ 가진 것보다 지금 하는 일을 더 사랑하라.


## 조지 소로스를 평가한다

조지 소로스에 대한 평가는 극명하게 엇갈립니다. 긍정적으로 평가하는 사람들은 그의 투자능력을 높이 사지만, 부정적으로 평가하는 사람은 그를 국제적인 투기꾼으로 보기도 합니다. 소로스에 대한 평가가 긍정적이든 부정적이든, 소로스가 헤지펀드를 이용해 20세기와 21세기 투자업계에 막대한 영향력을 미쳤다는 점은 분명한 사실입니다.

소로스 투자의 가장 큰 특징은 '게임의 룰이 바뀔 때 큰 기회가 온다'는 점을 간파하고 있다는 겁니다. 즉, 세계 경제의 흐름이 힘의 논리로 변할 때 기회를 포착한 것이지요. 일본이 미국과의 플라자합의 이후 통화가치가 상승하는 과정이라든지, 영국 파운드화에 대한 공격, 그리고 IMF 경제위기가 몰아닥친 우리나라를 비롯한 동아시아 통화위기가 바로 게임의 룰이 바뀌는 때입니다. 소로스에게는

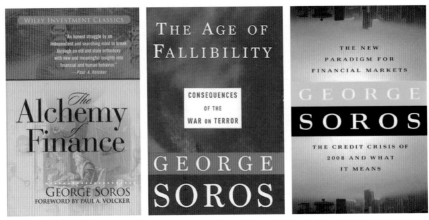

조지 소로스가 저술한 책들. 왼쪽부터 《금융의 연금술》《오류의 시대》《조지 소로스, 금융시장의 새로운 패러다임》

매우 좋은 기회인 겁니다.

　그는 시장이 안정적일 때보다 시장이 요동치는 시기에 큰 수익을 올렸습니다. 어떤 이에게 닥친 위기의 순간이 소로스에게는 수익의 기회가 되었기 때문에 세계적인 투자자임에도 엄청난 욕을 먹는 것이지요. 하지만 세계 경제의 거시적인 흐름을 정확히 읽고 리스크를 최대로 부담하면서 큰 수익을 올리는 소로스의 본능적인 감각은 누구도 따라올 자가 없다고 평가할 만합니다.

　앞으로도 경제위기가 반복적으로 나타날 가능성이 높다는 전문가들의 의견이 있습니다. 이런 경제의 굴절시점이 온다면 소로스의 투자지혜를 이용해볼 수 있을 겁니다.

CHAPTER 3

# 흔들림 없이 원칙을
# 지킨 정석투자자들

투자는 습관, 투기는 충동이다_제럴드 로브

좋은 종자를 심고 기다려라_사와카미 아쓰토

작은 시세흐름에 현혹되지 마라_앙드레 코스톨라니

증시 전체를 사라_존 보글

## 투자는 습관, 투기는 충동이다

# 제럴드 로브,
# 리스크를 즐긴 증권왕

**제럴드 로브** Gerald M. Loeb

충동적인 투기를 지양하고 습관적인 투자를 실천한 투자가. 집중투자의 리스크를 즐겨 3만%의 수익을 달성한 증권왕.
그는 '모든 투자는 투기'라는 철학을 갖고 있었습니다. 하지만 투자가 습관이라면 투기는 충동이라며, 습관을 익히기 위해 매일 실전 매매일지를 작성했습니다.

### 평생 수십 종목만 연구한 투자가

"목숨 걸고 투자하라"라는 말로 잘 알려진 제럴드 로브는 1920년대부터 월스트리트 최고의 투자관리자로 활약했습니다. 샌프란시스코에서 태어난 그는 어린 시절 심한 소아마비를 앓아 정규 교육을 고등학교까지밖에 받지 못했습니다. 그러나 독학으로 공부해 평생 금융시장과 증권분야의 수많은 칼럼을 쓰는 등 '파이낸셜 저널리즘'의 초창기 개척자로 손꼽힙니다. UCLA 경영대학원에서는 그의 뜻을 기려 1957년부터 전 세계 경제 및 금융 전문 언론인을 대상으로 제럴드로브상을 매년 시상하고 있습니다.

제럴드 로브는 주식시장에서 살아남기 위해 누구보다 치열하게 살았습니다. 출퇴근 시간을 아끼기 위해 회사 옆으로 이사해 매일 새벽 5시에 일어나 온종일 주식을 연구했습니다. 주식투자 자문이 일반적이지 않았던 시절이었는데, 로브는 개인투자자들이 원하는 투자조언을 해주었고 이들의 계좌를 위임받아 관리했습니다.

그는 주식시장에서 대차대조표나 손익계산서와 같은 양적지표는 주가에 부분적인 영향을 미칠 뿐이고, 주된 주가결정요인은 인간의 탐욕과 공포라고 보았습니다. 그 외에도 그는 새로운 발명, 정부의 정책, 일기의 변화, 유행의 변화 등 헤아릴 수 없이 많은 요인들이 주가에 영향을 준다고 봤습니다. 주식투자에 성공하기 위해 경제학이나 회계학을 공부하는 것은 불필요한 일이며, 심리적으로 나타나는 투자자의 공포와 탐욕을 통제할 수 있는 능력을 기르는 것이 더 많은 도움이 된다고 주장했습니다.


제럴드 로브는 평생에 걸쳐 잘 아는 수십 종목만 연구해서 매매했다고 합니다. 관심 종목에 좋은 기회가 없다고 해서 잘 모르는 종목에서 매매기회를 노리기보다는 차라리 쉬는 것을 선택했습니다.

그는 특히 장기투자를 기본으로 하는 가치투자자와는 다르게 주식보유기간과 수익은 관계가 없으며, 단기적으로 계속 상승하려는 종목으로 포트폴리오를 구성할 것을 추천했습니다. 또한 투자자금이 많다고 하더라도 많은 종목에 분산투자하지 않고, 단지 몇 개 종목에 집중투자하는 것이 좋다고 생각했습니다. 여러 바구니에 달걀을 나눠 담지 말고 한 바

세계 경제 및 금융 전문 언론인을 대상으로 수여되는 로브상.

구니에 모든 달걀을 넣은 다음에 그 바구니를 매의 눈으로 지키는 것이 가장 안전한 방법이라는 것이지요. 또 위험을 회피하려면 종목분산을 할 것이 아니라 일정 비율의 재산은 현금으로 들고 있어야 한다고 주장했습니다.

그는 주식투자를 처음 시작할 때 전 재산 1만 3,000달러를 투자했습니다. 그의 매매는 앞서 살펴본 바와 같이 주로 단타매매였습니다. 매수 후 2~3일 만에 오르지 않으면 팔아치워 평균 보유기간은 길어야 1개월을 넘지 않았습니다. 소수 종목에 집중투자하는 원칙도 굳건히 지켰습니다. 그렇게 40년 동안 주식투자를 해서 번 돈이 3억 달러에 이르렀다고 하니, 수익률로 따지자면 3만%를 기록한 셈입니다. 이로 인해 제럴드 로브는 월스트리트에서 '증권왕'이라는 별명을 얻었습니다.

> 제럴드 로브 주요 연표
> 1899년 • 미국 샌프란시스코에서 출생. 심한 소아마비를 앓아 정규 교육을 고등학교까지밖에 받지
> 못함
> 1921년 • 전 재산인 1만 3,000달러로 주식투자를 시작
> 1957년 • 전 세계 경제 및 금융 전문 언론인을 대상으로 제럴드로브상을 매년 시상
> 1974년 • 75세의 나이로 세상을 떠남

## 핵심 투자철학

### 1. 모든 투자는 투기다

제럴드 로브는 '모든 투자는 투기'라는 철학을 가지고 있었습니다. 투자와 투기의 유일한 차이는 "어떤 이는 그것을 인정하고, 어떤 이는 인정하지 않을 뿐"이라고 말했습니다. 그럼에도 불구하고 차이를 찾는다면 "투자가 습관인 반면에 투기는 충동"이라며, 스스로 충동(투기)을 버리고 습관(투자)을 익히기 위해 매일 실전 매

매일지를 작성했습니다.

## 2. 몰빵투자는 처음부터 지는 게임이다

로브는 매번 가진 돈의 전부를 투자하는 '몰빵'은 처음부터 지는 게임을 시작하는 것과 같다고 충고합니다. 위험분산 차원에서 현금을 확보하고 자칫 큰 충격을 받더라도 재기할 수 있는 디딤돌로 삼으라는 것입니다.

## 3. 유연한 사람들은 돈을 벌게 되어 있다

로브는 '유연성이 승부를 결정짓는다'는 투자철학을 갖고 있었습니다. 그가 말하는 유연성이란 때때로 돈을 빌려서 거래할 수도 있다는 유연성, 주식만 고집하지 말고 상황이 안 좋으면 실물투자도 고려하는 열린 마음을 뜻합니다. 로브는 "드물지만 이렇게 유연한 사람들이 있는데, 이들은 반드시 돈을 벌게 되어 있다"라고 말하곤 했습니다.

## 15가지 투자원칙

❶ 단기간에 집중적으로 투자한 뒤 대안이 없으면 쉬어라.

❷ 평균 보유기간은 1개월을 넘기지 마라.

❸ 10% 이상 떨어지면 벌었든 잃었든 매도하라.

❹ 내부정보를 믿을 바에야 거지에게 동냥하라.

❺ 열정적인 독서를 통해 상황 분석능력을 키워라.

❻ 목표는 가능한 한 높게 잡아야 절반이라도 가능하다.

❼ 안전하게 돈 벌자면 결국엔 성공할 수 없다.

❽ 주식으로 돈 벌려면 용감하게 미쳐라.

❾ 충동적인 투기보다 습관적인 투자를 몸에 익혀라.

❿ 얌전한 대형우량주보다 변동성이 큰 대형민감주에 주목하라.

⓫ 잘 아는 일부 종목만 평생 매매하라.

⓬ 계좌잔고엔 늘 주식보다 현금을 더 많이 쌓아두라.

⓭ 가진 돈 전부를 한꺼번에 넣지 마라.

⓮ 상황 판단을 할 땐 유연하게 대처하라.

⓯ 주식만 고집하지 말고 다양한 투자대상에 관심을 가져라.

## 제럴드 로브처럼 종목 발굴하기

증권왕 제럴드 로브는 시장성이 크고 주가 움직임이 활발한 대형주도주 중에서 저항선을 돌파하는 주식을 매입한 후, 주가가 예측과 반대로 움직이면 즉시 매도했고 예측대로 움직일 때는 계속 보유했습니다.

제럴드 로브의 방법을 토대로 기술적 지표 중 60일 이동평균선을 상향돌파하는 종목 중에서 찾아보기로 하겠습니다. 물론 투자자 성향에 따라 저항선을 20일 이동평균이나 120일 이동평균 내지는 200일 이동평균으로 설정할 수 있습니다. 그리고 시장성을 판단하기 위해 시가총액 2,000억 원 이상의 종목만을 대상으로 검색합니다.

다음에 나오는 차트는 검색된 종목(첫 번째 차트) 중에서 세종공업의 차트입니다. 두 번째 차트를 통해 어떤 조건에서 저항선을 돌파했다고 판단하는지 알 수 있습니다. 차트에서처럼 저항선인 60일 이동평균선을 상향돌파하면 그 시점이 매수시점이고, 다시 그 선을 하향돌파하면 그때는 과감하게 매도해야 한다는 점을 기억해야 합니다.

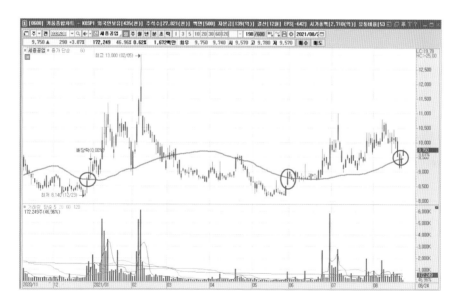

## 제럴드 로브를 평가한다

제럴드 로브는 시장 모멘텀에 주목하는 투자를 합니다. 시장 모멘텀이란 흔히 수급이나 호재를 바탕으로 주가가 움직이는 것을 말하며, 모멘텀 투자라고 합니다. 모멘텀 투자를 할 때는 어느 때보다 매매원칙을 철저히 지켜야 합니다. 매수할 때의 원칙, 이익실현을 할 때의 원칙, 그리고 무엇보다 손절매의 원칙이 반드시 지켜져야 합니다.

현금과 주식을 이용한 집중투자도 주목할 만한 투자법입니다. 지나치게 종목을 많이 사서 보유하는 것은 자칫 '관리의 한계'를 벗어날 수 있습니다. 보유한 종목을 꼼꼼히 따져볼 수 있는 범위를 벗어나면 스스로 관리할 수 없는 상태에 빠진다는 겁니다. 그래서 관리가 가능한 수준까지 종목을 집중투자하는 방법을 택하되, 한꺼번에 사지 않고 적절한 현금비중을 유지하는 점이 중요합니다. 현금이 30% 정도 있으면 매수한 종목이 떨어져 손해를 입더라도, 그 손해를 만회할 범퍼 역할을 할 수 있기 때문입니다. 무엇보다 제럴드 로브로부터 배워야 할 점은 그가 이런 투자원칙을 습관화했다는 점입니다. 투자는 습관이고 투기는 충동이라는 말을 스스로 지킨 것이지요.

투자할 때는 자신의 원칙을 세우고 그 원칙을 몸에 익혀야 합니다. 그래야 시장이 흔들어대는 시세에 현혹되지 않고, 굳게 자신의 길을 갈 때 성공투자에 이른다는 점을 기억해야 합니다.

## ②

좋은 종자를 심고 기다려라

# 사와카미 아쓰토,
# 주식 농부

**사와카미 아쓰토** 澤上篤人

일본이 망하더라도 살아남을 만한 기업을 싼값
에 사서 장기투자한 진정한 주식 농부. 재테크펀
드의 창시자.

기관투자가들의 자금을 받지 않고, 오직 샐러리
맨들을 부자로 키우겠다는 신념을 가진 투자가입니다. 정직하고
성실한 투자법을 바탕으로 사와카미펀드를 운용해 큰 성과를 얻
으면서 샐러리맨들의 희망으로 불리고 있습니다.

## 샐러리맨들을 부자로 만들겠다는 신념

주식투자의 명인이라 하면 대부분 미국 월스트리트의 투자자들이 거론됩니다.
그러나 세계에서 두 번째로 큰 시장인 일본시장에도 주식투자 대가가 있습니다.
바로 사와카미 아쓰토입니다.

그는 일본증권가를 들썩이게 한 사와카미투신의 사와카미펀드를 운용하면서
사와카미 신드롬을 일으킨 인물입니다. 그를 기억하는 사람들은 장기투자, 적립

사와카미투신 홈페이지.

식투자, 단일펀드, 샐러리맨, 농경투자 등의 단어를 떠올립니다. 기관투자가들의 자금을 받지 않으면서 투자신탁업계의 이단아라 불렸던 그는 오직 샐러리맨을 부자로 키우겠다는 신념으로 투자에 임한 인물입니다.

어렸을 때부터 경제와 기업에 관심이 많았던 사와카미 아쓰토는 '돈을 받지 않아도 좋으니 기업분석을 하고 싶다'는 당돌한 구직광고 덕분에 스위스캐피털인터내셔널의 애널리스트로 처음 사회에 발걸음을 내디뎠습니다. 애널리스트로 시작해 펀드매니저를 거치며 경력을 쌓던 그는 1986년에 유럽의 유명 투자은행인 스위스픽테트은행의 일본 대표를 맡게 됩니다.

이때 사와카미 아쓰토는 장기투자의 높은 성과를 직접 목격했습니다. 하지만 당시 일본 국민은 제로금리에도 불구하고 우체국이나 은행예금에만 매달렸습니다. 그는 글로벌 경제의 거대한 흐름에서 일본의 개개인이 마주할 수밖에 없는 위기의 본질을 읽었습니다. 바로 저금리의 함정입니다. 안정성을 확보하기 위해 제로금리에도 불구하고 예금에 가입하는 것은 저금리를 이용한 경기확장에 전혀 대응하지 못하는 것이기 때문입니다. 이에 사와카미 아쓰토는 안정성을 우선으로 하는 사람들을 위한 투신사를 차리기로 결심하고, 1999년 일본 최초의 독립형 투신사로 평가받는 사와카미투신을 설립했습니다.

시작은 쉽지 않았습니다. 첫 출발에 동참한 개인투자자는 487명으로, 초기 수탁고가 약 16억 엔(163억 원)에 불과했습니다. 하지만 장기투자를 강조하는 투자방식 덕택에, 대부분 투신사가 마이너스 수익률을 기록할 때도 그는 꾸준히 5~10%의 수익률을 기록할 수 있었습니다. 영업활동도 전혀 없이 소문만으로 성장한 펀드는 채 6년도 되지 않아 5,000여 명의 가입자를 유치하고 수탁고가 800억 엔에 이르는 대형펀드가 됐습니다.

사와카미 아쓰토는 "장기투자자의 운용방식은 온전히 기본에 충실한 것으로, 불황에 주식시장이 침체 상태에 있거나 폭락 등으로 주가가 쌀 때 단호하게 매수한 뒤 주가가 높아질 때까지 몇 년이고 기다리는 것이다"라며 "앞으로의 예측은 불가능하지만 확실한 것은 가치 있는 주식을 싸게 사두면 실패하지 않는다는 사실이다"라고 말했습니다.

사와카미투신 설립 이후, 사와카미 아쓰토는 지금껏 사와카미펀드를 운영하며 '샐러리맨의 자금만 받는다' '백화점식 운용은 하지 않는다' '펀드판매사를 따로 두지 않는다'의 3가지 원칙을 지키고 있습니다. 이와 같은 정직하고 성실한 투자법 덕분에 그는 일본 샐러리맨들의 희망이 될 수 있었습니다.

사와카미 아쓰토를 두고 사람들은 '주식 농부'라고 부릅니다. 농사하듯 좋은 종자를 골라 심고, 그 결실이 익을 때까지 기다리는 농부의 모습을 사와카미의 투자원칙에서 보았기 때문입니다.

---

사와카미 아쓰토 주요 연표

1947년 · 일본에서 출생
1970년 · 스위스캐피털인터내셔널에 애널리스트로 입사
1973년 · 제네바대학에서 국제경제학 석사를 마치며 금융인으로서 경력을 확장
1986년 · 유럽 유명 투자은행인 스위스픽테트은행의 일본 대표로 취임
1999년 · 일본 최초의 독립형 투신사로 평가받는 사와카미투신 설립
2005년 · 사와카미펀드가 5,000여 명의 가입자에 수탁고가 800억 엔에 이르는 대형펀드로 성장

# 핵심 투자철학

## 1. 장기투자의 원칙을 지킨다

사와카미 아쓰토는 장기투자에 동의하지 않으면 펀드가입을 받지 않습니다. 연기금의 자금을 거절하는 이유도 여기에 있습니다. 단기간의 실적을 평가하고 단기수익을 요구하는 것은 운용전략에 맞지 않기 때문입니다. 운용철학을 지키기 위해 회사에 필요한 자금도 모두 사와카미 개인 차입으로 충당했다고 합니다.

## 2. 일본이 망해도 살아남을 최고 기업에만 투자한다

향후 10~20년 사회를 이끌어갈 주요 산업과 주력 기업을 기업 선택의 기준으로 삼고, 이들 기업의 주식을 미리 사두는 것이 원칙입니다. 주로 에너지, 고급 원자재, 식음료, 환경, 교육, 고령화 산업, 건강 등의 분야이며 역사가 있는 대기업 중심으로 투자합니다.

## 3. 주가가 폭락할 때 과감하게 매수한다

폭락이나 불황 시 주가하락 국면에서 매수합니다. 가치 있는 것을 싸게 사두면 실패하지 않습니다. 반대로 아무리 그럴듯한 이유가 있다 해도 비싼 값에는 절대로 사서는 안 된다는 투자철학을 지킵니다.

## 4. 능력이 탁월해도 단기간 주식매매로 지속적으로 수익을 낸다는 것은 불가능하다

사와카미 아쓰토는 성장 가능성이 높은 주식에 오랜 기간 투자하는 것이 성공의 비결이라고 강조합니다.

## 사와카미펀드의 운용철학

샐러리맨의 노후 설계를 위한 재테크펀드를 운용한다는 걸 기본 방침으로 다음과 같은 세부원칙을 따릅니다.

### 1. 영업이나 광고는 하지 않는다

인터넷으로만 판매하기 때문에 판매수수료는 전혀 없으며, 운용수수료도 1%에 불과합니다. 다른 회사가 평균 2.5%의 판매보수와 1.7%의 운용보수를 받는 것에 비해 상당히 저렴합니다. 170~250%에 이르는 회전율이 보여주듯 잦은 매매로 수수료를 챙기는 일본의 다른 펀드들과 달리, 사와카미펀드 회전율은 20%에 불과합니다.

### 2. 펀드는 파는 것이 아니라 팔리는 것이다

사와카미펀드는 최저 수수료를 유지하기 위해 인터넷으로만 펀드를 판매하고 있습니다. 다른 증권사를 통해서는 살 수 없으며, 펀드 내용도 회사에서 직접 보내주는 설명서를 통해 파악하고 계약합니다. 월 2회 운용보고서를 발송하는데, 고객은 이를 통해서 운용철학과 운용내용이 일치하는지 스스로 판단합니다. 실적에 불만이 있으면 환매하는 것을 막지 않지만, 어떠한 것이든 운용전략 수정 요구는 받아들이지 않습니다.

　사와카미펀드의 판매전략은 '정직'과 '투자자를 위한 운용'입니다. 일체의 광고 없이 인터넷 판매만 고집하여 처음에는 어려움을 겪었으나, 2~3년 후 운용결과가 나오면서 투자철학과 정직성을 믿고 투자하는 고객이 늘었다고 합니다.

## 7대 투자원칙

❶ 장기투자는 믿을 수 없을 만큼 쉽고 누구나 할 수 있고 수익률이 안정적이다.

❷ 장기투자를 할 때는 자연의 섭리에 따라 농작물을 키우듯 느긋한 마음을 가져야한다. 봄에 좋은 씨를 뿌리고 즐거운 마음으로 가을에 거둘 결실을 기다린다.

❸ 은퇴 후 성공적인 자산운용 성공모델을 만들어야 노후를 편안하게 살 수 있다. 미래 사회는 근로소득이 불안정하고 정년이 짧기 때문이다.

❹ 성숙 경제 시대에 접어들면 연공서열 임금체계가 붕괴하고 수입 기반이 불안해진다. 따라서 자산운용 수익이 선택이 아닌 필수가 된다. 즉, 자기 연금 구축의 필요성이 부각된다.

❺ 주식투자에서 단기는 제로섬 게임, 장기는 플러스섬 게임이다. 따라서 장기 성장주 발굴이 키포인트가 되고 장기투자를 제대로 하면 리스크 관리가 필요 없다.

❻ 불황으로 저금리일 때 주식을 사서 호황으로 고금리일 때 팔아야 한다.

❼ 장기투자에 익숙해지면 위험이 수익으로 변한다. 장기투자는 가치 있는 주식을 쌀 때 사서 장기 보유하는 것이다.

## 장기투자자의 조건

### 1. 실적이 나쁠 때 매수할 수 있는가?

기업의 이익성장 사이클에 맞춰 투자하는 것이 기본이고 그렇게 해야 투자가 편해집니다. 이익성장곡선은 일직선이 아니라 들쭉날쭉한 모양을 보입니다. 장기투자자는 기업의 선행투자를 주시해야 하는데, 선행투자가 끝났을 때 놓치지 말고 매수해야 합니다. 선행투자 결과 당장의 실적이 떨어져 주가가 하락해도 그뒤 기업실적은 향상되기 시작합니다.

## 2. 최악의 실적에서 사고, 최고의 실적에서 팔 수 있는가?

선행투자를 하면 현금유출이 늘어나고 재무구조 악화가 불가피합니다. 선행투자의 최종 단계가 기업 입장에서는 가장 힘든 시기입니다. 그러나 이익이 회수되기 시작하면 어려움은 해소되고 모든 상황이 호전됩니다. 언론에 '수익감소·적자 반전' 등이 나오면 오히려 이익회수가 다가온 것으로 판단하고 매수 입장을 취해야 합니다.

## 3. 시세 움직임보다 빠른 행동이 가능한가?

주가는 실적보다 6개월에서 1년 6개월 정도 선행해서 움직입니다. 따라서 실적을 확인한 뒤에 매수하는 것은 너무 늦은 결정입니다. 장기투자자는 미리 움직여야 합니다. 큰 흐름을 예측하고 미리 행동에 나설 필요가 있습니다.

## 4. 불황에도 웃으면서 매수할 수 있는가?

뉴욕시장은 상승추세가 시작되었던 1982~2000년 봄까지 15배가 올랐습니다. 미국의 장기투자자들이 조용히 주식을 매수한 결과입니다. 장기투자자는 불황과는 무관하게 묵묵히 주식을 살 수 있어야 합니다.

## 5. 기업의 열렬한 후원자가 될 수 있는가?

경제의 새로운 국면을 개척하는 것은 언제나 사업가와 장기투자자입니다. 좋은 투자대상에 부합하는 기업이라면 장기투자자는 역경 속에서 깃발을 든 사업가들에게 힘이 되어야 합니다.

## 6. 자신의 투자리듬을 지킬 수 있는가?

기업실적과 주가동향은 뗄 수 없는 관계입니다. 그러나 현실적으로는 투자심리 때문에 종종 다른 방향으로 움직이기도 합니다. 따라서 주가가 저점 부근에 있다고 판단하면 즉시 매수하는 것이 현명합니다.

## 7. 폭락시세에서 살 수 있는가?

종목분석을 철저히 해서 좋은 종목을 골랐다면 주가가 폭락할 때 매수해야 합니다. 1년에 몇 차례씩 이런 매수타이밍이 발생하는 경우가 있습니다. 주가가 급락할 때 매수해야 고수익을 확보할 수 있습니다.

# 10년을 보유할 종목의 기준

사와카미 아쓰토는 '10년을 보유할 종목'을 고르기 위해 다음과 같은 조건을 제시했습니다.

## 1. 세계로 뻗어나가는 수출기업

국내만이 아니라 세계를 상대로 장사하는 기업에 투자하라는 것입니다. 각 나라의 경제발전 단계에 따라 수출할 수 있는 업종이 달라질 수 있습니다. 흔히 알고있는 제조업뿐만 아니라 사과나 배, 감과 같은 과일도 웰빙 열풍과 품질을 우선하는 추세에 힘입어 수출산업으로 성장할 가능성이 큽니다.

## 2. 고부가가치와 첨단기술로 세계적인 경쟁에서 이기는 기업

성숙 경제에서는 수요의 확대보다 고부가가치로 수익성을 높이는 것이 더 중요해지고 있습니다. 디스플레이나 전지, 로봇 등 첨단기술로 시장 경쟁에서 승리하는 기업은 계속 나올 것입니다.

## 3. 우리가 매일 의지하는 기업

장기투자에 좋은 종목들은 일상생활 속에 숨어 있습니다. 일상생활에 필요해 반드시 사야 하는 상품이나 서비스를 제공하는 기업에 관심을 기울여야 합니다. 일상생활을 둘러보며 스스로 '평범한 종목' 리스트를 만들어보면 저비용 고효율의 기업을 찾을 수 있을 것입니다.

### 4. 자신이 추구하는 테마 속 유망 종목

사와카미는 관심을 기울일 테마는 투자자마다 달라질 수 있다는 점을 인정했습니다. 그리고 장기투자자로서 30년 이상 추구해온 자신의 테마 3가지를 제시했지요. 차세대 에너지 개발, 식량 부족에 대한 대응, 지구 환경보전 테마입니다. 이 3가지의 수요는 꾸준히 증가할 것이므로 대체에너지, 식량, 환경 관련 산업에 지속적으로 관심을 보이고 있다고 밝혔습니다.

## 사와카미 아쓰토를 평가한다

경제는 때에 따라 신용이 팽창하는 시기도 있고 신용이 수축하는 시기도 있습니다. 문제는 내가 사는 세상이 신용팽창의 시기인지, 아니면 신용수축의 시기인지를 아는 것입니다. 사와카미가 활동을 시작한 시기는 신용이 팽창하는 시기였습니다. 저금리를 바탕으로 신용이 팽창해 경제규모가 커지는 시기였지요. 사실 이 책에서 살펴보는 대부분의 성공한 투자자들은 신용이 팽창하고 경제규모가 커지는 시기에 살았던 사람들이라는 공통점이 있습니다.

사와카미가 돋보이는 이유는 신용팽창은 한동안 이어지므로 그 시기에 장기투자를 해야 한다는 점을 알았기 때문입니다. 그리고 경제가 커지고 성숙해가는 과정에서 선두기업과 후발기업의 격차가 커지는데, 이때 선두기업의 주가 성장이 더 크다는 점도 알아야 합니다. 소위 글로벌 1등 기업이 엄청난 수익을 가져다주는 것은 경험을 통해 알 수 있습니다. 바로 이런 기업들을 중심으로 장기투자를 하면 그 수익은 보지 않아도 알 수 있습니다.

또한 사와카미가 훌륭한 점은 큰돈을 유치함으로써 부담해야 하는 운용상의 간섭을 철저히 배제했다는 점입니다. 펀드매니저는 독립적인 상태에서 자신의 원칙을 지킬 수 있어야 하지만, 큰돈을 맡긴 기관에서는 자신들의 요구사항으로 투자에 간섭하는 경우가 많습니다. 그래서 독립성을 지키는 것이 중요합니다.

펀드규모가 작을 때는 가장 좋은 종목에 투자할 수 있습니다. 하지만 자금의 규모가 커지면 점점 시장의 평균수익률로 접근하게 되고 더 커지면 시장을 이기기 어려워집니다. 수많은 펀드매니저가 시장평균 수익률을 이기지 못하는 이유 중 하나가 바로 펀드 사이즈가 커졌기 때문입니다. 이러한 점을 살펴보면 왜 사와카미의 '좋은 주식에 장기투자한다'는 원칙이 본받을 만한 투자원칙인지 알 수 있을 것입니다.

작은 시세흐름에 현혹되지 마라

# 앙드레 코스톨라니,
# 유럽의 명품 투자자

**앙드레 코스톨라니** André Kostolany

주식보다 바보가 많을 때 주식을 팔고, 바보보다 주식이 많을 때 주식을 매수한, 심리를 이용한 투자가. 돈을 뜨겁게 사랑하고 차갑게 다룬 유럽의 전설적인 투자가.

소신 있는 투자를 권유한 그는 투자를 '지적 유희'라고 정의했습니다. 돈과 투자를 진정으로 사랑하고 즐겼던 인물로 자본주의와 주식시장에 대한 예찬론자이기도 했습니다.

## 예술적 기질을 타고난 유럽의 투자가

투자의 거장은 미국 월스트리트에만 있는 것이 아닙니다. 앙드레 코스톨라니는 비영미권 국가 출신 투자자 중 가장 유명한 인물입니다. 그는 자신이 투자하려는 종목에 대한 치열한 분석을 강조했습니다.

헝가리에서 태어난 코스톨라니는 파리로 건너가 유학생활을 하던 중 증권업계에 입문했습니다. 아버지가 투자를 가르치기 위해 그를 파리로 유학 보낸 겁니다. 대학에서 철학과 예술사를 전공한 후 그는 80여 년을 투자자로 살았습니다.

그는 인간에 대한 깊은 통찰력으로 주식시장을 요리했습니다. 전 세계 10개 도시에 집을 갖고 있었고 4개 국어에 능통했습니다. 주식투자에서 뛰어난 성과를 보였던 35세에 이미 자본수입만으로도 잔고가 넘쳤던 그는 젊은 나이에 은퇴를 결정했습니다. 한창 활동을 할 나이에 은퇴하는 바람에 우울증에 빠지기도 했지만 저널리스트와 작가로 새로운 경력을 쌓기 시작했고 여러 곳에서 초청받는 인기 강사로 명성을 떨쳤습니다.

예술가 기질을 타고난 그는 칼럼과 저서로도 큰 호평을 받았습니다. 수려하면서 재치 있는 문장, 특유의 유머와 해박한 지식으로 투자용어를 재미있게 풀어썼기에 많은 독자의 사랑을 받았습니다. 시장의 흐름을 따라가는 '순종투자자'로서 오직 실천을 통한 경험을 바탕으로 진정한 '증권 교수' 자리에 올랐습니다.

코스톨라니는 증권시장을 '정글'이라고 불렀습니다. 그는 성공적인 투자자는 100번 중 51번을 이기고 49번을 잃는다고 봤습니다. 부화뇌동식 투자보다는 소신 있는 투자를 권했습니다. 그래서 투자를 '지적 유희'라고 정의했습니다. 그는 돈과 투자를 사랑하고 즐겼던 인물로, 자본주의와 주식시장에 대한 예찬론자이기도 했습니다. 또한 "1924년 이후로는 단 하룻밤도 주식을 생각하지 않은 적이 없었다"라고 고백하기도 했습니다.

코스톨라니는 단기간에 백만장자가 되는 3가지 방법을 제시했습니다. "첫째, 부유한 배우자를 만난다. 둘째, 유망한 사업아이템을 확보한다. 셋째, 투자한다"가 바로 그것입니다. 코스톨라니는 살아생전 환율과 원자재 현물선물 등 모든 유가증권에 투자했습니다. 그중에서도 가장 큰 투자대상은 역시 주식이었습니다. 주식은 장기적으로는 항상 오르기 때문에 다른 투자방식에 비해 성공하기 어렵지 않다는 것입니다.

그러나 코스톨라니는 주식시장이 변화무쌍하다는 것을 잊지 않았습니다. 그래서 "주식은 마치 아름다운 여자나 날씨처럼 변덕스럽다"라고 말하기도 했습니다. 그는 증시의 변덕에 항상 냉정을 유지하고, 변덕스러운 이유에 대해 어떤 논리적인 설명도 찾으려 하지 말라고 충고했습니다.

코스톨라니는 돈, 생각, 인내, 행운을 소신파 주식투자자의 4가지 성공요소로 꼽았습니다.

먼저 돈에 대해서는 '절대 빚내서 주식투자하지 말라'로 요약됩니다. 그는 경험상 빚을 내 주식투자를 하면 결과가 항상 나빴다고 말합니다. 또 생각한 뒤 매매해야 하고 자기 생각을 믿어야 한다고 강조하며 지식보다는 상상력이 더 중요하다고 지적했습니다. 인내에 대해서는, "증시에서는 머리가 아니라 엉덩이로 돈을 번다"고 설명합니다. 물론 행운도 뒤따라야 한다고도 덧붙였습니다.

앙드레 코스톨라니는 1999년에 사망할 때까지 71년이 넘는 세월 동안 순수한 주식투자가로 살면서 10여 권의 투자 관련 서적을 집필했습니다.

---

앙드레 코스톨라니 주요 연표

1906년 · 헝가리에서 출생. 철학과 미술사를 전공하고 피아니스트가 되고자 함

1926년 · 파리에서 유학생활을 하는 동안 증권투자를 시작하면서 증권계에 발을 들임

1941년 · 35세의 젊은 나이로 은퇴 결정. 그 후 저널리스트와 작가로 새로운 경력을 쌓으면서 인기 높은 강사로 명성을 떨침

1999년 · 순수한 주식투자가로서의 삶을 마감

---

## 핵심 투자철학

### 1. 마음을 다스리면 투자에 성공한다

코스톨라니는 재무이론보다 오히려 심리학이나 철학이 투자에 도움이 된다면서 "투자는 심리게임"이라고 말했습니다. 투자심리의 중요성을 강조한 그는 '마음을 다스릴 수 있는 자는 투자에 성공한다. 마음을 다스리기 위해 많은 지식과 생각을 통한 자기 확신이 필요하다'라는 투자철학을 70년 넘게 지켰습니다.

## 2. 정보에 휩쓸리지 마라

투자자는 자신이 똑똑해서 얻는 이익보다 다른 사람들이 어리석어 얻는 이익이 더 많다는 것이 코스톨라니의 지론입니다. 어리석은 투자자들이란 그래프를 열심히 읽고 컴퓨터로 시세를 체크하며 열심히 정보를 쫓아가는 사람들입니다. 그는 정보에 휩쓸려 부화뇌동하는 태도를 경계해야 한다고 강조했습니다.

## 3. 앙드레 코스톨라니가 제시하는 10가지 투자철학

❶ 진정한 우량주를 매수했다면 수면제를 먹고 몇 년간 푹 자듯이 기다려라.

❷ 자녀에게 올바른 증권교육을 하라.

❸ 클래식 음악을 즐기고 주식시장에 대해 신중하고 깊게 생각하라.

❹ 삶과 주식투자 자체를 즐겨라. 빚내서 투자하면 절대 즐길 수 없다.

❺ 돈 욕심과 거리를 두고 투자를 지적 도전행위로 여겨라.

❻ 근검절약하라.

❼ 재정적 독립을 반드시 이뤄라.

❽ 주식투자는 필수다. 그러나 도박 중독증에 빠지지 마라.

❾ 주식투자는 과학이 아닌 예술이다.

❿ 주식투자는 나이가 들수록 더 필요한 정신적인 운동이다.

# 코스톨라니의 개와 달걀

## 1. 투자자에게 전하는 10가지 권고사항

❶ 주식을 살 때는 어떤 종목을 살 것인지 신중하게 결정하라.

❷ 심리적 압박에 시달리지 않을 만큼 충분한 돈을 보유하라.

❸ 모든 일이 예상과 다르게 진행될 수 있다는 점을 명심하고 인내하라.

❹ 확신이 서면 물러서지 말고 강하고 고집스럽게 밀어붙여라.

❺ 자기의 생각이 잘못될 수 있음을 인정하고 유연하게 행동하라.

❻ 전혀 새로운 상황이 전개되면 즉시 팔아라.

❼ 보유 주식의 리스트를 수시로 살펴보고 지금도 역시 살 것인지 점검하라.

❽ 해당 종목에서 대단한 가능성이 예견될 경우에만 사라.

❾ 모든 위험은 물론 발생 가능성이 전혀 없는 위험까지도 고려하라.

❿ 성공을 거두었더라도 겸손하게 행동하라.

## 2. 투자자가 지켜야 할 10가지 금기사항

❶ 추천종목을 따르지 말고 비밀정보에 귀 기울이지 마라.

❷ 매수자가 사는 이유를, 매도자가 파는 이유를 알고 있다고 생각하지 마라. 그
  들은 당신보다 나은 것이 없다.

❸ 손실을 만회하려고 하지 마라.

❹ 과거의 시세에 연연하지 마라.

❺ 주식을 산 뒤 장롱 속에 묻어두고 주가가 오르기만을 기다리지 마라.

❻ 시세 변화에 민감하게 반응하지 마라.

❼ 끊임없이 결산하면서 손익을 계산하지 마라.

❽ 단기수익을 얻기 위해 팔지 마라.

❾ 정치적 성향에 심리적으로 휘둘리지 마라.

❿ 이익을 얻었다고 해서 교만해지지 마라.

## 3. 앙드레 코스톨라니의 개: 기업가치와 주가의 관계

코스톨라니는 기업 내재가치의 중요성과 투자심리에 대해 설파하면서 '앙드레
코스톨라니의 개'라는 이야기를 가장 많이 인용했습니다. 그의 유머와 재치를 엿
볼 수 있는 이야기입니다.

주인을 따라 산책하는 개가 어떻게 움직이는지 한번 생각해봅시다. 산책하는

경로는 늘 정해져 있습니다. 집에서 출발해 공원에 갔다가 다시 집으로 돌아오는 코스지요. 재미있는 것은 개의 움직임입니다. 주인과 걷는 동안 개는 주인과 나란히 가기도 하고, 때로는 주인을 앞서기도 하고 뒤처지기도 합니다.

개가 주인을 따라 산책하는 동안 그 움직임은 매번 다른 듯 보이지만 한 발짝 떨어져서 보면 결국 집에서 공원으로, 다시 집으로 돌아오는 길을 따릅니다. 이때 주인은 기업의 가치, 개는 기업의 주가를 뜻합니다. 주가는 기업의 가치보다 저평가되기도 하고, 과대평가되기도 합니다. 하지만 주가가 아무리 변동성이 심해도 결국 기업의 내재가치로 수렴하게 됩니다. 이것이 바로 '앙드레 코스톨라니의 개'가 말하고자 하는 바입니다.

### 4. 코스톨라니의 달걀: 주식매매 방법

코스톨라니가 투자를 처음 배울 때 이런 이야기를 들었다고 합니다. "주식시장에 주식이 많은지 바보가 많은지를 살펴보면 된다. 주식보다 바보가 많으면 주식을 팔고 바보보다 주식이 많으면 주식을 사면 된다." 참으로 새겨둘 만한 말이지요.

코스톨라니는 주식투자를 하는 대중을 쥐의 일종인 레밍에 비교한 것으로 유명합니다. 레밍은 선두에 선 놈이 달리면 같이 달려갑니다. 그리고 그 선두가 바다로 뛰어들면 영문도 모르고 같이 바다로 뛰어들어 죽는 습성이 있지요.

주식투자를 하는 개인들도 마찬가지입니다. 남들이 주식투자를 하면 영문도 모르고 투자에 뛰어들었다가 나중에 손을 털고 나오는 그런 습성이 레밍과 비슷하지요. 그래서 다른 사람들과 같은 방향으로 행동해 낭패를 보지 않기 위해 어떻게 투자해야 하는지 제시한 것이 바로 코스톨라니의 달걀입니다.

코스톨라니의 견해는 대중들의 심리에 의해 주식시장에서 수요와 공급이 결정되고 결국 수요가 공급을 압도해야 주가가 오른다는 것인데, 이를 가장 명료하게 보여주는 것이 그 유명한 '코스톨라니의 달걀'입니다. 코스톨라니의 달걀은 다음 그림처럼 여섯 단계로 이루어져 있습니다.

먼저 A1 단계는 수정국면으로 거래량도 적고 주식소유자 수도 적습니다. A2는 동행국면으로 거래량과 주식소유자 수가 증가하기 시작하며, A3 과장국면에서는 거래량이 폭증하고 주식소유자 수 역시 더욱 많아집니다. A3 단계를 정점으로 지수는 하락국면에 접어드는데, 여기서 거래량이 감소하고 주식소유자의 수가 줄어드는 B1(수정국면)이 시작됩니다. 그다음으로 B2(동행국면)와 B3(과장국면) 단계가 진행되는데 각각 거래량 증가와 주식소유자 감소, 거래량 폭증과 주식소유자 감소 지속 현상이 나타납니다.

결국 A1→A2→A3으로 가면서 지수가 상승하고, A3을 정점으로 지수가 하락 단계로 접어들면서 B1→B2→B3을 지난다는 것입니다. 그래서 각 국면으로 이전될 때 대응전략을 살펴보면 다음과 같습니다.

❶ A1 국면과 B3 국면에서 매수한다.
❷ A2 국면에서는 기다리거나 가지고 있는 주식을 계속 보유한다.
❸ A3 국면과 B1 국면에서 매도한다.
❹ B2 국면에서는 기다리거나 현금을 보유한다.

▼ 코스톨라니의 달걀

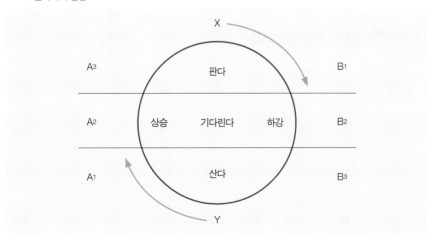

코스톨라니의 달걀모형을 통해서 보면, 총 여섯 부분 중 전체 3분의 1은 대중과 같은 방향으로 움직이고 나머지 3분의 2는 대중과 반대 방향으로 움직여야 한다는 것을 알 수 있습니다. 대중과 반대로 움직이라는 증시격언이 있지만, 코스톨라니의 달걀은 일반 투자자와 같이 움직여야 할 때와 반대로 움직여야 할 때를 구분했다는 점에서 전략의 유연성이 좀 더 확보되었다고 볼 수 있습니다.

## 앙드레 코스톨라니처럼 종목 발굴하기

앙드레 코스톨라니는 종목 발굴에 연연하지 않았습니다. 종목보다 지금이 사야 할 때인가 아닌가를 결정하는 것을 더 중요한 잣대로 생각했습니다. 경기에 따라 업종 민감도가 달라지므로 종목보다 업종을 중심으로 투자했습니다.

그는 보유종목 리스크를 점검하면서 '지금이라도 투자결정을 내릴 수 있는 종목인가'를 검토하며 반문하곤 했습니다. 시세변화에 민감하게 반응하는 것도 곤란하지만, '언젠가는 오르겠지'라는 생각도 위험합니다. 그는 주가의 등락은 심리에 따라 움직이므로 투자자들의 심리를 체크하는 것을 제일 중요한 요소로 꼽았습니다. 따라서 종목검색은 하지 않도록 하겠습니다.

## 앙드레 코스톨라니를 평가한다

코스톨라니는 유럽의 투자자입니다. 미국의 투자자들은 경제적인 관점에서 시장을 보는 경우가 많은데, 코스톨라니는 그들과 달리 인문학적인 소양이 넘치는 투자자였습니다. 그는 생전에 아홉 권의 책을 저술했습니다. 그중 일부가 우리나라에 번역되어 출간되었습니다. 그 책을 읽어보면 역사, 문화, 미술, 음악, 인간의 심리 등 사람을 이해하는 데 필요한 인문학적 소양을 바탕으로 투자원칙을 만들었음을 알 수 있습니다.

투자는 사람이 하는 겁니다. 그래서 경제지표나 기업가치를 보는 것만큼 중요한 것이 바로 시장에서 인간의 심리가 어떻게 움직이고 있는지 아는 겁니다. 그 결과물 중 하나가 바로 '코스톨라니의 달걀'입니다. 다우이론 창시자 찰스 다우는 시장에서

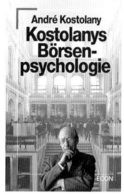

앙드레 코스톨라니가 출간한 책들. 《돈, 뜨겁게 사랑하고 차갑게 다루어라》《투자는 심리게임이다》

전문 투자자와 개인투자자들의 심리상태가 정확히 반대로 나타나는 점을 지적했습니다. 개인투자자들이 공포심을 갖는 구간에서는 전문 투자자들이 자신감을 갖고, 개인투자자들이 자신감을 갖는 구간에서는 전문 투자자들이 공포심을 갖는다는 겁니다. 즉 대중에 역행하는 투자를 하라는 겁니다. 하지만 코스톨라니는 시장에서 대중과 역행해야 할 때와 동행해야 할 때를 구분해서 매매하는 시기를 제시했습니다. 인간의 심리를 잘 알고 세운 투자원칙입니다.

여러 가지 투자원칙도 좋지만, 코스톨라니를 보면서 부러운 것은 주식투자를 하는 사람에 대한 이해가 깊다는 겁니다. 사람을 알면 시장에서 이길 수 있습니다. 주식을 살 때는 '바보보다 주식이 많을 때'이고, 주식을 팔 때는 '주식보다 바보가 많을 때'라고 한 코스톨라니 말을 곱씹어봐야 합니다.

## ④
### 증시 전체를 사라

# 존 보글,
# 인덱스펀드의 창시자

**존 보글** John Bogle

'도넛보다는 베이글을!' 인스턴트 투자보다는 몸에 좋은 투자를 선호한 투자가. 인덱스펀드를 통해 시장 전체에 투자한 인덱스펀드의 창시자 존 보글.

검소한 삶을 살며 자신의 고객들의 재산을 보호해야 한다는 신념이 강했던 존 보글은 실제로 판매수수료가 없고 운용비용이 저렴한 인덱스펀드를 만들어 큰 성공을 거두었습니다.

## 투자자의 이익을 지켜야 한다는 신념

존 보글은 '인덱스펀드의 창시자'로 세계 최대 뮤추얼펀드 회사 뱅가드그룹을 설립했습니다. 그는 프린스턴대학 시절부터 뮤추얼펀드에 대해 연구하기 시작해 졸업논문 주제로 이를 다루기도 했습니다. 대학을 차석으로 졸업한 후 당시 펀드업계 거부인 월터 모건Walter Morgan이 이끄는 웰링턴 매니지먼트에서 금융상담사로 일하면서 투자관리업에 대해 배웠습니다. 그 후 23년간 일하면서 CEO 자리까

 지 올라갔지만 인수합병 실패로 자리에서 물러났습니다.

존 보글은 뱅가드 뮤추얼펀드 회사를 설립한 이후 판매수수료가 없고, 운영수수료가 저렴한 인덱스펀드인 뱅가드 500 Vanguard 500 Index Fund 을 처음으로 만들어 소개했습니다. 설립 초기에는 시장의 평균수익만을 추구하는 바보 같은 펀드를 판매한다며 사람들에게 비웃음을 샀습니다. 이 펀드의 최초 모집 금액은 1,000만 달러에도 미치지 못했습니다. 하지만 1990년대 말에 운용규모 1,000억 달러를 돌파하면서 세계 최고의 펀드로 올라섰습니다. 인덱스펀드임에도 1995년부터 10년간 210%에 이르는 경이로운 누적 수익률을 기록했습니다.

존 보글은 투자자의 이익에 관심이 많았습니다. "뮤추얼펀드는 단순한 금융상품이 아니라 투자자의 성실한 보호자여야 한다"며, "따라서 돈을 맡긴 고객에게 최대한의 이익을 돌려줘야 한다"는 것이 그의 철학입니다.

존 보글의 삶은 검소하기로 유명합니다. 비행기를 타도 일등석은 절대 타지 않았고 뱅가드그룹 총수 시절엔 기업광고도 거의 하지 않았습니다. 간단한 메모를 할 때도 종이를 잘라 쓰거나 이면지를 활용하는 습관이 몸에 익었던 인물입니다.

---

존 보글 주요 연표

1929년 · 미국 뉴저지주 몽클레어에서 출생

1951년 · 프린스턴대학 차석 졸업. 대학 시절부터 뮤추얼펀드에 대해 연구하기 시작

1974년 · 뱅가드 뮤추얼펀드 회사 설립

1976년 · 판매수수료가 없고, 운영수수료가 저렴한 인덱스펀드인 뱅가드500을 처음으로 만들어 소개

1995년 · 뱅가드500의 10년간 누적수익률 210% 달성

1999년 · 뱅가드그룹을 은퇴한 후 뱅가드 금융시장 리서치센터장 역임

그래서인지 존 보글의 투자철학은 판매수수료가 없고, 운용비용이 저렴한 인덱스펀드를 통해 시장수익률을 추구합니다. '투자의 단순화' '운용비용의 최소화' '장기투자' '분산투자', 이 4가지가 그가 개인투자자들에게 제시하는 투자원칙입니다.

20세기 가장 위대한 투자자 4인에 선정된 존 보글은 금융회사의 도를 넘어선 영업 행태에 대해 바른 소리를 할 수 있는 권위를 인정받은 몇 안 되는 사람에 꼽히고 있습니다.

## 핵심 투자철학

### 1. 증시 전체를 사라

존 보글이 한 말 중 가장 유명한 말인 "증시 전체를 사라"는 그의 투자철학입니다. 보글은 증시 전체를 사는 것이야말로 올바른 투자라고 강조했습니다. 모든 영역을 포괄해 주식을 사면 조정 때조차 충분한 수익이 가능하다는 논리입니다. 이에 따라 그는 해외증시까지 최대한 분산투자할 것을 권유했습니다.

### 2. 사이드미러만 보고 운전하지 마라

그는 펀드의 과거 실적이 미래를 말해주지 않는다는 투자철학을 갖고 있었습니다. 펀드 실적은 단말기만 두드려도 즉시 알 수 있지만 모두 과거 실적일 뿐이므로, 사이드미러만 보고 오토바이를 몰고 가는 잘못을 범하지 말아야 한다고 주장했습니다.

### 3. 비용을 최소화하고 단순하게 투자하라

존 보글은 미래에 어떤 일이 일어날지 알기 어려우므로 최대한 단순하게 투자하라고 조언했습니다. 투자전략이 복잡해지는 것은 알 수 없는 미래를 억지로 끼워 맞추려는 데서 일어나는 일이니, 비용을 최소화해서 단순하게 투자하라는 것입니다.

## 베이글 전략과 투자비용 최소화 전략

### 1. '도넛보다는 베이글' 전략

도넛은 달콤하고 부드러워 먹기에 좋지만 살이 찔까 부담스럽습니다. 이에 반해 베이글은 딱딱하지만 건강식입니다. 대박을 노리는 단기투자는 도넛인 반면 정석투자는 베이글이라고 보글은 말합니다. 그래서 베이글형 투자는 배당수익과 주당순이익 증가율을 중시하는 투자입니다. 베이글형 투자자에게는 장기 생산성 증가와 기업수익, 배당이 투자의 첫 번째 잣대입니다. 반면에 도넛형 투자자는 PER와 심리변동을 활용한 시세차익을 추구합니다. 보글은 지난 월스트리트의 역사를 살펴봤을 때 베이글형 투자가 도넛형 투자보다 수익이 언제나 더 많았다고 주장했습니다.

### 2. 수수료와 세금 등 투자비용 최소화 전략

보글이 인덱스펀드를 만든 이유는 시장을 이기지 못할 바에야 투자비용만은 최소화하려는 생각 때문이었습니다. 그는 펀드운용이 수수료와 세금을 최소화하는 방향으로 움직이는지 늘 체크하라고 조언했습니다. 좋은 펀드는 세후수익률이 높은 것이 최우선 조건이고, 그러기 위해서는 판매수수료, 투자자문 비용, 세금 등 투자비용 최소가 핵심이라고 주장했습니다.

# 주식과 펀드의 투자원칙

## 1. 존 보글의 10대 투자원칙

❶ 단기 변동보다는 기업의 장기 생산성 증가와 수익성, 배당을 우선하라.

❷ 미래를 알 수 없으니 단순한 투자를 지향하라.

❸ 건전한 투자상식을 지키는 것 외에 더 좋은 투자비법은 없다.

❹ 과거 실적만 보는 건 사이드미러만 보고 오토바이를 운전하는 것과 같다.

❺ 펀드에 들 때는 분산, 장기, 절세 투자로 비용을 최소화하라.

❻ 변덕스러운 종목 교체와 거들먹거리는 펀드를 조심하라.

❼ 펀드를 비교할 때는 늘 세후수익률을 기준으로 하라.

❽ 투자기간이 길수록 비용과 위험은 줄어든다.

❾ 올바른 투자원칙은 증시 전체를 사는 것이다.

❿ 해외자산 등 자산의 종류를 늘려서 위험에 맞서도록 하라.


## 2. 존 보글의 7가지 펀드투자 원칙

❶ 저비용 펀드를 선택하라. 수수료율이 낮다는 것이 펀드가 높은 운용성과를 낼 수 있는 가장 중요한 요인이다.

❷ 투자조언 비용이 추가되는 것을 조심스럽게 고려하라. 투자전문가가 저비용 펀드를 적절히 추천하여 총비용을 줄일 수 있다면 보수를 지불하는 것은 타당하다. 단, 너무 높은 비용은 경쟁에서 이길 수 없다.

❸ 과거 운용성과를 과대평가하지 마라. 상위 25% 안에 들었던 펀드의 99%는 평균 수준으로 하락했다.

❹ 과거의 성과를 일관성과 리스크를 평가하는 잣대로 활용하라. 미래수익률은 예측할 수 없지만, 과거 성과로 일관성과 상대적인 위험 차이를 예측할 수는 있다.

❺ 스타를 주의하라. 대부분 뛰어난 성과를 내기 전에는 무명에 불과했으며, 알려진 후에도 명성이 지속되는 기간은 짧다. 따라서 명성에 따라 선택하기보다는 펀드매니저의 전문성, 경험, 꾸준한 성적을 선택 기준으로 삼아야 한다.

❻ 자산규모에 주의하라. 지나치게 큰 규모의 펀드는 향후 뛰어난 성과를 보일 가능성이 낮다. 성과가 좋은 펀드들이 대중의 관심을 받으면 이미 전성기가 끝난 경우가 많다.

❼ 자신에게 맞는 펀드 포트폴리오를 선택하고 보유하라. 장기 투자목표, 위험수용 성향을 감안하여 자신에게 맞는 펀드를 선택했다면, 그 결정을 그대로 유지하라. 투자과정을 복잡하게 하면 이성적이어야 할 재무설계에 감정을 개입시킬 뿐이다.

## 존 보글처럼 종목 발굴하기

존 보글은 인덱스펀드를 만든 사람입니다. 인덱스펀드는 시장 전체를 사는 것을 말합니다. 엄밀히 말하면 시장에 있는 모든 종목을 시가총액 비중대로 사는 것입니다.

하지만 기술적으로 그렇게 하는 것이 불가능하므로 시가총액 상위 100~200위 정도의 종목을 금융공학을 이용해 시장과 같은 움직임을 보이도록 비중을 조절하면서 투자하는 겁니다. 따라서 존 보글처럼 종목을 발굴하려면 따로 검색할 필요가 없습니다.

## 존 보글을 평가한다

존 보글은 펀드투자에 대한 아이디어를 주는 투자가입니다. 흔히 인덱스펀드라는 것은 시장의 움직임과 거의 비슷하게 움직이는 펀드를 말합니다. 즉, 시장의 평균적인 수익률을 따라가는 펀드입니다. 흔히 시장평균 수익률을 올린다고 하면 별것 아닌 것처럼 생각하는 투자자들이 많은데, 실제로 1년 동안 시장평균 수익률을 웃도는 투자성과를 내는 펀드매니저는 극히 드뭅니다. 만약 어느 펀드매니저가 3년 연속 시장을 웃도는 성과를 낸다면, 그는 단번에 스타 펀드매니저가 될 겁니다. 그러면 엄청난 연봉을 받게 되겠지요.

그러나 대부분 펀드매니저의 수익률은 시장 평균에도 미치지 못하는 것이 현실입니다. 그러다 보니 펀드에 투자한 사람들의 재산이 소중하게 다뤄지지 못하는 일이 벌어지는 겁니다. 이런 점에서 본다면 인덱스펀드는 투자자에게 상당히 좋은 투자안이 될 수 있습니다.

펀드는 위험을 분산하는 투자방법입니다. 장기적으로 보면 펀드는 수익률이 평균으로 회귀하는 모습을 보입니다. 그래서 과거에 뛰어난 성과를 올린 펀드가 반드시 미래에도 좋은 성과를 낸다고 보기 어려운 겁니다. 흔히 프로야구에서 2년차 징크스가 있습니다. 프로 데뷔 초에 성적이 좋은 선수들이 2년 차가 되면 성적이 떨어지는 현상을 말하는 것인데, 여러 가지 이유가 있겠지만 이것도 평균회귀의 원칙으로 설명할 수 있겠지요. 펀드의 성과도 그렇다는 겁니다.

간접투자를 하는 펀드투자자들은 존 보글의 투자원칙을 주목할 필요가 있습니다.

# 투자의 대가에게 배우는 10가지 원칙

## 1. 스스로 판단을 내릴 수 있는 투자자가 되어야 한다

주식투자는 누구도 대신해줄 수 없습니다. 그래서 투자자는 스스로 정보를 분석하고 투자판단을 내릴 수 있을 정도로 분석력을 높여야 합니다. 스스로 분석하고 판단을 내릴 능력이 없다면, 인덱스펀드에 투자하는 편이 오히려 낫습니다.

## 2. 산업을 주도하고 성장 가능한 종목을 선정한다

현대 산업사회는 승자독식 사회라고 하지요. 그래서 어떤 산업이든 산업을 주도하는 종목을 선정할 필요가 있습니다. 물론 어떤 산업은 전망이 좋기도 하고 어떤 산업은 사양산업으로 분류되기도 합니다. 그러면 산업을 주도하는 종목을 선택하되, 그 종목이 속한 산업의 성장이 앞으로 이어질 수 있는 곳에 투자하면 됩니다.

## 3. 가급적 주가가 쌀 때 매입한다

주식투자의 수익률은 얼마나 그 주식을 싸게 샀는지에 따라 달라집니다. 주식을 싸게 샀다면 수익률이 높아지겠지만, 주식을 비싸게 샀다면 수익률이 낮아집니다. 그렇다면 언제 주식을 싸게 살 수 있을까요? 바로 시장이 전체적으로 어려워지는 주가하락기입니다. 주가하락기에 다른 투자자들처럼 공포심에 사로잡히지 말고, 그때를 주식매수의 적기로 삼아 저평가된 종목을 싸게 사는 지혜를 발휘해야 합니다.

## 4. 복리투자를 하듯이 주식투자를 해야 한다

복리투자는 인류 역사상 가장 안전하고 수익성이 높은 투자법입니다. 가장 높은 수익률로 가장 긴 시간을 투자했을 때 그 효과가 극대화되는 투자법입니다. 주식 시장에서 복리투자는 높은 자기자본이익률을 기록하는 기업이 그 상태를 꾸준히 이어갈 수 있을 때 가능해집니다. 그래서 수익성이 있고 성장을 지속할 수 있는 기업에 장기투자하는 것이 좋습니다.

## 5. 주식시세를 매일 보는 것은 좋지 않다

효과적인 주식투자를 위해서는 가끔은 주식시장에서 한발 물러서 있는 것이 좋습니다. 주식시장은 인간 심리의 집합체이기 때문에, 시장에서 형성되는 심리적 공포와 탐욕에 휘둘릴 수밖에 없습니다. 매일 주식시세를 보지 않는 것만으로도 많은 심리적 오류를 바로잡을 수 있다는 점을 기억해야 합니다.

## 6. 리스크 관리는 현금보유 비중에 달려 있다

리스크 관리를 하라는 말을 많이 듣습니다. 그러나 실제로 리스크 관리를 어떻게 해야 하는지 제대로 아는 사람은 많지 않습니다. 리스크 관리의 첫 번째는 손절매를 잘하는 겁니다. 그러나 손절매는 일반적인 투자자에게 결코 쉬운 일이 아닙니다.

그렇다면 적절한 현금비중을 반드시 유지해야 합니다. 절대 몰빵투자를 하지 말고 전체의 30%는 반드시 현금으로 가지고 있어야 합니다. 여차하면 이 현금으로 손실을 줄일 방법이 생깁니다. 이것이 바로 리스크 관리의 첫걸음입니다.

## 7. 절대 시장에서 고집을 부리지 말아야 한다

월가에서 전문가들이 퇴출되는 가장 큰 이유는 바로 시장에 대해 고집을 부리기 때문입니다. 시장은 살아 움직이는 생물과도 같은 곳입니다. 즉 시시각각으로 시장상황이 변합니다. 원칙은 지키되 자신의 생각을 고집해서는 안 됩니다. 어떤 때는 주식만을 고집하지 말아야 할 때도 있다는 생각을 해야 하고, 또 내 전망이 틀릴 수 있다는 생각도 해야 합니다. 고집을 부리는 순간 시장에서 퇴출당합니다.

## 8. 속삭이는 정보는 역정보이거나 모두가 알고 있는 정보다

주식투자에서 정보는 정말 중요합니다. 그러나 내가 스스로 확인한 정보가 아니면 절대 믿어서는 안 됩니다. 특히 내 귀에 속삭이듯이 전해지는 정보는 나를 이용해서 자신의 곤경을 벗어나려는 역정보일 가능성이 큽니다. 만약 그렇지 않다 해도 모두가 아는 정보일 수 있습니다. 주식시장에서는 내가 발로 뛰면서 확인한 정보가 아니라면 결코 믿어서는 안 됩니다.

## 9. 주가가 떨어질 때 물타기 매수를 하지 마라

투자자들은 주가가 떨어질 때 자신이 보유한 현금으로 주식을 추가매수해서 평균 매매단가를 떨어뜨리려고 합니다. 즉, 물타기 매수를 합니다. 그러나 이것은 평균 매매단가를 떨어뜨린다기보다 손실을 평균화하는 측면이 더 큽니다. 주가가 떨어질 때 절대 물타기를 해서는 안 됩니다. 만약 물타기를 반드시 해야 한다면, 주가가 바닥을 치고 올라설 때 해야 합니다. 그렇지 않다면 관리 가능한 범위에 있을 때 손절매를 해야 합니다.

## 10. 작은 성공에 겸손해해야 한다

개인이 시장을 이기는 것은 쉬운 일이 아닙니다. 그러나 사람들은 주식투자를 통해 작은 이익을 거두면, 자신이 시장을 항상 이길 수 있다는 자만심에 빠집니다. 이는 매우 위험한 생각입니다. 주식투자는 한 번의 승부로 승패가 결정되는 것이 아닙니다. 장기적인 관점에서 투자해야 하는데 내가 시장을 이길 수 있다는 자만심에 빠지는 순간, 우리는 이미 패자의 입장에 서게 됩니다. 항상 시장을 두려워하고 경계하는 겸손함을 잃지 않는 것이 중요합니다.

"

# 투자실패를 부르는
# 심리적 오류를 극복합니다!

만약 주식투자에 앞서 완벽한 정보를 알고 있다면 투자가 좀 쉬워질까요?

그럴지도 모르겠습니다.

하지만 완벽한 정보는 고사하고 우리가 보고 듣는

모든 정보는 조각난 것들뿐입니다.

투자자는 제한된 정보만을 가지고 투자를 하는 셈이지요.

하지만 많은 사람들이 마치 자신은 모든 정보를

알고 있는 것처럼 행동하고 투자합니다.

그래서 이번에는 잘못된 판단을 하게 만드는

심리적 오류를 살펴보도록 하겠습니다.

휴리스틱과 전망이론, 심적회계 등 행동경제학의 이론을

차근차근 살펴보고 실전 주식투자에 적용해보도록 하겠습니다.

"

# 왜 주식투자는 실패의 길로 가는가?

"바보들은 늘 결심만 한다"고 합니다. 그리고 실패한 투자자들은 "작은 정보에 지나치게 큰 의미를 둬서 진짜 정보를 보지 못한다"고 합니다.

주식투자를 하는 사람 중에 손해 볼 것을 생각하면서 시작하는 사람은 없을 겁니다. 큰돈이든 적은 돈이든 수익을 남겨서 생활에 보탬이 되는 효과적인 재테크를 위해 주식투자에 나섭니다. 그런데 주위에서 들려오는 소리를 들어보면 장기적으로 주식투자를 해서 돈을 벌었다는 얘기는 거의 들리지 않습니다. 겨우 본전 뽑았다는 사람이나 일부 있을 뿐 대부분은 주식투자를 해봤자 손해만 볼 뿐이라는 겁니다.

인터넷의 발달로 투자자들은 엄청난 양의 정보를 접하게 되었습니다. 또 증권사 HTS가 발전하면서 더 정교한 매매기법을 사용할 수 있게 되었습니다. 그럼에도 주식투자를 통해 수익을 남겼다는 사람은 많지 않습니다. 주식시장에 여전히 손실을 본 불쌍한 영혼들이 즐비한 것을 보면, 정보의 양이나 정교한 매매기법 등이 수익을 내는 데 결정적인 요인은 아니라는 생각을 하게 합니다.

어라, 그런데 생초보 투자자 일광 씨의 얼굴이 오랜만에 밝습니다. 대가들의 투자전략을 열심히 공부한 덕분인가요? 몇몇 종목에 투자했는데, 하나같이 꽤 가파른 상승세입니다. 득의양양한 얼굴로 일광 씨가 가진 돈을 세보기 시작합니다.

**일광 씨** 후후, 피터 린치의 종목 발굴법을 요리조리 응용해보니 뭐 별거 아니네요. 자, 요번엔 버핏 스타일로 한번 해볼까요? 랄라!

**슈퍼 개미** 투자 좀 되는 것 같다고 있는 돈 싹 다 투자하겠다, 이 말씀?

**일광 씨** 허허허, 슈퍼 투자왕 일광 씨를 뭐로 보고 하시는 말씀?

**슈퍼 개미** 첫 투자에서 꽤 괜찮았던 모양인데, 두 번째 투자에서도 과연 그럴 수 있을까요? 너무 자신만만한 거 아닌지 모르겠네요. 한 번 투자했는데 잘 됐다면 그런 마음이 들 수도 있겠지만, 그거야말로 조심해야 합니다.

삼보컴퓨터가 부도 났을 때 이야기를 해보지요. 당시 인터넷 주식 관련 포털 사이트에 이런 글이 올라왔습니다. 멋모르고 시작한 주식, 첫 시작이 좋아서 자신을 너무 믿은 나머지 처절한 실패로 끝났다는 이야기입니다. 글쓴이는 가칭 '김상폐' 씨라고 이름을 붙여보겠습니다.

혹여나 위로가 될지 몰라 망설이다가 그래도 나를 아는 사람들이 조문은 와야 하기에 이렇게 몇 자 적어 놓고 갑니다.

1996년에 멋모르고 주식 했다가 200만 원 먹은 재미에 이거다 싶어 적금 깨고 들어간 게 시작이었습니다. 1997년 결혼식 날 잡아놓고 조금이라도 불려보려고 결혼자금 털어서 주식투자를 했고, 10원 에누리 없이 6,000만 원 털어먹었습니다.

은행에서 대출받은 1,200만 원이 있어서 제 아내가 혼수비용으로 쓰려고 했던 돈을 투자해야 한다고 꼬드겨 1,500만 원 받아서 빚 갚았고요. 살림살이는 중고알뜰 매장에서 냉장고 10만 원, 세탁기 5만 원, 가스레인지 3만 원, TV는 원래 있던 거고, 50만 원으로 벽지 바르고 장판 새로 해 살아온 나쁜 놈입니다.

친정 식구들은 우리 집에 3년 동안 초청도 안 했거니와 방문하면 그날로 사생결단 낸다고 워낙 으름장을 놓아 다행히 방문하지 않았습니다.

제 아내는 유아교육을 전공한 세상 물정 모르는 착한 사람입니다. 생활비

도 제가 주는 대로만 쓰고 2000년까지는 월 30만 원으로 살았습니다. 2000
년 무렵부터 생활이 좀 안정되기 시작했습니다. 하지만 그때 적금 탄 2,000
만 원도 장외시장, 제3시장에 고스란히 갖다 바쳐버리고 말았습니다.


　2005년 봄, 다시는 주식을 쳐다보지도 않겠다고 맹세하고 살 때였습니다.
운이 닿았는지 24평 아파트에 당첨되어 살다가 지방으로 발령이 나서 그 아파
트 팔고 지방에 전세로 살게 됐습니다. 차액이 7,000만 원 되더군요. 그때 우
연히 주식하는 직원을 보고 그냥 기웃거리는데 삼보컴퓨터가 눈에 띄더군요.
　한 이틀 보는데, 브라질 국민PC 사업자 선정과 관련된 공시가 눈에 들어왔
고 3,520원에 4,000만 원어치 매수했죠. 그날 첫 상한가를 기록한 것이 처음
이자 제대로 오른 마지막 날이었습니다. 이후부터 계속 내려 2,500원대에서
한 2주 머물기에 3,000만 원마저 쓸어 넣었습니다.
　그다음 날부터 또 내리더군요. '이건 작전이다' 하면서 돈을 끌어모았습니
다. 하지만 보험까지 깨도 1,500만 원밖에 모이지 않더군요. 그래도 1,400원
대에 또 샀습니다. 중간에 매도를 몇 번 했지만 혹여나 내가 팔고 줄곧 상한
가로 올라갈까 싶어 곧바로 몇십 원 더 주고 사곤 했습니다.
　당시 가지고 있는 주식이 3만 20주. 개미 수준을 넘어서는 순간이었지요.
예전의 그 명성과 그 회사에 대한 믿음이 굳게 있었습니다. 그런데 그렇게 믿

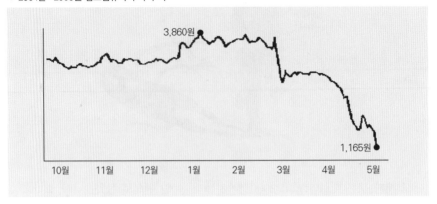

▼ 2004년~2005년 삼보컴퓨터 주가 추이

3,860원

1,165원

10월  11월  12월  1월  2월  3월  4월  5월

었던 삼보컴퓨터가 거래정지를 당하고 말았습니다.

전 이제 자신을 죽여야 하겠습니다. 못난 아비를 믿고 있는 딸, 아들, 아내는 아무것도 모르고 싱글벙글하네요. 소설 같은 더한 사연은 생략했습니다.

여러분, 이제 내가 가면 세상은 아무 일 없는 듯이 그래도 잘 먹고 잘 돌아가겠지요. 저보다 더한 손실을 본 분도 계실 테고, 더 힘든 분도 계시겠지만 저는 오늘 무작정 기차를 타고 서울에 올라와 회사에서 한바탕 항의를 하고 서울역 앞에 있는 PC방에서 이 글을 올립니다. 여보 미안합니다. 그리고 사랑합니다.

이 짧은 글을 읽고 많은 사람들이 공감하기도 하고 또 마음이 불편하기도 할 듯합니다. 주식투자를 하는 사람들의 마음속 깊숙이 숨겨놓은 치부가 드러나는 듯해서 어쩌면 불편한 마음이 더 클지도 모르겠습니다.

**일광 씨** 휴우, 주식투자에 실패한 사람들 이야기는 여기저기서 많이 들어봤는데, 이렇게 디테일하게 들으니 참 가슴이 먹먹하네요.

**슈퍼 개미** 이런 결말로 가지 않으려면, 대체 뭐가 문제인지 알아야겠지요? 일광 씨가 보기엔 김상폐 씨의 문제가 뭐였을까요?

**일광 씨** 글쎄요. 그렇게 없는 돈을 만들어다가 무슨 자신감으로 싹 다 투자했는지는 참 알 수 없는 일인데, 또 어떤 점은 저라도 그렇게 했을 거 같아요. 삼보컴퓨터가 브라질 국민PC 사업자가 되었다니 솔깃하지 않았을까요?

자, 그럼 김상폐 씨의 경우를 하나씩 살펴보겠습니다.

첫째, 김상폐 씨는 정확한 정보를 가지고 있었습니다. 바로 삼보컴퓨터가 브라질국민PC 사업자가 될 것이라는 정보였지요. 그리고 둘째, 어찌하다 보니 분할 매수가 되었습니다. 많은 전문가가 몇 번에 나눠서 분할매수하라는 것도 실행한 것입니다. 그러나 김상폐 씨는 치명적인 실수를 하나 했습니다. 바로 주식에 대한 지나친 믿음, 즉 과신이었습니다.

브라질 국민PC 사업자가 되는 것도 중요하지만 회사가 재무적인 안정성을 유지하고 있는지, 그리고 당시 PC보다는 노트북이 더 각광을 받고 있는데 회사의 본업이 과연 얼마나 성공할 수 있을지 등에 대해서는 전혀 고려하지 않았습니다. 이러한 잘못된 판단이 바로 실패의 원인이 되었지요.

주식투자를 처음 시작하는 사람 중 정보의 중요성을 모르는 사람은 없을 겁니다. 그러나 대부분 투자자는 모든 정보를 다 알고 있는 것이 아니라 정보의 조각조각을 가지고 있습니다. 그런데 마치 모든 것을 다 알고 있는 듯이 투자합니다. 이를 '제한된 합리성'이라고 합니다. 다시 말해 주식투자를 하는 사람들은 늘 제한된 정보를 가지고 있으면서도, 마치 자신이 모든 정보를 알고 있는 것처럼 행동합니다. 그러다 보니 투자에 실패하는 경우가 많은 겁니다.

파트 2에서는 주식투자를 실패로 몰고 가는 인간의 심리적 특성은 무엇이며, 심리적 오류를 발견했을 때 어떻게 그 오류를 극복해 성공투자에 이를 수 있는지 꼼꼼히 살펴보겠습니다.

# 4

CHAPTER 4

## 실패를 부르는 자신감의
## 함정에서 벗어나기

심리적 오류

# 나는 과연
# 합리적인 투자자일까?

## 뉴턴이 만들어낸 동전의 비밀

인류 역사상 가장 똑똑한 사람을 찾으라면 누가 있을까요? 아인슈타인, 스티븐 호킹, 에디슨, 세종대왕 등 여러 사람을 말할 수 있겠지요. 하지만 개인적으로는 아이작 뉴턴만큼 똑똑한 사람은 없었다고 생각합니다. 뉴턴은 사과나무에서 떨어지는 사과를 보면서 '만유인력'을 발견한 사람이라고 알려졌습니다. 대단한 학자임이 틀림없지만, 뉴턴은 학자 이외에 국회의원으로도, 왕립조폐국 이사와 왕립협회장으로도 활발한 활동을 했던 사람입니다.

우리나라의 50원, 100원, 500원짜리 동전을 보면 테두리에 돌기가 있지요? 동전에 이러한 돌기가 들어간 것도 바로 뉴턴의 생각입니다. 그림의 빨간색 부분을 포함해서 동전 둘레를 한번 만져보세요. 대체 왜 이런 돌기를 만들었을까요?

뉴턴이 살던 시대의 화폐제도는 금화를 거래하는 금본위제였습니다. 그러다 보니 나쁜 마음을 품은 사람들이 금화

192

주위를 갉아내서 함량 미달의 주화를 만들고 유통했지요. 이러한 함량 미달의 주화를 악화惡貨(나쁜 돈)라고 부릅니다. 국내 경제에 악화가 돌기 시작하면 양화良貨(좋은 돈)는 숨어버립니다. 왜냐하면 제대로 된 돈과 나

파운드화 지폐 속 뉴턴의 모습

쁜 돈이 교환되면 좋은 돈을 가진 사람이 손해를 보기 때문이지요. 만약 양화가 숨어버리면 화폐경제는 더 이상 작동하지 못하고 물물교환의 시대로 되돌아갈 수밖에 없습니다.

영국 황실에서는 이 문제를 해결할 사람을 찾던 중 뉴턴을 조폐국장으로 임명합니다. 그리고 뉴턴은 동전 둘레에 돌기를 만들어 영국 황실의 골칫거리를 단숨에 해결했지요.

돌기는 어떤 효과가 있을까요? 일반적으로 동전의 함량을 줄이기 위해서는 끌 같은 도구로 동전 주위를 긁어내야 합니다. 그런데 돌기가 있는 동전에 끌질을 하면 돌기가 없어집니다. 그러면 일일이 동전의 무게를 달아보지 않더라도 돌기가 있는지 없는지를 통해 악화와 양화를 구분할 수 있지요. 뉴턴이 고안한 이 방법이 쓰이면서 화폐경제는 다시 안정을 찾았다고 합니다.

## 18세기 주식투기 사건과 뉴턴의 좌절

똑똑한 뉴턴에게도 투자의 기회가 찾아왔습니다. 뉴턴이 활동하던 시대에 역사적으로 유명한 주식시장 작전이 있었는데, 바로 남해회사South Sea Company 주식 투기였습니다.

남해회사는 영국 정부부채 일부를 인수하고, 노예무역으로 이익을 남겨 부채를 갚으려는 목적으로 당국에서 설립한 부실채권 정리용 회사였습니다. 하지만 1718년 영국과 스페인 간 전쟁으로 남해회사 경영 상태가 악화되자, 남해회사는

1719년 영국 국채 인수를 조건으로 막대한 금액의 주식발행 권한을 얻어내 금융회사로의 변신을 시도했지요. 당시 영국 중산층은 마땅한 투자처를 찾지 못했고, 금융시장 전반에는 유동성 과잉 현상이 나타난 상태였습니다. 이 상황에서 부채 인수 회사로 탈바꿈한 남해회사의 주가는 천정부지로 뛰어올랐습니다.

1720년 1월 1주당 100파운드에 불과했던 남해회사의 주가는 5월에 700파운드, 6월 24일에는 1,050파운드까지 상승했습니다. 남해회사의 주가폭등 영향으로 영국 시중은행과 동인도회사 주가까지 이유 없이 상승하기 시작했습니다.

그러나 주가상승이 남해회사 전망과 크게 관련이 없다는 분석이 확산되고, 영국 정부가 거품회사 규제법을 통한 회사 설립 규제에 나서며 주가는 폭락했습니다. 1720년 9월 말 남해회사 주가는 150파운드로 되돌아왔고, 주가폭락 여파는 은행들로 번졌습니다. 이후 1721년 당시의 재정 전문가 로버트 월폴이 사태를 수습하며 금융시장이 빠르게 안정을 되찾았다는 것이 남해회사 주가폭등 사건의

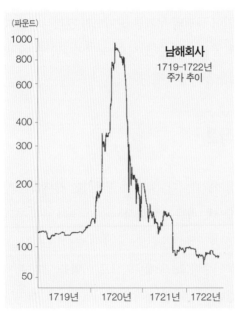

(왼쪽) 1720년 10배가 넘는 급격한 폭등과 폭락을 기록한 남해회사의 주가. (오른쪽) 남해회사 주가폭등 사건을 다룬 카드.

전말입니다.

문제는 이 회사 주식에 뉴턴도 투자했다는 것입니다. 처음 주가가 상승할 때 뉴턴은 주식을 사서 조금 오른 다음 팔았습니다. 그런데 앞서 본 바와 같이 남해회사 주가가 뉴턴이 매도한 이후 엄청나게 더 올라갔던 겁니다. 이를 지켜보던 뉴턴은 냉큼 고가에 주식을 되샀고, 이후 주가가 폭락하는 과정에서 전 재산에 해당하는 2만 파운드를 잃었다고 합니다.

풍설에 의하면 뉴턴은 죽을 때 동전 한 닢 남기지 못하고 이런 말을 남기며 눈을 감았습니다. "나는 천체의 움직임을 시간 단위로 계산할 수 있다. 하지만 주식시장에서 인간의 심리는 도저히 예측할 수 없다."

이처럼 머리 좋은 사람들이 투자에 실패한 사례는 손으로 셀 수 없을 만큼 많습니다. 이러한 결과를 보면서 어떤 생각이 드나요? 인류 역사상 가장 머리 좋은 사람 중 한 명으로 칭송받는 뉴턴이 비합리적인 사람일까요, 아니면 뉴턴을 제외한 다른 사람들이 비합리적인 걸까요? 결론은, 사람은 모두가 합리적이지 않다는 겁니다.

## 합리적인 사람이란 어떤 사람일까

주식투자를 하는 사람치고 경제학 서적 한 번 읽지 않은 사람이 없을 겁니다. 물론 모두가 경제학 서적을 봐야 하는 것은 아닙니다. 그런데 경제학 서적을 많이 읽었다 해도 투자세계에서는 그 지식이 잘 통하지 않습니다. 특히 경제학이나 경영학을 전공한 교수들조차도 주식투자에 성공한 사례는 가뭄에 콩 나듯 할 정도로 드뭅니다.

과연 뭐가 잘못된 걸까요? 경제학은 이론을 만들어가는 과정에서 다양한 가정을 합니다. '무위험 이자율로 마음대로 차입할 수 있고 또 대출할 수 있다' '거래 비용은 없다' 등이 그 예입니다. 사람에 대해서도 가정을 합니다. '사람은 합리적이다'라고 말입니다.

그럼 대체 합리적인 사람은 어떤 사람일까요? 일반적으로 합리적인 사람이라고 하면 다음과 같은 사람들을 꼽을 수 있겠지요.

## 1. 자신의 기대효용을 극대화하려는 목표를 가진 사람

여기서 어려운 말이 나오는데, 바로 기대효용입니다. 이는 주관적인 만족도를 극대화하겠다는 겁니다. 주식투자를 예로 들면 가급적 위험이 낮은 투자에서 최대한의 수익을 냈을 때 주관적인 만족도가 극대화된다고 할 수 있습니다.

## 2. 위험을 회피하려는 사람

위험을 대하는 태도를 통해서 보면 사람은 위험 선호형, 위험 중립형, 위험 회피형으로 나눠볼 수 있습니다. 이 세 부류는 주관적인 만족도에 따라 나뉩니다. 예를 들면 사람들은 재산이 많아지면 기분이 좋아집니다. 10만 원 정도를 가졌던 사람에게 100만 원이 생기면 뛸 듯이 기쁠 겁니다. 그런데 1억 원을 가진 사람에게 100만 원이 생긴다면 어떨까요? 기쁘기는 하겠지만 첫 번째 경우보다 더 기쁘지는 않을 겁니다. 이렇게 재산이 많아질수록 추가로 생기는 재산에 대한 기쁨이 점점 줄어드는 것을 '한계효용체감의 법칙'이라고 합니다. 이러한 심리는 정상적인 심리입니다. 그리고 이들을 '위험 회피형 투자자'라고 부릅니다.

반면에 위험 선호형 투자자는 10만 원을 갖고 있을 때 100만 원이 생기는 것보다, 1억 원이 있을 때 100만 원이 생기는 것이 더 기쁜 사람을 말합니다. 위험 중립형 투자자는 10만 원 있을 때 100만 원 생기는 것이나 1억 원이 있을 때 100만 원 생기는 것이나 똑같이 기쁜 사람을 말합니다. 그래서 경제학자들은 위험 선호형이나 위험 중립형 투자자들은 정신과 의사가 분석해야 하는 사람이라고 봅니다. 그리고 위험 회피형 투자자에 대해서만 분석해 이론을 전개하겠다는 생각을 하는 겁니다.

## 3. 제한된 자원을 합리적으로 배분하는 사람

자신의 제한된 자원을 합리적으로 배분하는 사람은 합리적인 사람입니다. 물론 그 자원은 자신의 주관적인 만족도를 극대화하는 방향으로 배분되어야 합니다.

그러나 과연 사람이 합리적이기만 할까요? 여기에 대해서는 의심이 가는 경우가 많습니다. 사람들은 자신의 주관적 만족도를 극대화하려는 목표를 달성하지도 못할뿐더러, 위험에 대해서는 대체로 회피적인 성향을 보입니다. 때에 따라서는 위험을 선호하는 사람이 되기도 하고, 자신이 가진 자산을 합리적으로 배분하지 못해 위험성이 높은 주식에 전부 투자했다가 쪽박을 차는 경우도 허다합니다.

이처럼 우리에게는 합리적이지 못한 구석이 많이 있는데, 그런 단점을 줄여가며 투자하는 방법이 무엇인지 찾아가는 것을 행동경제학이라 합니다. 이를 다른 말로 행동투자론, 행동재무론 등으로 부르기도 하지요.

파트 1에서 우리는 투자 대가들의 투자철학과 투자원칙을 살펴봤습니다. 그들도 인간이기에 합리적이지 못한 구석이 많을 겁니다. 그러나 그들은 자신의 투자철학을 세우고 투자원칙을 지켜나가는 과정에서 합리적이지 못한 부분을 끊임없이 수정 보완함으로써 대가의 반열에 올랐습니다.

지피지기 백전백승이라는 말이 있습니다. 적을 알고 나를 알면 백 번 싸워백 번을 이길 수 있다는 뜻이지요. 사람에 대한 깊은 통찰이 없으면, 그리고 자신의 심리적 오류에 대한 통찰이 없으면 투자실패를 반복할 겁니다.

지금부터 사람들이 합리적이지 못한 부분은 어떤 부분이고, 이를 어떻게 보완해야 성공투자의 길로 갈 수 있는지 함께 논의해보겠습니다.

## 과도한 낙관

# 결국엔 잘될 거라는
# 이상한 믿음

### 왜 투자자는 낙관적일 수밖에 없을까

증권시장에서 흔히 하는 말 중 "주식 하는 사람들은 모르는 게 없다. 하지만 확실히 아는 것도 없다"라는 말이 있습니다. 하긴 내 소중한 돈을 걸고 투자하는데, 이것저것 많은 정보를 찾아보는 것은 어쩌면 당연한 일인지도 모릅니다.

문제는 내가 아는 것이 얼마나 정확한 것이며, 또한 내가 그 정보를 검증해낼 능력이 얼마나 있느냐에 따라, 정보가 돈이 되기도 하고 독이 되기도 한다는 점입니다. 여기에서는 너무 많이 알아서 저지를 수 있는 실수를 따져보도록 하겠습니다.

'주식투자는 낙관론자들의 게임'이라고 합니다. 하긴 주가가 올라간다고 생각하지 않으면 주식을 살 이유가 없으니, 주식투자를 하는 사람들이 낙관론자인 것은 당연한 일입니다. 그러나 문제는 주식시장에 투자해서 수익을 낼 확률이 그다지 높지 않다는 사실입니다.

주식투자로 수익을 낼 확률은 얼마나 될까요? 많은 사람들이 50%라고 이야기합니다. 왜냐하면 주식은 오르거나 내리거나 둘 중 하나이므로, 오르면 수익을 내고 내리면 손실을 보는 것 아니냐는 것이지요.

그러나 실제로 주식투자에서 수익을 낼 확률은 3분의 1 정도밖에 안 됩니다. 주식에는 상승, 하락 그리고 보합이 있기 때문입니다. 주식을 샀을 때 주가가 오르면 돈을 벌지만 주가가 하락하면 당연히 손실을 봅니다. 게다가 주가가 보합인 경우에도 매매비용만큼 손실을 봅니다. 그러니 기대수익은 양(+)의 값이 아니고 음(−)의 값입니다.

그래서 주식투자는 어쩌면 복권을 사는 것과 비슷하다고 볼 수 있습니다. 물론 복권은 전적으로 운에 맡기는 것이지만, 주식투자는 기업가치라는 기준이 있으므로 이를 같다고 하는 것은 어불성설임이 틀림없습니다. 그러나 기업에 대한 분석 없이 그냥 좋다는 생각으로 주식투자를 한다면 그 결과는 복권을 샀을 때와 별다른 차이가 없을 것입니다.

## 투자를 부추기려는 전략

주식투자를 할 때 흔히 빠지는 오류 중 하나는 과도한 낙관입니다. 이런 오류는 전문적인 애널리스트나 일반 투자자 모두 빠질 수 있는 오류입니다. 그러나 애널리스트가 갖는 과도한 낙관과 일반 투자자들이 갖는 과도한 낙관은 다른 의미로 받아들일 수 있습니다.

먼저 애널리스트들은 그들의 의견이 모여 증권회사의 전체적인 의견이 만들어집니다. 거꾸로 증권회사가 목표하는 영업전략에 애널리스트들이 자신의 의견을 맞추는 경우도 흔합니다. 증권회사는 고객들이 많은 돈을 가져와서 자기 회사에 맡기고 많은 상품을 거래하면 수익이 커집니다. 이런 상황에서 고객들에게 "앞으로 주가가 내려갈 것 같으니 주식투자는 하지 마세요"라고 권유할 증권회사는 아마도 없을 겁니다. 그러니 증권사가 기본적으로 낙관적인 전망을 유지하는 것은 어쩌면 당연한 일일지도 모릅니다.

매년 증권회사에서 연말에 발표하는 내년도 전망을 볼 때, "설마 주가가 저렇게까지 올라가겠어?"라고 의문이 생길 정도로 높은 주가 범위를 제시하는 증권사가 있는 것은 모두가 아는 사실입니다. 애널리스트들의 투자의견을 보면서 "쟤들은 매도의견은 없어!"라고 불만을 터트리는 사람들이 많은 것도 당연한 일입니다.

여기서 주목해야 하는 것은 애널리스트들의 과도한 낙관은 어쩌면 의도된 것이라고 볼 수 있다는 점입니다. 그러니 그들이 제시하는 낙관적인 전망은 어느 정도 평가절하해 이해하면 맞을 겁니다.

참고로 2020년 한 해를 전망한 종합주가지수 범위와 실제 주가의 움직임을 살펴보겠습니다. 실제로 얼마나 잘 맞혔는지는 중요하지 않습니다. 주가를 예측하는 것은 너무 어려워 그 정확도를 논하는 것은 적절치 않습니다. 다만 주가 예측에서 하단과 상단의 예측 오차 폭이 어떤지를 살펴보는 것은 의미가 있습니다.

| 증권사 | 최저지수 | 최고지수 | 실제 지수범위 |
|---|---|---|---|
| 교보증권 | 2,000 | 2,400 | |
| 메리츠종금증권 | 2,000 | 2,500 | |
| 신한금융투자 | 2,000 | 2,400 | |
| 케이프투자증권 | 2,000 | 2,500 | |
| 키움증권 | 1,900 | 2,250 | |
| IBK투자증권 | 1,960 | 2,380 | 1,439~2,878 |
| KB증권 | 1,950 | 2,400 | |
| KTB투자증권 | 1,900 | 2,300 | |
| HN투자증권 | 제시하지 않음 | 2,400 | |
| SK증권 | 1,950 | 2,400 | |

도표에서 보는 바와 같이 주가 저점에 대한 예측은 실제 저점인 1,439포인트보다 낙관적으로 제시되어 있습니다. 또한 고점에 대한 예측은 실제 고점인 2,878포인트보다 낮게 제시되어 있습니다. 이런 점들을 볼 때 최고의 전문가 집단이라고 자부하는 사람들이 제시한 주가 예측치도 하단 부분에서는 어느 정도 낙관론이 개입되어 있다는 것을 알 수 있습니다.

## 개인은 왜 근거도 없이 낙관적일까

문제는 개인들이 갖는 과도한 낙관은 의도되지 않은, 심하게 말하면 근거 없는 낙관이라는 것입니다. 일반 투자자들의 낙관을 조금 비약해서 표현하면 아마 이런 식일 겁니다. "달걀을 하나 사서 부화시켜 닭을 키우고, 그 닭을 팔아서 송아지를 사고, 송아지를 소로 키워 팔아서 자동차를 사고, 자동차를 사서 운수업을 해야지. 그리고…" 그런데 결과는 달걀이 깨지고 마는 일이 생기는 겁니다.

　주식투자도 마찬가지입니다. 실적은 적자를 내고 있고 재무구조는 엉망인데, 이런 기업이 턴어라운드 할 것이라고 기대하는 것은 과도한 낙관에 속합니다. 또 세계 경기가 하강하고 있는데 내가 산 주식을 발행한 회사만 수출이 잘될 것으로 생각하는 것도 과도한 낙관입니다.

　신약개발을 완료할 때까지 동물에 3번, 인체에 3번에 걸쳐 임상실험을 해야 합니다. 그런데 동물 임상실험에 들어갈 것이란 뉴스에, 마치 신약이 완료된 것처럼 생각하고 투자하는 것도 과도한 낙관입니다.

　확증편향도 과도한 낙관의 한 유형입니다. 이는 투자자들이 자신이 믿고 싶은 것은 과대평가하고, 자신의 믿음과 배치되는 것은 축소하려는 심리를 말합니다. 예를 들어 주식을 산 사람은 주가가 올라갈 만한 호재성 뉴스만 찾게 되고, 주식을 매도한 사람은 주가가 내려갈 만한 악재성 뉴스만을 찾는 경우를 말합니다. 주식을 매수했는데 악재성 뉴스를 싣는 언론이나, 주식을 매도했는데 호재성 뉴스를 싣는 언론에 대해 그 진위를 따져 묻지 않고 마구 욕하면서 편파적인 언론으로 매도해버리는 것도 과도한 낙관으로부터 나타나는 현상입니다(확증편향은 211쪽에서 더 자세히 다룹니다).

투자자들이 과도한 낙관에 빠지면 기업내용이 형편없는 주식에 투자할 뿐만 아니라, 시장에서 형성된 적정 가격보다 더 높은 가격으로 주식을 살 가능성이 높아집니다. 문제는 이런 과도한 낙관을 어떻게 제어할 수 있을까 하는 것입니다. 과도한 낙관에 빠지지 않는 방법은 지금의 현실과 이 현실이 가져올 결과 사이의 연결고리를 잘 챙겨보는 겁니다.

비약적인 예지만 앞서 든 예를 다시 볼까요? 달걀이 부화해 모두 병아리가 될 확률은 얼마인가? 병아리가 태어나면 닭으로 자랄 때까지 어느 정도의 비용이 들어가는가? 또 닭 몇 마리를 길러서 팔아야 송아지를 살 수 있는가? 송아지를 소로 키우는 데 어느 정도의 시간과 비용이 들어가는가? 그리고 소의 값은 좋을까, 나쁠까? 운수업 면허는 취득할 수 있을까? 이러한 연결고리들이 실현 가능한지를 따져보면 뜬금없는 낙관에 사로잡히는 일은 줄어들 겁니다. 과도한 낙관은 주식투자를 실패로 이끄는 요인입니다.

## 자기과신

# 실제 아는 것보다
# 더 큰 자신감

## 정보가 많으면 투자가 더 잘될까

로또를 사본 적이 있나요? 로또를 살 때 자동으로 하나요, 아니면 번호를 직접 선택하나요? 자신이 번호를 선택하면 더 잘 맞을 것 같은 생각이 드는 것이 바로 자기과신의 함정입니다. 자동이든 수동이든 로또 1등에 당첨될 확률은 814만분의 1이라는 사실에는 변함이 없기 때문입니다.

주식투자를 할 때 투자자들은 종종 자기과신에 빠지는 경우가 많습니다. 그중 하나가 지식환상에 사로잡히는 겁니다. 지식환상이란 투자자들이 투자정보가 많으면 어떤 종목을 사거나 파는 의사결정을 더 잘할 수 있다고 착각하는 걸 말합니다. 사실 많이 아는 것과 잘 아는 것은 다릅니다. 앞에서도 지적했던 것처럼 "주식 하는 사람들은 모르는 게 없다. 하지만 확실히 아는 것도 없다"라는 말이 바로 많은 투자자들이 지식환상에 빠져 있다는 방증입니다.

최근 정보통신 환경이 급속하게 발전하면서 투자자들은 엄청난 정보의 홍수 속에 살아가고 있습니다. 사실 그 정보 중에는 알짜 정보도 있지만 특정한 목적을 가지고 나오는 정보도 있습니다. 즉, 주식을 싸게 사려고 일부러 악재를 퍼트리는 경우, 또는 주식을 비싸게 팔려고 일부러 호재를 퍼트리는 경우도 비일비재합니다. 꼭 그렇지는 않더라도 엉터리 정보가 폭포수처럼 매일같이 쏟아지는 것도 사실입니다.

## 지식환상의 오류

최근에는 거의 HTS를 사용하고 있지요. 그래서 기업의 재무정보나 공시정보, 심지어는 실시간으로 변하는 주식의 차트정보까지 정말 눈이 팽팽 돌 정도의 정보량이 주식시장에 돌아다니고 있습니다. 더욱이 이제는 HTS보다 MTS Mobile Trading System가 일반화되다 보니 사무실에서든, 길거리에서든, 대중교통 안에서든 언제 어디서나 정보를 확인하고 주문하는 것이 가능해졌습니다. 하지만 이렇게 많은 정보를 잘 정리해 주식투자에 올바르게 사용하는 사람은 극소수일 겁니다. 정보란 상대방의 정보와 내 정보에 차이가 있어야 하고, 또 상대방보다 내가 더 정확한 정보를 가질 때 비로소 가치가 있습니다. 하지만 이렇게 무차별적인 정보 속에는 진짜 돈이 되는 정보가 없다는 것이 정설입니다.

이런 지식환상이 주는 자기과신은 우리에게 어떤 결과를 줄까요? 연구에 따르면 투자자들에게 많은 정보를 줄수록 주식매매 빈도가 잦아진다고 합니다. 거래량이 증가한다는 겁니다. 다음에 나오는 연도별 거래량 동향 그래프를 보면, 과거 정보가 신문과 TV, 라디오에 국한되었던 시기에 비해 인터넷이나 증권사의 HTS가 일반화된 시기에 주식거래량이 비약적으로 늘어났음을 알 수 있습니다.

우리나라에서 처음 출시된 증권사 HTS는 1999년에 나온 대신증권의 '사이보스'입니다. 물론 출시 전에 IMF 외환위기가 있긴 했지만, 그래프에서 보듯 IMF 외환위기 전인 1995년이나 1996년보다 출시 이후 거래량이 폭발적으로 증가하는 모습을 볼 수 있습니다. 투자자들에게 인터넷이나 HTS를 통해 기업정보, 공

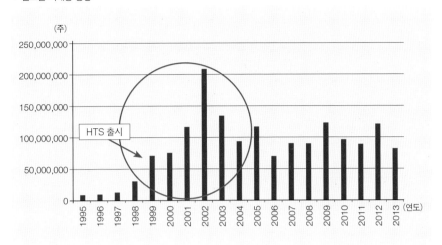

시정보, 기술적 정보, 종목검색기 등 갖가지 정보를 제공한 대가로 나타난 현상입니다.

　나를 믿고 내가 가진 정보를 믿는 사람이 거래를 적게 할 이유는 없습니다. 특히 실시간으로 변하는 **틱차트** 또는 **분차트**[13]가 제공됨에 따라 하루에도 수십 차례에 걸쳐 매매하는 것이 투자자들 사이에 유행처럼 번지기도 했습니다.

　하지만 투자자들이 매매를 하면 할수록, 수익이 불어나기보다 수수료와 세금으로 빠져나가는 돈이 더 큽니다. 다음 예를 살펴봅시다. 수수료가 0.015%이고 매도 시 세금이 0.23%인 경우 하루 1번 매매를 한다면 1년간 거래비용은 얼마나 될까요?

---

13　**틱차트**는 거래가 생길 때마다 주가의 움직임을 표시해주고, **분차트**는 1분 단위로 주가의 움직임을 보여줍니다.

> 1일 1번 매매 시 수수료: 0.015 + 0.015 + 0.23 = 0.26%
> ⇨ 1주일에 5일 매매했다면: 0.26% × 5일 = 1.3%
> ⇨ 그렇게 한 달 매매했다면: 1.3% × 4주 = 5.2%
> ⇨ 그렇게 1년 매매했다면: 5.2% × 12개월 = 62.4%

자, 하루에 한 번씩만 매매하더라도 일 년에 62.4%를 벌어야 본전이 된다는 말입니다. 그런데 하루에 두 번씩 매매하면 어떻게 되겠습니까? 결국 HTS를 이용해서 정보를 얻고 그 속에서 지식환상을 통한 자기과신이 생기면, 과도한 매매로 투자를 망칠 수 있다는 것을 명심해야 합니다.

## 통제환상의 오류

지식환상 이외에 자기과신을 부르는 두 번째 요인은 바로 통제환상입니다. 통제환상이란 현실적으로는 통제에 대한 권한이 없지만, 내가 상황을 통제하거나 영향을 미칠 수 있다고 믿는 경향을 말합니다. 예를 들어 주사위를 던질 때 높은 숫자를 원하는 사람은 높게 던지고, 낮은 숫자를 원하면 최대한 낮고 부드럽게 던지는 것을 말합니다. 앞서 살펴봤던 로또복권의 경우 자동으로 번호를 정하는 경우나 수동으로 번호를 정하는 경우나 다르지 않지만, 그래도 수동으로 번호를 정하면 당첨될 가능성이 더 크다고 생각하는 것도 통제환상의 한 예라고 할 수 있습니다.

주식투자도 마찬가지입니다. 자신이 직접 정보를 얻고 또 그 정보를 분석해서 투자에 나서면 성공할 것이란 믿음은 투자자들이 더욱 과감하게 매매에 나서는 요인이 됩니다. 실제로 투자자들이 가진 정보는 매우 제한된 범위의 정보일 뿐인데도 말입니다.

자기과신으로 손해를 보는 사람의 증상은 다음과 같으므로 주의해야 합니다.

❶ 별다른 분석 없이 큰돈을 투자한다.

❷ 투자에 성공하면 자만심에 빠지고 실패하면 변명을 늘어놓는다.

❸ 자신은 언제나 '시장의 승리자'라고 생각한다.

❹ 매매수수료 할인이나 온라인 거래로 빈번히 주식을 매매한다.

❺ 투자 권유인의 조언 없이 주식을 매매하는 것이 득이 된다고 생각한다.

❻ 자신의 투자수익률을 제대로 파악하지 못한다.

❼ 자신이 잘 알고 있는 곳에 투자하면 성공이 보장된다고 생각한다.


사실 이런 증상을 보이는데도 큰 성공을 하는 소수의 투자자도 분명 있을 것입니다. 그러나 많은 투자자들이 자기과신의 함정에 빠져 자기 자신을 과대평가하는 것도 사실입니다. 성공한 투자자가 되기 위해서는 자기과신을 제대로 통제할 방법을 알고 있어야 합니다. 자기 경험에 의해서만 투자판단을 하는 사람이라면, 보다 다양한 의견을 접함으로써 사고력과 판단력을 높이는 노력을 해야 합니다.

선택적 지각

# 보고 싶은 것만
# 보이는 심리

선택적 지각이란 자기가 보고 싶은 대로 정보를 받아들이는 현상을 말합니다. 예를 들어 자동차 영업사원은 어딜 가나 자동차만 눈에 들어옵니다. 특히 자신이 판매하는 종류의 자동차는 더 잘 보입니다. 휴대폰을 판매하는 영업사원은 어느 곳을 가나 휴대폰 대리점만 눈에 보입니다. 이렇듯 선택적 지각이란 자신의 렌즈로만 세상을 들여다보는 주관적 인식을 말합니다.

우리 주식시장이 안고 있는 문제 중 하나는 주가가 하락할 때 개인투자자들이 이익을 볼 수단이 마땅치 않다는 겁니다. 다시 말하면 주식투자를 하는 경우 투자자들은 주식을 매수해서 돈을 벌려고 하는 경우가 일반적입니다. 주가가 올라야만 수익을 낼 수 있는 상황에 몰리는 겁니다. 만약 주가가 하락할 때도 수익을 낼 수단이 있다면, 투자자들은 더욱 적극적으로 투자를 할 수 있습니다.

## 왜 주가상승 정보에만 민감한 걸까

일반적으로 주가가 하락할 때 수익을 내는 방법으로, 주식의 경우 공매도가 있습니다. 공매도는 주식을 가지고 있지 않은 투자자가 주식을 다른 사람에게서 빌려서 먼저 파는 것을 말합니다. 그리고 약속된 기간 안에 주식수만 채워주면 됩니다. 공매도의 예는 다음과 같습니다.

## 공매도 사례

투자자 일광 씨는 무역분쟁으로 인해 반도체 매출이 부진할 것으로 예상하고 있습니다. 그래서 앞으로 삼성전자의 수익성이 크게 줄어들 것을 우려해 삼성전자를 공매도하기로 하고 주식을 빌려서 주당 4만 5,000원에 1,000주를 공매도했습니다. 그리고 다음과 같은 상황이 각각 벌어졌습니다.

---

**상황1** 실제로 주가가 떨어져서 주당 4만 원이 되었을 때 공매도한 주식을 상환했습니다.
- 공매도 가격: 4만 5,000원 × 1,000주 = 4,500만 원
- 상환 가격: 4만 원 × 1,000주 = 4,000만 원
- **공매도 손익: 500만 원 이익**

---

**상황2** 일광 씨의 예상이 빗나가 오히려 삼성전자의 주가가 4만 8,000원으로 올랐습니다. 추가 상승을 할 경우 큰 손실이 예상되어 손실을 줄이기 위해 주식을 매수상환했습니다.
- 공매도 가격: 4만 5,000원 × 1,000주 = 4,500만 원
- 상환 가격: 4만 8,000원 × 1,000주 = 4,800만 원
- **공매도 손익: 300만 원 손실**

앞의 예와 같이 공매도는 주가가 하락하면 이익을 얻을 수 있고 주가가 상승하면 오히려 손실을 봅니다. 이렇게 주가가 하락할 때 수익이 나는 포지션은 공매도뿐만 아니라 선물의 매도포지션, 풋옵션 매수포지션, 그리고 ETF 중에서 인버

스 ETF를 매수한 경우 등이 있습니다.

그런데 일반적으로 대부분 투자자는 주가하락 시 수익을 얻는 포지션보다는 주가상승 시 수익을 얻는 포지션을 선호합니다. 왜냐하면 이론적으로 주가상승은 무한대지만 주가하락은 주가가 '0원'이 되는 순간까지로 한정되기 때문입니다. 제한적이라는 것이죠. 그래서 큰 수익을 얻으려는 투자자는 주식을 매수해서 주가가 오를 때를 노립니다.

그러다 보니 투자자들 중에는 주가상승에 대한 정보에는 매우 민감한 반응을 보이는 반면, 주가의 부정적인 정보에 대해서는 애써 모르는 척하는 사람들이 많습니다. 이런 경우를 선택적 지각이라고 합니다. 즉, 자신에게 불편을 주는 정보는 무시하고 유리한 정보에만 귀를 기울이는 경우를 말합니다.

이는 반대의 경우도 적용됩니다. 어떤 투자자가 만일 주가가 하락할 때 수익을 내는 포지션을 가지고 있거나 아니면 주식을 모두 매도하고 현금만 보유하고 있다고 합시다. 이때는 주가가 상승할 수 있는 정보를 애써 무시하고, 주가가 하락할 것 같은 정보에만 귀를 기울이는 현상이 벌어집니다.

이렇듯 사람들은 자신에게 불편을 주는 정보에 대해서는 회피하는 경향이 있다는 점을 기억해야 합니다. 그래서 불편한 정보라도 그 정보가 맞는다면 마음을 열고 정보를 수용하는 자세가 필요합니다.

### 5
확증편향

# 보고 싶은 대로만
# 보는 심리

## 내가 믿는 것만 찾아다니기

자신에게 유리한 정보에 대해서는 귀를 기울이고 자신에게 불리한 정보에 대해서는 귀를 닫는 것을 선택적 지각이라고 하는데, 이와 비슷한 것으로 확증편향이 있습니다. 여기서 편향이라는 것은 똑바르지 못하고 한쪽으로 치우친 모습을 말합니다. 어떤 사실을 객관적으로 받아들이지 못하고 주관적으로 왜곡시켜 받아들이는 것이지요.

확증편향이란 자신들이 믿는 사실을 확인시켜주는 정보만을 찾아다니는 것을 말합니다. 확증편향의 효과는 일반적으로 감정적인 문제와 뿌리 깊은 신념이 있는 경우에 더 강력해지는 특징을 보입니다. 한쪽으로 치우친, 즉 편향된 정보탐색, 편향된 정보해석, 그리고 자신의 믿음에 대한 고집 등이 확증편향과 관련되어 있습니다.

## 첨단기술이 확증편향을 부른다

주식투자를 할 때 속된 말로 '필이 꽂힌 종목'이 생길 수 있습니다. 예를 들어 바이오 관련주 중 신물질을 개발했다든지, 미래 첨단산업에 대한 정보를 통해 얻게 된 종목이 있을 때 확증편향이 나타나는 경우가 많습니다. 이런 경우에는 자신의 믿음을 확인시켜줄 수 있는 정보만을 찾아다니게 됩니다.

예를 들어 2000년대 초반 우리나라 코스닥시장 버블을 주도했던 종목 중 '새롬기술(지금은 솔본으로 사명이 바뀌었음)'이란 종목이 있었습니다. 새롬기술의 주요 사업은 인터넷 전화 서비스였습니다. 그런데 그 서비스가 무료라는 겁니다. 상식적으로 영리를 목적으로 하는 기업의 주요 사업이 무료라면 도대체 이 기업은 어디서 수익을 낼까요? 하지만 당시 시장에서는 그런 상식적인 지적조차 용납되지 않았습니다.

상식적인 사람이 당시 새롬기술 투자자와 대화를 나눈다면 이런 식이지 않았을까요?

**일광 씨** 근데 돈을 버는 걸 목적으로 하는 기업의 주요 사업이 무료라는 게 말이 되나요?

**투자자** 이제 인터넷을 기반으로 하는 신경제가 다가왔기 때문에 발상의 전환을 해야 합니다. 앞으로는 기업이 반드시 돈을 벌어야 하는 것은 아닙니다.

**일광 씨** 그게 무슨 말이죠? 기업이 돈을 벌지 않으면 어떻게 사업을 계속할 수 있죠?

**투자자** 앞으로 기업은 사업으로 돈을 버는 게 아니라 기업의 서비스를 받기 위해 가입하는 회원들의 숫자로 평가받게 됩니다. 그래서 회원 숫자가 늘어나면 그 숫자를 기반으로 주식시장에서 증자를 통해 자금을 조달하면 됩니다.

**일광 씨** 도대체 무슨 소리인지 모르겠는데요? 돈을 벌지 못하는 회사가 증자만

## 투자자의 엇갈린 희비

### 明 새롬기술 株 368배 폭등
### "자고나니 억만장자" 속출

'평범한 셀러리맨에서 억만장자로의 변신.'

코스닥 등록업체인 새롬기술의 주가가 상한가 행진을 계속하면서 '신종 새롬재벌'이 셀러리맨 사이에 생겨나고 있다.

새롬기술의 주가는 13일 또 상한가를 기록, 18만4000원으로 마감. 액면가(500원)를 기준으로 368배나 올랐다.

A종금 B대리(31)는 아직 장가도 못간 노총각. 그는 9월 새롬기술 주식을 주당 7000원에 1억원어치를 샀다. 13일 현재 이 주식의 시가총액이 26억원을 넘어섰다. 그의 연봉은 5000만원. 평생 벌기 힘든 돈을 주식투자로 3개월 만에 번 셈이다. 그는 "처음에 주가가 2배 상승했을 때는 돈을 벌고 있다는 실감이 났다"며 "그러나 10배 이상 오르고 하루에 수천만원을 상승하다보니 도무지 현실로 믿어지지 않는다"고 고백했다.

C증권 D과장(36)도 갖고 있는 새롬기술 주식총액이 100억을 훌쩍 넘었다. 사내에서 동경의 시선을 받는 그는 회사 출근도 오후 2시가 넘어서 할 정도. 이미 '퇴직'을 기정사실화하고 있다.

500원짜리가 18만원까지 올라

배우 박중훈씨도 100억대 보유

E씨(30)는 모증권업체를 퇴직한 실직자. 그는 갖고 있는 재산 8000만원을 털어 새롬기술주에 투자했다. 그 주식총액도 60억원 가량. 이제는 주위의 친한 친구들에게 주식 얘기를 꺼내지 않는다. 사업자금을 빌려달라며 손을 벌리는 경우가 많기 때문.

영화배우 박중훈씨도 이 회사 주식 1만주를 액면가 5000원일 때 사들여 이 중 일부는 처분하고 현재 100억원대의 주식을 보유하고 있는 것으로 알려졌다.

94년 설립된 새롬기술은 PC통신접속프로그램 '새롬데이터맨'을 개발해 제1회 벤처기업대상(97년)을 수상한데 이어 올해 미국에 세운 자회사인 다이얼패드사의 무료인터넷전화서비스가 주목을 받으면서 주가가 급등했다.

증권계에서는 이들이 2배 3배 이익시점에서 매도하지 않고 '주식 보유전략'을 편 것에 대해 "결과적으로 큰 이익을 내긴 했지만 한편으로는 무모하기도 했다"고 평가했다. 〈김종래기자〉

jongrae@donga.com

새롬기술의 주식이 368배 폭등해 '자고 나니 억만장자가 속출했다'라는 내용의 당시 기사.

으로 지속할 수 있다는 말인가요? 당최 이해가 안 가는데요….

**투자자** 그런 머리로 어떻게 투자를 합니까? 세상이 바뀌면 트렌드를 받아들이세요!

이러한 대화는 투자자가 갖는 확증편향의 좋은 예입니다. 지금까지 주식시장이 생겨난 이후 한 번도 깨지지 않은 사실은 실적만이 주가를 지지해주는 재료라는 겁니다. 그런데 실적이 없는 기업의 주가가 올라갈 수 있다고 믿는 사람들이 당시에는 즐비했습니다.

물론 단기적으로 보면 새롬기술의 주가는 급등했습니다. 하지만 실적이 뒷받침되지 못했기에 곧 수직으로 곤두박질쳤고, 확증편향에 갇혀 있던 많은 투자자는 결국 투자금을 모두 날리고 말았습니다.

## 삼성전자 주가에 대한 근거 없는 믿음

확증편향의 다른 예는 자신의 마음속에 스스로 목표주가를 설정해놓고 있는 경우입니다. 예를 들어 삼성전자의 목표주가를 10만 원으로 설정한 투자자가 있다고 해봅시다. 이 투자자는 '삼성전자 10만 원'의 목표가 달성될 수 있는 정보만을 고집스럽게 찾아다닙니다. 그리고 목표 달성을 저해하는 정보에 대해서는 일부러 회피하는 것을 넘어, 그런 정보를 낸 사람을 오히려 비난하는 지경까지 이릅니다. 즉 삼성전자에 조금이라도 불리한 보고서가 있다면 분석해볼 생각은 하지 않고, 그 보고서를 쓴 애널리스트를 비난하는 겁니다. 문제는 이러한 사례가 비일비재하다는 것이지요.

다음은 확증편향을 없앨 수 있는 방법입니다.

❶ 투자에는 한 가지 논리만 존재할 수 없음을 명심해야 합니다. 즉, 내가 믿고 있는 사실의 반대 논리도 있을 수 있음을 받아들여야 합니다.

❷ 건전한 기본적 분석과 비판적이고 역발상적인 생각을 바탕으로 올바른 투자 결정을 위해 정보를 수집하고 해석해야 합니다.

❸ 시장을 너무 쉽게 이기려고 하지 말아야 합니다. 시장은 나보다 훨씬 영리하므로 시장에서 나타나는 현상을 겸허히 받아들여야 합니다.

❹ 손절매 가격을 적절히 설정해서 손실이 너무 커지지 않도록 해야 합니다.

❺ 내 믿음과 반대되는 정보를 의도적으로 찾아 분석해봄으로써 균형 잡힌 투자 자세를 유지해야 합니다.

### 자기귀인편향

# 잊지 말자,
# 주식시장의 아이큐는 3000!

## 잘되면 내 탓, 잘못되면 남 탓

자기귀인편향이란 어떤 일의 성공은 자신의 개인적인 능력 덕분이고 실패는 본인의 실수가 아니라 주위 다른 요인들, 즉 환경적인 요인 탓으로 돌리는 경향을 말합니다. 쉽게 말해 '잘되면 내 탓이고 잘못되면 조상 탓'이라는 생각이지요.

주가가 오르면 내가 열심히 분석해서 선별한 종목이기 때문으로 여깁니다. 이러한 사례가 주식시장에 나타나는 자기귀인편향입니다. 반대로 주식을 매수한 이후 주가가 떨어지면 내가 분석을 잘못해서 떨어진 것으로 보지 않습니다. 외국인 투자자들의 매물, 기관투자가들의 매물공세, 또는 프로그램매도가 나와서 주가가 떨어진다고 생각하는 등 운이 좋지 않아 생기는 일이라고 치부해버립니다. 즉, 자신을 합리화하려는 습성이 자기귀인편향입니다.

주식투자를 할 때 자기귀인편향이 발생하면, 자기매매에 대한 반성의 기회를 갖지 못하는 잘못을 저지르기 때문에 위험하다고 봅니다. 예를 들어 어떤 투자자가 처음 주식투자를 하면서 종잣돈 1,000만 원 손해를 본 이후 또다시 500만 원을 추가로 출자해 100만 원의 수익을 얻었다고 합시다. 이때 이 투자자는 어떤 생각을 할까요? 아마도 주식투자의 모든 원리를 터득한 사람처럼 들뜰 겁니다. 소위 말하는 '주식투자의 감'을 잡았다고 생각할 가능성이 큽니다. 이렇게 자기귀인편향에 사로잡힌 사람은 작은 성공 뒤에 크게 실패할 가능성이 있습니다. 작은 성공이 자신의 지적 수준이나 투자능력 덕분이라 착각하기 때문입니다.

## 자기합리화는 자기과신을 부른다

자기귀인편향에 빠진 사람들은 결국 앞서 살펴본 자기과신에 빠질 가능성이 크지 않을까요? 자기과신에 빠지면 위험성이 큰 거래도 서슴지 않고 하게 됩니다. 주식투자에서의 작은 성공을 발판으로 평소에는 위험하다고 관심도 두지 않던 종목이나 매매기법에 손을 대는 것은 물론이고, 제대로 학습도 하지  않은 상태에서 위험도가 큰 선물이나 옵션 투자에 나서는 경우가 종종 생기는 것도 바로 이런 이유입니다.

자기귀인편향이 자기과신으로 나타나면 평소보다 훨씬 빈번한 매매를 하게 됩니다. 주식투자에서 성공한 이유가 운이 좋아서가 아니라 자신의 능력 덕분이라고 믿기 때문에, 더 많이 매매하면 더 많은 수익을 거둘 수 있다고 믿습니다. 그러나 거래를 하면 할수록 거래비용을 감당하지 못하는 경우는 물론이고, 투자가 실패할 가능성이 커지면서 투자성과가 형편없어지는 경우가 많습니다.

또한 자기귀인편향은 특정 종목에 지나치게 편중된 투자를 하게 만듭니다. 소위 몰빵투자를 불러오지요. 내가 투자의 도사가 됐는데 무엇이 두렵겠습니까? 이렇게 몰빵투자를 하면 당연히 투자위험이 증가합니다. 분산투자 같은 최소한의 위험관리도 없이 주식투자에 나선다면 화를 자초하는 것은 시간문제일

뿐입니다.

흔히 주식시장의 아이큐는 3,000이라고 합니다. 일반 사람들이 시장과 싸워서 지속적으로 수익을 내는 것은 매우 어려운 일입니다. 그러므로 주식시장에서 수익을 얻으면 내가 잘했다고 생각하기 전에, '이번엔 운이 좋았다. 앞으로도 신중하게 잘해야지'라며 시장에 대해 겸손한 자세를 가져야 합니다.

# 애널리스트의 해석은
# 예측이 아니다

## '그럴 줄 알았다'라는 건 착각

사후확신편향이란 어떤 사건이 일어난 후, 자신이 그 일이 일어날 줄 예상하고 있었다고 확신하는 현상을 말합니다. 사실 주식시장에서 주가 움직임은 귀신도 모른다는 말이 있습니다. 그럼에도 사후확신편향이 발생하는 이유는 주가의 결과를 보고 '내가 그럴 줄 알았어'라고 생각하는 심리적 오류 때문입니다.

  예를 들어 2008년 금융위기 때를 돌아볼까요? 실제로는 전혀 감도 못 잡고 있었지만, 이미 2006년 이전부터 서브프라임 모기지 시장에 문제가 생기고 있는 게 명확해 보였다고 생각하는 것이지요. 또 우리나라 IMF 외환위기와 관련해, 1997년 하반기 태국 바트화의 폭락과 그로 인한 우리나라의 주가급락이 완벽한 연관성을 갖고 있다고 생각하는 것은 모두 사후확신편향 때문입니다. 즉, 지나고 보면 모든 것이 확연히 보이고, 그것을 자신이 이미 알고 있었던 것처럼 믿는 것입니다.

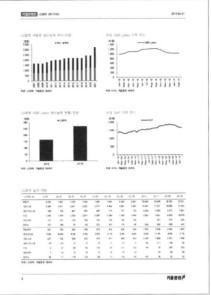

증권사에서 제공하는 기업리포트.

경제방송에 나와서 주가를 설명하는 전문가들이 쉽게 빠지는 것이 바로 사후확신편향입니다. 경제방송의 전문가들은 주식시장을 예측한다기보다 주식시장 현상을 설명하는 경우가 많습니다. 특히 차트를 통해 주가를 설명하다 보면 기술적 지표가 가리키는 사인을 자의적으로 해석해, "이미 차트에서 주가가 상승 또는 하락할 사인이 나왔다"라고 설명합니다. 주가의 상승 또는 하락이 우연히 그리된 것이 아니라 필연적으로 그럴 수밖에 없었다는 것이지요.

또한 주식시장의 애널리스트들이 전망보고서를 낼 때는 연간 전망, 반기 전망, 분기 전망 등 주식시장 전망에 대한 결과 확인까지 많은 시간이 걸립니다. 그래서 중간마다 오류를 수정하고 전망을 새롭게 하는 과정을 거치면서 스스로를 과신하는 사후확신편향에 빠지는 경우가 많습니다. 따라서 애널리스트들의 분석 자료를 믿고 투자할 때, 중간중간 애널리스트들의 전망이 바뀌는 것을 추적하지 못하면 투자에 실패할 수 있으므로 조심해야 합니다.

그렇다면 사후확신편향은 왜 발생하는 걸까요? 투자결과를 복기할 때 주가의 상승 또는 하락과 관련 있어 보이는 부분은 과장해 해석하고, 주가의 상승 또는 하락과 관련이 없거나 미약한 부분은 무시하기 때문입니다. 즉, 현재 나타난 투자결과에 대한 추가적인 정보를 바탕으로 판단의 재구성이 나타나면서 사후확신편향이 발생한다고 보면 됩니다.

## 사후확신편향은 왜 나쁠까

사후확신편향이 위험한 이유는 그 착각의 여파로 다른 사람을 비난할 가능성이 커지기 때문입니다. 그런 일이 일어날 줄 알았다는 착각은 마치 그 일을 미리 막을 수 있었던 것처럼 느끼게 하고, 막지 못한 사람을 더 비난하게 합니다. 즉, 투자자들이 주식시장에서 큰 손해를 본 경우 증권회사의 영업직원이나 애널리스트들이 주가가 하락할 것이라고 알려주지 않아서 내가 큰 손해를 봤다고 느끼는 겁니다. 사실 주가가 이렇게 떨어질 것을 누구도 알지 못했을 텐데 말입니다. 자신은 주식을 사고 싶지 않았지만 증권회사 직원들이 하도 간곡하게 권해서 주식을 샀다고 생각하는 투자자들도 생깁니다.

사후확신편향은 인간 심리의 본성에 따른 것이라 쉽게 없어지지 않는다는 단점이 있습니다. 어떤 일이 발생한 원인을 설명할 때는 자신의 눈에 보이는 정보만으로 해석하기보다, 다른 원인을 의식적으로 찾아보려는 노력을 해야 합니다. 그래야만 사후확신편향을 줄일 수 있습니다.

5

# 어림짐작으로
# 투자해야 하는 현실

사람이 인생을 살다 보면 때때로 갈림길에 서게 됩니다. 오른쪽 길 또는 왼쪽 길, 큰 길 또는 좁은 길, 대학 진학 또는 취업, 결혼 또는 독신 등 무수히 많은 선택을 하면서 살아야 합니다. 이렇게 매 순간 갈림길에서의 선택을 의사결정 이라고 합니다.

주식투자도 매번 의사결정을 해야 합니다. 대형주를 살까, 중소형주를 살까? 현금으로 매수할까, 신용으로 매수할까? 외국인 선호주를 살까, 기관 선호주를 살까? 주식투자를 할 때는 정말 순간순간 빠르고 정확하게 의사결정을 해야만 수익을 낼 수 있습니다.

여기서 잠시 의사결정과 관련된 내용을 살펴보고 가겠습니다. 의사결정은 의 사결정자가 어떤 상황에 직면해 있느냐에 따라 확실성하의 의사결정, 위험상황 하의 의사결정, 불확실성하의 의사결정으로 구분됩니다.

## 확실한 상황에서의 의사결정

확실성하의 의사결정이란 의사결정에 필요한 모든 정보를 알고 있고, 그 발생 결과를 확실하게 예측할 수 있는 상태의 의사결정을 의미합니다. 모든 정보 및 그 결과에 대한 예측을 확실하게 할 수 있으므로 가장 적합한 결과를 가져오는 선택이 가능하지요. 만약 사람들이 확실성하에서 의사결정을 한다면 자신이 가진 정보가 확실하므로 수학적인 모형을 만들어서 의사결정을 할 수 있습니다. 그러나 현실세계에서는 무엇 하나 확실한 것이 없다는 점에 비춰 본다면, 확실성하의 의사결정이 이뤄지는 상황을 떠올려보기란 어렵습니다.

## 위험상황에서의 의사결정

위험상황이란 의사결정에 대한 정보가 불완전하게 있는 상태로, 어떤 상황이 나타날 확률분포를 알고 있는 경우를 말합니다. 예를 들면 주사위를 던졌을 때 각각의 눈금이 나올 확률이 6분의 1인 것이 알려진 경우입니다. 실제로 많은 의사결정은 미래의 확률을 따져서 하는 경우가 많습니다. 그러나 그 확률이라는 것이 객관적인 확률인 경우보다는 주관적인 확률인 경우가 많기 때문에 결과를 확실히 예측하기는 어렵습니다.

## 불확실한 상황에서의 의사결정

불확실성이란 의사결정의 결과가 상황에 따라 변하며, 상황이 발생할 확률을 객관적으로 알 수 없을 때를 말합니다. 다시 말해 무엇 하나 확실한 것이 없는 매우 깜깜한 상태를 말합니다.

의사결정을 연구하는 사람들은 확실성하의 의사결정, 위험상황하의 의사결정

등에 대해 많은 연구를 했습니다. 그러나 무엇 하나 제대로 붙잡을 수 없는 불확실성하에서의 의사결정 기법은 의사결정 기준을 세우기가 쉽지 않습니다. 그런데 불행하게도 우리가 사는 세상은 불확실합니다. 적어도 위험상황까지는 만들려고 학자들이 노력하지만, 기본적으로 우리는 불확실성하에서 의사결정을 해야 합니다. 즉, 인간은 단 1분 앞의 상황도 제대로 예측하지 못한다는 겁니다.

## 잘못된 투자를 부르는 휴리스틱

불확실성하에서 의사결정을 하는 방법 중 휴리스틱 기법이 있습니다. 휴리스틱은 우리말로는 '발견적 방법' 또는 '주먹구구식 방법' 정도로 해석할 수 있는데, 이 책에서는 '발견적 방법'이라고 부르도록 하겠습니다.

사람들은 의사결정을 할 때 정보가 충분하지 않기 때문에 자신이 부딪히는 모든 상황에서 체계적이고 합리적인 판단을 하려고 노력하지 않는 경향이 있습니다. 어느 음식점에서 식사할지, 물건을 살 때 어떤 브랜드의 제품을 살지, 새로운 사람을 만났는데 그 사람이 어떤 사람인지 등을 생각할 때 모든 정보를 종합적으로 판단한다고 생각해보세요. 모든 정보를 모으는 것도 불가능할 뿐만 아니라 인지적으로 상당한 부담을 느낍니다. 그래서 휴리스틱이란 시간이나 정보가 불충분하여 합리적인 판단을 할 수 없거나, 굳이 체계적이고 합리적인 판단을 할 필요가 없는 상황에서 신속하게 사용하는 어림짐작이라고 볼 수 있습니다.

어떤 학자들은 휴리스틱 기법을 이용한 의사결정 방법이 시각장애인이 지팡이를 들고 등산을 하는 것과 같다고 말합니다. 시각장애인이 어떻게 하면 산의 정상으로 갈 수 있을까요? 만약 그가 산에 대해 충분한 정보를 가지고 있다면 상황이 달라지겠지만, 그렇지 못하다면 아마도 이렇게 할 수 있을 겁니다. 한 걸음 걸어가서 지팡이로 주위를 휘둘러봅니다. 그러면 지팡이가 걸리는 쪽이 오르막길이므로 그쪽으로 발걸음을 옮깁니다. 또 한 걸음 걸어가서 지팡이를 휘둘러 지팡이가 걸리는 쪽으로 발을 뗍니다. 이렇게 무수히 반복하다 보면 정상에 갈 수 있다는 겁니다. 그래서 휴리스틱을 발견적 방법 또는 주먹구구식 방법, 또 어떤 이는 '그까이꺼 대충'이라는 식으로 말하기도 합니다.

　주식투자를 하면서 직면하는 의사결정은 대체로 불확실한 상황이 많습니다. 또 투자자들은 투자대상에 대해 충분한 정보를 가지고 있지 않기 때문에 휴리스틱에 기반해 의사결정을 합니다. 그러므로 의사결정의 과정에서는 오류가 발생할 수 있습니다. 자, 그럼 이제부터는 주식투자와 휴리스틱에 대해 본격적으로 다뤄보겠습니다.

**대표성 휴리스틱**

# 척 보면 안다는
# 생각의 오류

대표성 휴리스틱은 사물이나 현상이 나타내는 대표적인 특징으로 대상을 판단하는 경향을 말합니다. 예를 들어 남자와 여자를 생각해봅시다. 남자라고 하면 힘이 세고, 활동적이고, 스포츠를 좋아하며, 요리는 잘 못한다고 주로 생각하지요. 반대로 여자라고 하면 힘이 약하고, 활동적이기보다는 정적이며, 스포츠보다는 미용이나 댄스를 즐기고, 가사에 적합하다고 생각합니다. 그러니까 고정관념에 기초해서 현상을 파악하는 것을 말합니다.

대표성 휴리스틱은 흔히 스테레오타입Stereotype으로 불리기도 하는데, 이는 뚜렷한 근거가 없고 감정적인 판단에 의해 사물을 보는 것을 말합니다. 그래서 대표성 휴리스틱은 우리 사회에 많은 문제를 일으키기도 하는데, 특히 지역, 남녀, 학벌 등에서 자주 발생합니다.

그뿐만 아니라 대표성 휴리스틱은 어처구니없는, 그야말로 비과학적인 설명에도 자주 사용됩니다. 예를 들면 학급에서 반장이라고 하면 공부를 잘하고, 성실하고, 교우관계가 좋다고 생각합니다. 반에서 꼴찌라고 하면 능력 없고, 품행이 불량할 것으로 지레짐작합니다. 또 서울에 있는 유명 대학을 나온 사람들은 모두가 능력 있고 성실하다고 생각한다든지, 지방의 전문대학을 나온 사람은 공부도 못하고 성실하지 못하다고 생각하는 것도 대표성 휴리스틱의 사례가 될 수 있습니다.

## PER와 ROE의 함정

주식시장에서도 대표성 휴리스틱 오류가 자주 발생합니다. 흔히 저PER주는 저평가된 주식이라고 믿는 경우가 많습니다. 가령 PER가 '주가÷주당이익'으로 구해진다는 점을 감안해서 PER가 낮아지는 원인을 찾아보면 실제로 저평가된 경우도 있을 겁니다. 하지만 회사의 위험이 너무 커서 투자자들이 주식을 내다 팔아 주가가 떨어져 저PER가 되는 경우가 있습니다. 또 회사의 성장성이 너무 낮아 투자 매력을 찾을 수 없는 투자자들이 주식을 매도하는 바람에 주가가 떨어져 저PER 주식이 되는 경우도 있습니다. 그래서 저PER주가 무조건 저평가된 주식이라고 생각하는 것은 대표성 휴리스틱 오류의 한 예입니다.

　주식을 고를 때 사용하는 기준 중 하나로 자기자본이익률ROE을 들 수 있습니다. 많은 사람들이 주로 ROE가 높은 종목이 좋은 주식이라고 생각합니다. 그러나 반드시 그렇지 않다는 점을 잊어서는 안됩니다. 왜냐하면 'ROE=순이익÷자기자본'인데 이를 조금 확장하면 다음과 같습니다.

$$자기자본이익률_{ROE} = \frac{순이익}{자기자본} = \frac{순이익}{매출액} \times \frac{매출액}{총자산} \times \frac{총자산}{자기자본}$$

이를 간단히 다시 정리하면 다음과 같습니다.

$$자기자본이익률_{ROE} = 매출액이익률 \times 총자산회전율 \times (1+부채비율)$$

그러니까 자기자본이익률이 높아지기 위해서는 매출액 대비 이익률이 높든지, 총자산이 효율적으로 사용되어 매출이 늘어나 총자산회전율이 늘어나든지, 그렇지 않으면 부채비율이 높아져야 하는 겁니다.

여기서 문제는 부채비율이 높아서 자기자본이익률이 커지는 경우는 자칫 기업이 재무위험에 빠질 수 있기 때문에 반드시 좋다고 보기 어렵다는 것입니다. 그래서 자기자본이익률이 높은 기업이 무조건 좋은 기업이라고 판단하는 것도 대표성 휴리스틱 오류의 한 예가 됩니다.

## 기술적 분석의 함정

HTS를 이용해서 **데이트레이딩**[14]을 하는 투자자 중에는 기술적 분석을 맹신하는 사람들이 많습니다. 차트분석인 기술적 분석은 기업의 과거 주가와 거래량을 통해서 주식을 분석하는 것입니다. 차트가 주가의 과거 움직임을 나타내기는 하지만, 그것이 미래의 주가 움직임까지 정확하게 알려주는 것은 아닙니다. 미래의 주가 움직임은 수많은 변수에 의해 결정되는데, 단순히 차트의 추세선이나 보조지표만 보고 미래의 주가동향을 예측하는 것은 전형적인 대표성 휴리스틱 오류로 볼 수 있습니다.

또한 종목을 선정하는 경우도 마찬가지입니다. 많이 오른 종목이 앞으로 더 많이 오른다고 생각하는 사람이 있습니다. 소위 '신고가 따라잡기'를 고집하는 사람들로 추세추종매매를 하는 경우가 있는데, 이것 또한 대표성 휴리스틱의 한 예입니다. 주식매매가 아니라 간접투자를 하는 펀드투자자들이 새로운 펀드에 투자할 때도 이런 대표성 휴리스틱의 우를 범할 때가 있습니다. 투자자들은 투자권유대행인에게 최근 1~2년 사이 성과가 좋은 펀드를 찾아달라고 합니다. 과거 수익

---

14 **데이트레이딩** 단기차익을 위해 움직임이 빠른 주식을 매매하는 초단타매매기법을 말합니다.

률이 좋았다면 앞으로도 좋은 성과를 내리라고 믿기 때문입니다. 하지만 펀드의 과거 투자수익률이 반드시 미래의 수익을 보장한다고 보기는 어렵습니다. 실제로 지속적으로 초과수익을 내는 펀드는 거의 찾아보기 어렵다는 것이 연구사례로 발표되고 있습니다.

우리 주변을 살펴보면 대표성 휴리스틱의 오류를 흔하게 볼 수 있습니다. 복잡한 정보의 바다에서 모든 것을 다 고려하기에는 시간적으로 무리인 현실에서, 대표성은 핵심적인 정보만으로 신속한 판단을 가능케 한다는 장점이 있습니다. 그러나 동시에 단순한 만큼 주먹구구식 추론으로 빠져 문제를 왜곡시킬 위험이 대표성 휴리스틱에 항상 도사리고 있음을 잊어서는 안 됩니다.

프레이밍 효과

# 똑같은 사실
# 다르게 말하기

## 기도 중에 흡연, 혹은 흡연 중의 기도

담배를 무척 좋아하는 수도사 2명이 있었습니다. 그런데 기도 중에 담배를 피우지 못하니 매우 답답했다고 합니다. 그래서 수도사는 교황에게 청을 드려보기로 했습니다.

먼저 한 수도사가 교황을 만나러 갔습니다.

"교황님, 기도 중에 담배를 피워도 되겠습니까?"

교황이 말했습니다.

"아니, 무슨 말씀을 하는 겁니까? 기도 중에 담배를 피우다니요. 안 됩니다."

수도사는 시무룩하게 돌아와 다른 수도사에게 말했습니다.

"기도 중에는 담배를 피울 수 없다고 하네."

그러자 다른 수도사가 말했습니다.

"그건 질문을 잘못해서 그런 것일세. 이번에는 내가 다녀오지."

다른 수도사는 교황에게 가서 이렇게 물었습니다.

"교황님, 담배를 피우는 중에 기도해도 되겠습니까?"

교황의 대답은 다음과 같았습니다.

"아주 훌륭한 생각입니다. 언제 어디서나 늘 기도하는 것은 옳은 일입니다."

이 이야기는 프레이밍 효과Framing Effect를 가장 잘 보여주는 일화입니다. '기도 중 담배'와 '담배 중 기도'는 어찌 보면 같은 내용입니다. 하지만 어떤 틀, 즉 어떤 프레임Frame을 제시하느냐에 따라 다른 대답이 나옵니다.

이렇듯 프레이밍 효과는 표현을 다르게 하면서 어떤 주제에 대한 틀을 다르게 제시하면, 그에 대한 결과도 다르게 만들 수 있는 것을 말합니다. 프레이밍을 설명하기 위해 인지심리학 석학인 아모스 트버스키와 대니얼 카너먼의 실험을 잠시 살펴보겠습니다.

## 트버스키와 카너먼의 실험

600명의 사람이 치명적인 질병에 걸린 것으로 가정하고 치료법을 선택하게 하는 실험을 했다.

❶ 치료법 A를 선택하면 200명이 살 수 있다.

❷ 치료법 B를 선택하면 환자 전체가 살 아날 확률이 3분의 1, 아무도 살지 못할 확률이 3분의 2이다.

❸ 치료법 C를 선택하면 400명이 죽는다.

❹ 치료법 D를 선택하면 아무도 죽지 않을 확률이 3분의 1, 모두 죽을 확률이 3분의 2이다.

**실험 결과** A와 B 중 실험대상자의 72%가 치료법 A를 선택했고, 28%가 치료법 B를 선택했다.

**실험 결과** C와 D 중 실험대상자의 78%가 치료법 D를 선택했고, 22%가 치료법 C를 선택했다.

앞의 실험에서 각각의 치료법 내용을 살펴보는 것이 중요합니다. 각각의 치료법으로 사람을 몇 명이나 살릴 수 있는지 살펴봅시다.

❶ 치료법 A: 200명
❷ 치료법 B: 600명 × 1/3 = 200명
❸ 치료법 C: 600명 - 400명 = 200명
❹ 치료법 D: 600명 × 1/3 = 200명

이처럼 4가지 치료법 모두 같은 결과를 가져옵니다. 그런데 왜 사람들의 선택은 어느 한쪽에 치우치는 걸까요? 이를 설명할 수 있는 것이 프레이밍 효과입니다.

## 프레임이 바뀌면 선택도 달라진다

어떤 틀을 가지고 정보를 제공하는지에 따라 사람은 의사결정에 많은 영향을 받습니다. 앞의 실험에서는 제시된 틀이 각각 다릅니다. 치료법 A는 긍정의 틀, 치료법 C는 부정의 틀, 그리고 치료법 B와 D는 긍정과 부정이 섞인 틀이 제공되었습니다. 그중 부정의 틀을 사용하면 선택 빈도가 가장 낮아집니다.

이렇게 사람들에게 어떤 긍정적인 프레임으로 정보를 전달했을 때와 부정적인 프레임으로 정보를 전달했을 때, 같은 결과를 가져오더라도 선택의 방향은 바뀔 수 있습니다. 예를 들어 어떤 주식에 대해 수익을 올릴 가능성은 과대포장하고 손실을 볼 위험은 과소평가해서 투자를 권유했다고 합시다. 그러면 투자자들은 내가 거둘 수익에 빠져 투자에 포함된 손실을 간과하는 경우가 생깁니다. 따라서 주식투자를 할 때 수익이 나는 상황만 생각하지 말고 손해를 볼 수 있는 상황은 무엇인지도 꼭 따져 물어야 합니다.

주식투자를 할 때 프레이밍 효과에 빠지는 경우를 또 하나 살펴보겠습니다. 주식투자를 할 때 주가가 올라야만 수익을 내는 포지션인 투자자가 많습니다. 심리적으로 주가가 올라갈 때가 편하게 느껴지고 또 그렇게 되기를 바랍니다. 그러다 보니 주가에 호재가 나오면 시장 분위기에 휩쓸려 너무 쉽게 그 이야기를 믿어버리는 경우가 많습니다. 반면에 악재가 나오면 분위기에 휩쓸리기보다 수치적 분석 결과를 따져서 믿습니다.

예를 들어 공모주 투자를 하는 경우를 살펴보겠습니다. 일반적으로 공모주는 주가가 상승할 때 많이 이루어집니다. 그런데 우리나라는 **공모**[15]가 쉽게 진행되도록 하기 위해 현재 주가보다 최대 30% 정도 할인한 가격에 공모를 합니다. 그러면 투자자들 눈에는 공모가격이 너무나도 싸게 보여 너도나도 공모에 참여하게 됩니다. '일반적으로 공모가격은 싸다'라는 프레임에 빠진 것입니다.

그러나 실제로 공모신주가 내 계좌에 들어올 때가 되면 이미 주가는 공모가 이하로 떨어진 경우가 많습니다. 주가가 높게 상승했을 때 공모가 이루어지기 때문입니다. 투자자들이 현명하다면 현상적으로 보이는 공모가격이 저렴하다는 인식을 넘어, 실제 기업가치와 공모가를 비교해야 합니다.

## 프레임을 바꿔서 시선을 끄는 전략

기업이 프레임을 어떻게 설정하느냐에 따라 고객들 반응이 달라지기도 합니다.

2위를 자처하여 1위를 압박한 에이비스의 사례를 봅시다. 오래전 미국의 렌터카 시장은 확고한 1위 업체인 허츠렌터카가 있었고 2, 3, 4위권에서 고만고만한 렌터카 회사들이 서로 치열하게 경쟁하고 있었습니다. 이때 만년 2위에 머물러 있던 에이비스가 광고에 다음과 같은 문구를 사용하기 시작했습니다. "우리는 2등

---

15 **공모** 회사를 설립하거나 증자를 할 경우 일반 투자자들로부터 자금을 모집하는 것을 말합니다.

**Avis is only No.2 in rent a cars. So why go with us?**

We try damned hard.
(When you're not the biggest, you have to.)
We just can't afford dirty ashtrays. Or half-empty gas tanks. Or worn wipers. Or unwashed cars. Or low tires. Or anything less than seat-adjusters that adjust. Heaters that heat. Defrosters that defrost.
Obviously, the thing we try hardest for is just to be nice. To start you out right with a new car, like a lively, super-torque Ford, and a pleasant smile. To know, say, where you get a good pastrami sandwich in Duluth.
Why?
Because we can't afford to take you for granted.
Go with us next time.
The line at our counter is shorter.

프레이밍 효과를 이용한 에이비스의 광고.

이다. 그래서 더 열심히 노력한다!" 스스로 2위를 인정하는 광고를 하면서 1위인 허츠를 따라잡기 위해 최고의 서비스를 제공하겠다는 약속을 한 겁니다. 그 결과 소비자들은 렌터카 하면 허츠와 에이비스 2개만을 생각하게 되었고, 덕분에 에이비스는 광고를 시작한 지 2개월 만에 12년간 이어지던 적자에서 벗어날 수 있었다고 합니다.

우리나라에도 비슷한 사례가 있습니다. 삼성은 프레임을 이용해서 자사가 애플의 경계대상 1호임을 세상에 알렸습니다. 2012년에 벌어진 삼성전자와 애플의 특허소송은 엄청난 시간과 비용을 소모하며 지루하게 계속되었습니다. 하지만 이 소송으로 삼성전자는 미국 내에서 큰 효과를 봤습니다. 편파적인 판결 결과와 그 과정에서 드러난 여러 문제점 때문에 미국 내 삼성전자 호감도가 더 높아진 겁니다. 이와 함께 애플이 삼성전자를 자신의 경계대상 1호를 보고 있다는 것을 세상에 알리는 효과까지 얻었습니다. 미국 소비자들은 더 이상 삼성을 노키아나 소니 등의 브랜드와 같은 수준으로 생각하지 않게 되었습니다.

이것이 바로 기업들이 자신들이 처한 상황에서 의도적으로 프레임을 짜서 소비자들의 시선을 끄는 전략입니다.

## 주식시장에서의 프레이밍 효과

주식시장에서도 프레이밍 효과를 이용해 고객을 유도하는 경우가 많습니다. 예를 들어 어느 증권사가 '10년 연속 업계 수익률 1위'라는 광고를 했습니다. 그러면 사람들은 '이 회사가 엄청난 수익을 올리는구나'라고 생각하기 쉽습니다. 그러나 그 이면을 따져보면 모든 증권사가 마이너스 수익률인데, 그중 마이너스가 가장 적게 난 회사일 수도 있습니다.

펀드를 운용하는 회사도 그렇습니다. 절대수익률이 업종 평균수익률보다 낮으면 절대수익률만, 절대수익률이 평균수익률보다 높으면 타사와 비교하여 광고를 합니다. 예를 들어 한 자산운용사의 지난해 수익률이 10%였다고 합시다. 그런데 업계 평균을 보니 15%의 수익이 발생하여 자기 회사 수익률이 평균수익률보다 낮았습니다. 이때는 '10% 수익을 올린 자산운용, 이제 당신이 그 주인공입니다'라는 광고를 할 겁니다. 반대로 업계 평균수익률이 5%인데 자사의 수익률이 10%라면, '업계 평균 2배를 넘는 엄청난 수익률, 이제 당신을 모십니다'라고 광고할 수 있겠지요. 이것 또한 프레이밍 효과를 이용한 광고입니다.

기준점 휴리스틱(앵커링 효과)

# 첫 번째 정보가
# 고정관념이 된다

TV 예능프로그램을 보면 게임 도중에 가위바위보를 하는 장면이 가끔 나옵니다. 한 출연자가 나와서 게임을 시작하기에 앞서 "남자는 주먹"이라고 말합니다. 그러면 서로 간의 눈빛이 반짝이면서 머리를 열심히 굴리는 모습이 나옵니다. 게임에 참가한 사람들은 그 말을 염두에 두고 전략을 짭니다.

이런 일도 있습니다. 하워드 댄포드의 《불합리한 지구인》에 나오는 사례 중 하나입니다. 1994년 미국의 맥도날드 매장의 드라이브 스루Drive Thru에서 커피를 산 여성이 뜨거운 커피를 엎지르는 바람에 허벅지 등에 큰 화상을 입었습니다. 이 여성은 맥도날드를 상대로 소송을 제기했고, 배심원단에게 286만 달러나 되는 엄청난 손해배상금을 인정받았다고 합니다. 흥미로운 건 과거 비슷한 사건에서 맥도날드는 고작 23만 달러의 배상금을 물었다는 점입니다.

이 사건에서 286만 달러의 배상금을 받을 수 있었던 것은 바로 피해자 측 변호사의 전략 때문이었습니다. 피해자 측 변호사는 배심원들에게 "배심원 여러분, 맥도날드는 전 세계에 커피를 판매하고 있습니다. 이번에 큰 화상을 입은 저희 고객에게 맥도날드 측에서 하루 혹은 이틀 동안 커피를 판매한 매출액을 배상금으로 지급하는 것은 어떨까요?"라고 제안했습니다.

사실 배심원들이 맥도날드에서 파는 커피의 하루 매출액을 알 턱이 없습니다. 또한 피해자 측 변호사는 왜 전 세계 매출액의 하루 또는 이틀분인지 그 근거를 제시하지 않았습니다. 보통 하루 또는 이틀분이라고 말하면 그리 많은 금액은 아니라고 생각하기에 십상입니다. 하지만 실제 매출액은 하루에 135만 달러라는 엄청난 금액이었습니다. 아무튼 최종 배상금은 논의를 통해 286만 달러로 결정되었습니다. 결국 피해자 측 변호인이 제시한 하루 매출액 135만 달러가 기준이 된 것입니다.

## 의사결정 기준 제시하기

가위바위보 게임에서 "남자는 주먹"이라는 말, 그리고 맥도날드의 소송에서 '하루치 매출액' 등은 의사결정을 할 때 기준점으로 작용합니다. 이때 이 기준점이 배를 정박할 때 사용하는 앵커 Anchor, 즉 닻의 역할과 닮았다고 해서 앵커링 효과 Anchoring Effect라고 합니다.

앵커링 효과는 닻내림 효과라고도 하고, 기준점 휴리스틱 Anchoring Heuristics이라고 부르기도 합니다. 이는 닻을 내린 곳에 배가 머물듯 인간의 사고가 하나의 이미지나 기억에 박혀버려 어떤 판단도 그 주변에서 크게 벗어나지 못하는 현상을 말합니다. 즉, 사람들이 어떤 상황에 대해 판단을 내릴 때 초기에 제시된 기준에 영향을 받아 판단을 내리는 걸 뜻하지요. 대부분 사람들은 처음에 제시된 기준을 그대로 받아들이지 않고, 기준점을 토대로 약간의 조정 과정을 거치기도 합니다. 그렇다 해도 조정 과정이 불완전해 최초의 기준점에서 크게 벗어나지 않는 경우가 많습니다.

대니얼 카너먼과 아모스 트버스키는 실험을 통해 앵커링 효과를 증명했습니다. 한번 살펴볼까요?

---

### 앵커링 효과 실험 1

**1. 실험내용**

실험자에게 1~100까지의 숫자가 쓰인 행운의 바퀴를 돌리게 한다. 그 후 유엔에 가입한 나라 중 아프리카 국가 비율이 행운의 바퀴를 돌려 나온 숫자보다 많은지 적은지를 추측하게 한다.

........................................................................................

**2. 실험결과**

❶ 행운의 바퀴가 30을 가리킨 경우, 20~40% 사이의 숫자로 답함.

❷ 행운의 바퀴가 80을 가리킨 경우, 70~90% 사이의 숫자로 답함.

---

행운의 바퀴를 돌리고 난 뒤 전혀 관련 없어 보이는 질문을 받은 실험 참가자들은 신기하게도 대부분 행운의 바퀴를 돌려 우연히 나온 숫자와 가까운 수치를 댔습니다. 행운의 바퀴가 30을 가리켰을 때는 20~40 사이의 숫자로 답했고, 80을 가리켰을 때는 70~90 사이의 숫자로 답한 것이지요. 아프리카 국가의 비율과 아무 관계 없이 우연히 주어진 숫자가 실험 참가자들의 생각에 영향을 미친 것입니다.

한 가지 실험을 더 해봤습니다. 에베레스트산의 높이를 모르는 두 그룹 사람들에게 각각 다른 방식으로 산의 고도를 물었습니다.

첫 번째 그룹에는 에베레스트산이 600미터보다 높은지, 낮은지를 물었고 두 번째 그룹에는 에베레스트산이 1만 4,000미터보다 높은지, 낮은지를 물었습니다. 그랬더니 대부분 처음에 제시했던 기준점에 따라 사람들의 대답이 달라졌습니다. 첫 번째 그룹(600미터 기준점)의 평균 추정치는 2,400미터였고 두 번째 그룹(1만 4,000미터)의 평균 추정치는 1만 3,000미터였던 겁니다.

이런 앵커링 현상은 우리 생활 속에서도 흔히 볼 수 있습니다. 예를 들어 티셔츠를 판매하는 사람의 장사 방법을 살펴보겠습니다.

❶ 원가 2,000원짜리 옷의 가격을 1만 원으로 써놓았습니다. 손님이 와서 1,000원을 깎아 9,000원에 사 갔습니다.

❷ 원가 2,000원짜리 옷의 가격을 1만 원으로 써놓은 뒤 이를 지우고 특별 할인 8,000원이라고 내놓았습니다. 그리고 손님은 8,000원에 옷을 사 갔습니다.

두 경우 고객들은 모두 합리적이거나 싸게 옷을 샀다고 생각할지 모르지만, 실제로는 먼저 써놓은 가격 1만 원을 기준으로 싸게 산 것이지 실제로 싸게 산 것이 아닙니다.

또 다른 예로 명품업체들이 매장에 1,000만 원짜리 핸드백을 진열하는 것을 들 수 있습니다. 명품업체들이 매장에 그런 고가의 물건을 잘 보이는 곳에 진열하는 이유는 정말로 그 물건이 팔려나가기 바라는 것 외에도 다른 목적이 있습니다. 1,000만 원짜리 핸드백과 비교해 주변에 있는 500만 원짜리 핸드백이 그다지 비싸지 않다고 착각하게 만들기 위한 것입니다. 500만 원짜리 핸드백도 싼 가격은 아니지만, 1,000만 원짜리 핸드백 옆에서는 절반 가격에 불과해 보이는 것이지요. 이 역시도 앵커링 효과를 염두에 둔 것이라고 볼 수 있습니다.

## 주식시장에서의 기준점 휴리스틱

주식투자를 할 때도 마찬가지입니다. 주식시장에서 나타날 수 있는 앵커링 효과는 다음과 같이 2가지 정도로 설명이 가능할 듯합니다.

### 1. 고가주의 경우

삼성전자의 액면분할 이후 의미가 조금 퇴색되긴 했지만, 100만 원 이상의 주식을 황제주라고 부릅니다. LG생활건강, 삼성바이오로직스, 태광산업 등이 황제주 반열에 들어 있는 주식입니다. 일단 투자자에게 황제주라는 인식이 박히면 주가가 100만 원 이하로 떨어질 경우, '주가가 너무 싸다'라는 생각을 하게 합니다. 그래서 습관적으로 주식을 사는 경우가 생깁니다. 문제는 기업가치 훼손으로 인한 주가하락입니다. 실제로 기업가치를 보지 않고 그냥 가격 움직임만으로 습관적인 매매를 한다면, 이는 앵커링 효과의 오류에 빠지는 겁니다.

## 2. 저가주의 경우

일반적으로 1,000원 미만의 주식을 동전주식이라고 합니다. 동전주식이 되는 것은 기업의 경영위험이 너무 커서 주가가 엄청나게 하락한 경우도 있겠고, 또 주식의 액면가격이 100원인 경우도 있습니다. 그러나 동전주식은 해당 기업내용이 허술한 경우가 많습니다. 그러다 보니 동전주식의 주가가 상승하면 이를 그냥 무시하게 되는 경우에도 앵커링 효과의 오류에 빠지는 겁니다. 실제로 기업가치가 바닥을 친 후 턴어라운드 하는 경우를 놓칠 수 있기 때문입니다.

이렇듯 세상에 변하지 않는 것은 없습니다. 앵커링 효과의 오류에 빠지지 않기 위해서는 주가 수준만을 바라볼 것이 아니라 기업가치가 변하는 것에도 주목해야 합니다.

이렇게 앵커링 현상에 빠져버리면, 당면한 문제와 전혀 무관한 첫 번째 정보 때문에 실수할 수 있습니다. 첫 번째 정보가 적절한 것이었다고 하더라도 여기에 너무 얽매이면, 새로운 정보를 얻고도 거기에 맞게 생각을 수정하지 못합니다.

우리가 앵커링 현상에 빠지는 이유는 주어진 문제나 상황에 대해 잘 모르기 때문입니다. 잘 모르니까 누군가 닻을 내려주면 그 주변에서 멀리 가려 하지 않습니다. 이런 일을 겪는 것은 평범한 사람들뿐만이 아닙니다. 각 분야에서 내로라하는 전문가도 예외가 아닙니다. 그러므로 지식을 쌓아 무지에서 벗어나는 것 못지않게 자기 결정에 비판 의식을 가지는 것도 중요합니다. 닻은 물 밑으로 가라앉아 눈에 보이지 않지만, 배를 꼼짝없이 붙듭니다. 보이지 않는 생각의 닻도 우릴 오판으로 이끌어 불행에 빠뜨릴 수 있습니다. 끊임없이 지식을 구해 자기 것으로 만들고, 신중해야 하는 까닭은 바로 이 때문입니다.

## 가용성 휴리스틱

# 인상이 강한 대상을
# 선택하는 오류

가용성 휴리스틱은 어떤 것에 대하여 판단을 할 때 구체적이고 생생한 예를 얼마나 쉽게 마음속에 떠올릴 수 있는가에 기초하여 결론 내리는 것을 말합니다. 즉 사람들이 어떤 사건을 판단할 때 실제 빈도나 확률에 근거하기보다 머릿속에서 생각해내기 쉬운 것에 근거해 결정을 내리는 것 또는 그러한 결정을 이끄는 지침을 말합니다.

예를 들어보겠습니다. 일광 씨와 구슬 씨가 우리나라 사람들의 사망 원인에 대해 토론하고 있습니다. 언론에서 우리나라 사람들 사망 원인 1위가 암이라는 것을 보도했기 때문에 암으로 인한 사망자가 가장 많다는 점은 두 사람 모두 알고 있습니다. 그런데 사망 원인 2위가 무엇인가에 대해서는 서로 의견이 달랐습니다.

두 사람은 사망 원인과 관련된 통계를 본 적이 없어 나름대로 사망 원인 2위를 추론했습니다. 일광 씨는 기사에서 교통사고 기사를 자주 봐온 터라 교통사고가 사망 원인 2위일 것으로 추측했습니다. 반면 구슬 씨는 자신의 친척들뿐 아니라 지인이 심장마비로 사망한 걸 경험했기 때문에 심장질환을 사망 원인 2위로 추측했습니다. 이런 것이 바로 가용성 휴리스틱의 예입니다.

## 중소형주 수익률이 높다는 착각

주식투자를 할 때도 마찬가지입니다. 주식의 성과는 실적과 관련되어 있습니다. 대체로 실적이 좋은 기업들은 대형우량주인 경우가 많습니다. 그런데 단기적으로 급등하는 종목은 중소형주 중에서 나옵니다. 그러다 보니 높은 수익을 얻는답시고 실적은 조금 나쁘더라도 소위 잘 움직이는 중소형주에 투자하는 경우가 많습니다. 하지만 실제로 장기적으로 수익률이 좋은 것은 대형우량주지요. 이런 사례도 가용성 휴리스틱의 한 예가 될 수 있을 겁니다.

실제 사례를 통해 대형우량주의 수익률이 중소형주 못지 않다는 것을 확인해보겠습니다. SK하이닉스는 한때 재무상태가 좋지 않다는 오명을 얻었지만, SK그룹에 인수된 이후 꾸준히 기업내용이 좋아졌습니다. 대형주 중에서 턴어라운드에 성공한 기업입니다. SK하이닉스 주가의 주별 움직임을 살펴보겠습니다.

앞의 차트를 보면 불과 몇 년 사이에 최저가 대비 280%의 상승을 실현하였습니다. 대형주라고 해서 수익이 나지 않는다는 것이 잘못된 생각임을 알 수 있습니다. SK하이닉스와 같은 기간 테마주로 움직였던 종목이 있습니다. 소위 디스플레이 장비주로 우리나라와 중국기업들의 러브콜을 받았던 '비아트론'이란 종목입니다. 디스플레이 시장에서 중국기업들의 약진에도 불구하고 패널가격이 떨어지는 등 불황이 오면서 고전을 면치 못했습니다. 다음의 차트에서도 보듯이 주가도 약 60%나 떨어지는 모습을 보였습니다. 기술력이 좋은 중소형주라도 맥없이 떨어질 수 있다는 겁니다.

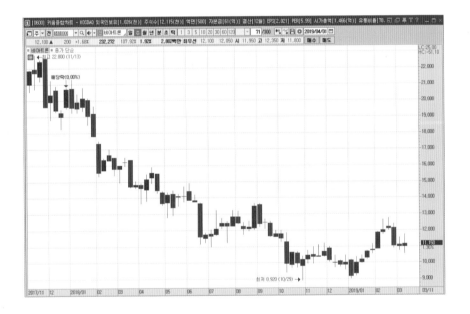

물론 중소형주 중에서 장기 안정적으로 상승하는 종목이 없는 것은 아닙니다. 그러나 주가 움직임이 일반적으로 단기 급등락을 하는 경우가 많다는 점을 기억해야 합니다.

## 친숙한 것을 더 오래 기억하는 심리

그렇다고 가용성 휴리스틱이 전혀 타당성이 없는 것은 아닙니다. 자신이 쉽게 기억해냈거나 더 많은 사례를 알고 있다는 것은 그만큼 해당 사건이 또다시 유발될 확률이 높다는 걸 뜻합니다. 이러한 측면에서 가용성 휴리스틱은 나름의 타당성을 갖고 있다고 볼 수 있습니다.

하지만 많은 행동경제학자들은 가용성 휴리스틱이 심각한 오류를 범할 수 있음을 지적합니다. 서로 다른 두 사건을 똑같은 빈도수와 주기로 접했다 하더라도, 두 사건에 대한 기억의 강도가 다를 수 있다는 점 때문입니다. 자신에게 친숙한 장면이나 아는 내용이기에 더 쉽게 기억할 수도 있고, 아니면 특정 장면이 너무 생생하여 오래 기억하는 경우도 있습니다. 따라서 실제로는 더 자주 발생하는 사건이 있다 하더라도, 자신이 기억하기 쉬운 사건 위주로 정보를 저장하고 이를 바탕으로 판단하기 쉽습니다.

가용성 휴리스틱과 관련해서 다음과 같은 내용도 같이 알아두면 좋습니다.

## 초두효과의 오류

앞에 제시된 정보가 뒤에 따라오는 다른 정보보다 전반적인 인상 형성에 더욱 강력하고 유리한 효과를 나타내는 현상을 초두효과라고 합니다.

폴란드 태생의 미국 사회심리학자 솔로몬 애쉬가 초두효과를 설명하기 위해 사용했던 사례를 보면 다음과 같습니다.

> ❶ **일광 씨** 똑똑하고, 근면하며, 충동적이고, 비판적이며, 고집이 세며, 질투심이 강함.
> ❷ **구슬 씨** 질투심이 강하고, 고집이 세며, 비판적이고, 충동적이며, 근면하며, 똑똑함.

사실 두 항목은 완벽히 같은 내용을 순서만 바꿔서 서술한 것에 불과합니다. 그러나 실제로 두 항목을 따로 떼어놓고 사람들에게 보여준 뒤 두 사람의 성격에 대해 점수를 매기게 한 결과, 구슬 씨보다 일광 씨의 평균점수가 훨씬 높게 나왔습니다. 그 이유는 가장 앞의 두 항목, 그중에서도 맨 처음 항목의 내용이 대상을 평가하는 데 가장 많은 영향을 끼쳤기 때문입니다. 연구결과도 그러합니다.

이처럼 초두효과는 첫인상이 중요하다는 점을 강조합니다. 초두효과는 완전한 정보로 판단하는 게 아니라, 다른 정보는 무시하고 처음 들어온 정보만을 이용해서 의사결정을 하는 문제를 발생시킵니다. 그래서 시간을 가지고 꼼꼼하게 정보를 읽는 노력이 필요합니다.

주식투자를 할 때도 어느 종목에 대해 처음에 좋은 정보를 얻었다면, 그 주식은 주가가 올라가는 쪽으로 계속 생각합니다. 반대로 좋지 않은 정보를 얻었다면, 그 주식은 주가가 내려가는 쪽으로 계속 생각합니다. 예를 들어 IMF 외환위기를 지나며 대규모 **감자**[16]를 하면서 투자자들에게 많은 아픔을 줬던 하이닉스의

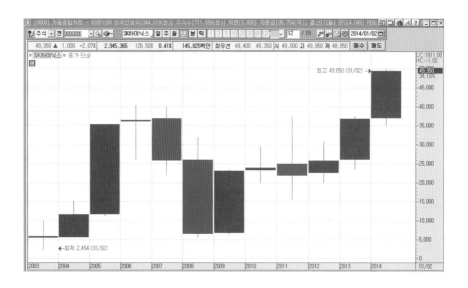

16 **감자** 주식 금액 또는 주식의 수를 줄여 자본금을 줄이는 것을 말합니다.

경우를 볼까요? 차트를 보면 하이닉스는 감자 이후 경영정상화 과정을 거쳤고, SK그룹에 인수되면서 현금창출능력도 높아졌습니다. 하지만 처음에 감자를 당하는 등 하이닉스에 대한 좋지 않은 기억을 가진 사람들은 주가가 엄청난 상승을 했는데도 쉽게 매수에 나서지 못합니다. 초두효과 탓에 하이닉스는 원래 저가주였다는 생각이 투자에 발목을 잡고 있기 때문입니다.

초두효과와 반대되는 것도 있습니다. 바로 빈발효과입니다. 첫인상이 좋지 않게 형성되었다고 할지라도, 반복해서 제시되는 행동이나 태도가 첫인상과는 달리 진지하고 솔직해지면 점차 좋은 인상으로 바뀌는 현상을 말합니다.

## 맥락효과의 오류

우리는 세상을 살면서 많은 사람을 만나고, 또 그 사람들을 나름의 기준에 따라 평가합니다. 여러분은 다음과 같이 생각해본 적 있나요? '성실한 사람이 머리가 좋으면 지혜로운 것이고, 이기적인 사람이 머리가 좋으면 교활한 것이다.'

이렇게 처음 알게 된 정보가 나중에 알게 된 새로운 정보들의 지침을 만들고 전반적인 맥락을 제공하는 것을 맥락효과라고 합니다. 즉 처음에 긍정적인 정보를 얻은 대상이라면 이후에도 긍정적으로 생각하거나, 반대로 처음에 부정적인 정보를 얻은 대상이라면 이후에도 부정적으로 생각하려는 현상을 말합니다. 물론 경제활동에서도 이러한 예는 쉽게 찾아볼 수 있습니다.

### 1. 중국 경제와 우리 경제의 관계에 대한 착각

우리 경제는 중국 경제와 밀접하게 연결되어 있습니다. 그래서 주식시장에서는 중국 경제가 살아나면 우리 경제도 살아나고, 이때 수혜를 받을 수 있는 종목들이 좋아진다는 생각을 합니다.

예를 들어 '중국이 국토개발을 하면 우리나라 굴삭기 업체가 좋아진다' '중국이

1자녀 정책을 폐지하면 우리나라의 육아 관련 주가가 상승한다'는 등의 시나리오가 심심찮게 돌아다닙니다. 그런데 사실 중국은 전 세계의 모든 브랜드가 무한 경쟁을 하는 시장입니다. 중국에 잠시라도 다녀온 적이 있는 사람이라면 이 사실을 어렵지 않게 알 수 있습니다. 즉, 중국의 정책이 우리 기업에게만 기회가 되는 것은 아니라는 겁니다. 그래서 중국과 관련된 기업들이 실제로 수혜를 받고 그로 인해 매출액이 증가하는지 직접 확인하는 과정이 필요합니다.

## 2. 예전의 명성만을 그대로 믿는 경우

스마트폰이 일반화된 시장에서 스마트폰 최강자는 애플과 삼성전자임을 모두가 알고 있습니다. 애플이나 삼성전자에서 신제품이 나오면 사람들은 매번 잘 팔릴 것으로 생각합니다. 그러나 시간이 흐를수록 스마트폰 시장은 포화상태가 되고, 삼성이나 애플의 고가제품보다는 중저가 제품을 선호하는 개발도상국이 늘어나면서, 이들 양사의 매출이 줄기도 하고 또 수익성도 나빠지는 현상도 나타납니다. 따라서 시장에서 어떤 제품이 잘 팔리는지 확인하지 않고 그저 옛날의 명성만을 따라가면, 이들 선두기업의 실적악화를 인식하지 못하는 오류에 빠질 수 있다는 점을 기억해야 합니다.

이렇게 가용성의 오류는 전체 정보를 모두 보지 못하는 문제점을 발생시킵니다. 따라서 행동경제학자들은 가용성 오류를 극복하기 위해 다음의 4가지 처방을 제시하고 있습니다.

❶ 아무리 인상적이더라도 한 가지 사례만을 판단이나 결정의 토대로 삼지 마라.
❷ 어떤 사람(혹은 대상)의 인상을 받아들일 때는 상대의 두드러지게 좋은 점이나 나쁜 점이 다른 특성에는 영향을 끼치지 않도록 각각의 특성을 세분해 판단하려고 노력하라.
❸ 일련의 자료들을 볼 때는 끝까지 판단을 유예하라. 마지막 자료도 맨 처음 자

료만큼 비중 있게 받아들이려고 노력하라.

❹ 편견을 낳을 수 있는 정보의 취득은 피하라.

# 얻는 기쁨보다
# 잃는 고통이 더 크다

일광 씨가 식료품을 사기 위해 시장에 갔습니다. 정말 잘 익은 수박이 있는데 가격을 보니, '반 통에 8,000원, 한 통에 1만 2,000원'이라고 붙어 있습니다. 일광 씨의 고민이 시작되었는데요. 여러분이라면 어떻게 하시겠습니까? 반 통을 살까요, 한 통을 살까요?

마케팅 심리학을 연구하는 사람들의 연구결과에 따르면 이런 경우 대체로 반 통 대신 한 통을 삽니다. 왜냐하면 반 통에 8,000원이면 한 통이면 1만 6,000원이 되어야 하는데 한 통에 1만 2,000원이니 반 통을 사면 손해라는 생각이 든다는 겁니다. 이렇게 사람들의 마음속에는 손해를 보지 않으려는 성향이 자리를 잡고 있습니다.

## 이익의 기쁨이냐 손실의 고통이냐

손실회피성향은 보통 사람들이 손해를 싫어할 뿐만 아니라, 어떤 이익을 얻었을 때의 기쁨보다 손실을 입었을 때의 상실감을 더 크게 느끼는 것을 말합니다. 이는 곧 동일한 크기의 이익이나 손해가 걸려 있는 불확실한 상황에서 이익을 얻고자 하는 노력보다 손해를 피하고자 하는 욕구가 더 강력하다는 것을 의미합니다. 카지노에서 돈을 따고 있으면 쉽게 자리를 털고 일어날 수 있지만, 돈을 잃고 있으면 손해를 만회하고자 더욱 도박에 몰두하는 것과 같은 이치입니다. 연구결과에 따르면 손실로 인한 고통의 크기는 동일한 이익의 기쁨보다 2배 더 큽니다. 따라서 많은 사람이 손실을 확정함으로써 실패를 인정하는 것을 싫어합니다.

손실회피성향을 알아보기 위해 한 가지 실험을 살펴보겠습니다.

---

## 손실회피성향 실험

**실험 A** 만약 당신에게 다음 2가지 선택권이 있다면 무엇을 선택하겠습니까?

❶ 50%의 확률로 100만 원을 받는다.
❷ 100%의 확률로 50만 원을 받는다.

**실험 B** 만약 당신에게 또다시 다음 2가지의 선택권이 있다면 무엇을 선택하겠습니까?

❸ 50%의 확률로 100만 원을 잃는다.
❹ 100%의 확률로 50만 원을 잃는다.

---

실험 A는 사실 확률적으로는 같은 결과를 가져오는 실험입니다. ①에서 50%의 확률로 100만 원을 받는다는 것은 확률적으로 50만 원을 번다는 뜻입니다. 100%의 확률로 50만 원을 받는다는 ②번과 마찬가지라는 뜻이지요. 그러나 사람들은 ②번을 선택합니다.

즉, 일반적으로 사람들은 실험 A처럼 자신에게 이득이 되는 경우에는 그에 따른 불확실성을 없애길 원합니다. 불확실성이 존재한다면 조그마한 이익이라도 없어질 수 있기 때문에 확실한 경우를 선택하게 되는 겁니다.

실험 B도 마찬가지입니다. 확률적으로는 50만 원을 잃는다는 결과는 같습니다. 하지만 사람들은 ③번을 선택합니다. 이것이 바로 손실회피성향입니다.

100%로 손해를 볼 바에야 조금이라도 손실을 줄일 수 있는 50%에 의지하게 되는 겁니다.

주식투자에서는 손실을 피하려다 오히려 더 큰 손해를 보는 경우가 있습니다. 손해를 줄이기 위해서 리스크를 부담하는 순간, 투자자는 손실회피의 함정에 빠집니다.

예를 들어 당신이 다음과 같은 상황에 직면했다고 가정해봅시다.

> ❶ 이 주식을 팔면 손실이 확정된다. 하지만 투자금의 일부는 건질 수 있다.
> ❷ 이 주식을 가지고 있으면 일부 금액이나마 되찾을 기회가 있다. 하지만 투자금액 전부를 잃을 수 있다.

여기서 손실회피심리가 작동하면 손절매를 하지 못하고 두 번째 방법을 선택하게 됩니다. 주가가 계속 내려가는 것은 기업실적이 좋지 않다는 뜻입니다. 계속 보유하다가는 더 큰 낭패를 볼 수 있지만 쉽게 결정하지 못하는 것이 문제입니다. 손실회피성향은 다음과 같은 요인을 통해 더 잘 이해할 수 있습니다.

## 소유효과의 오류

러끌레르끄가 지은 《게으름의 찬양》이란 책이 있습니다. 이 책의 저자는 청소할 때 우선 모든 물건을 창밖으로 내놓고 자신에게 필요한 것만 골라서 다시 들여놓습니다. 그렇게 하지 않으면 도저히 물건들을 깔끔하게 정리하지 못하기 때문이라고 합니다. 비슷한 경험을 한 분들이 많을 겁니다. 이사를 한 번씩 하면 버리는 물건이 한 짐씩 나옵니다. 바라보고 있노라면 정말 심각할 정도로 많은 잡동사니들이 버려지는데, 왜 이런 잡동사니들을 진작에 버리지 못했던 걸까요? 바로 자기가 가지고 있는 물건은 아무리 허접스럽더라도 가치 있다고 생각하는 심리 때문입니다.

이렇게 자신이 가지고 있는 것에 더 소중하다는 감정을 느끼고 더 높은 가치를 부여하는 심리를 소유효과라고 합니다. 무엇이든 내 소유가 되고 나면 그 물건에 대한 심리적 가치가 상승합니다. 그래서 쓰지 않고 버려두던 물건이라도 남이 달라고 하면 아까운 기분이 듭니다. 이는 중고 물건을 사고팔 때 매도자와 매수자 간 갈등의 원인이기도 합니다.

소유효과는 《넛지》의 공동저자 시카고대학 리처드 탈러 교수가 학생들을 대상으로 한 실험에서 잘 나타납니다.

## 소유효과에 대한 실험

### 1. 실험내용

리처드 탈러 교수는 경제학 수업 중에 일부 학생들에게 시카고대학 로고가 새겨진 기념 머그잔을 나눠줬습니다. 전체 학생 중 무작위로 컵을 나눠줬기 때문에 특별히 그 컵에 대한 애착을 가지고 있다는 근거는 없는 상태입니다.

그 후 탈러 교수는 일종의 경매시장을 열어 컵을 받은 학생들에게 매도할 용의가 있는 가격을 제시하라고 했고, 컵을 가지고 있지 않은 학생들에게는 매수할 용의가 있는 가격을 제시하라고 했습니다.

### 2. 실험결과

컵을 소유하고 있던 학생들이 제시한 평균 매도가격은 5.25달러였습니다. 반면에 컵을 사려고 했던 학생들이 제시한 평균 매수가격은 2.75달러에 불과했습니다. 이런 결과가 나온 이유는 컵을 소유한 학생들에게 컵은 '내 컵'이었지만, 구매자 학생들에게는 '그냥 컵'이었기 때문으로 해석됐습니다.

행동경제학을 연구하는 사람들은 홈쇼핑에서 100% 환불보장 조건을 내걸었는데도 구매자들이 특별한 경우가 아닌 이상 실제로 환불하지 않은 이유를 소유효과를 통해 설명하고 있습니다. 즉, 내 것이 된 물건을 다시 내놓으려 하지 않는다는 겁니다.

주식시장에서도 소유효과는 쉽게 찾아볼 수 있습니다. 자신이 보유한 주식의 기업가치가 훼손되고 있어도 쉽게 종목을 교체하지 못한다든지, 자신이 보유한 주식보다 더 좋은 기업가치를 가진 주식을 찾아내고서도 기존의 주식에 집착하는 경우 등이 바로 소유효과 때문입니다. 하지만 투자자들이 알아둬야 하는 것이 있습니다. 주식을 보유한 사람들에게는 자신의 주식이 떨어지면 팔아버리기 아쉬운 '내 주식'이지만, 주식을 매수하려는 사람들에게는 그저 상장된 수많은 종목 중 하나인 주식, 즉 'one of them'이라는 겁니다.

소유효과 같은 심리적 고집현상은 주식시장에서 투자자들이 갖춰야 할 냉철한 판단력을 흐리게 하는 요인입니다. 따라서 투자자들은 객관적으로 시장을 바라보고 판단하는 과정을 통해, 손실은 줄이고 수익은 늘리는 지혜가 필요합니다.

## 현상유지편향의 오류

사람들은 변화에 대한 두려움이 있습니다. 스마트폰이 처음 나왔을 때 스마트폰 운영체제는 애플의 iOS와 안드로이드가 있었습니다. 처음 애플 아이폰을 사용했던 사람들은 나중에 스마트폰을 바꿀 때 좀처럼 안드로이드로 넘어가질 않습니다. 운영체제를 변경하는 데 두려움이 있기 때문입니다. 어떤 운영체제든 손에 쥐고 한두 시간 정도 써보면 별로 불편 없이 사용할 수 있는데도 말입니다.

주식투자를 할 때도 내가 처음에 어떤 HTS를 사용했는지가 중요합니다. 사용하던 HTS를 다른 것으로 바꾸려고 하면 화면이나 메뉴구성이 낯설어 왠지 좀 어려워 보입니다. 사실 HTS는 회사별로 그리 큰 차이가 없는데도 말입니다. 이런 것을 '귀차니즘'이라는 말로 설명하곤 하는데, 이처럼 사람들이 현재의 상황에서 변하지 않으려는 심리를 현상유지편향이라고 합니다.

현상유지편향은 물리학에서 말하는 관성의 법칙처럼 사람들의 심리도 될 수 있으면 지금의 상태를 유지하고자 한다는 것입니다. 예를 들어 사람들이 더 좋은 조건을 제안받아도 쉽게 직장을 옮기려 하지 않거나, 늘 가는 음식점을 더 좋아하고, 늘 가는 가게에서 물건을 사는 것 등이 현상유지편향입니다. 이러한 심리의 가장 큰 이유는 바로 손실에 대한 두려움 때문입니다. 사람들이 실제로 겁내는 것은 변화를 줌으로써 이익을 얻는 것보다, 변화로 인해 손실을 보는 것이기 때문입니다.

행동경제학에서는 주식시장에서 투자자들이 손실관리를 쉽게 못하는 것을 두고, '만약 내가 이 주식을 팔고 다른 주식을 샀는데 이 주식이 재차 상승하면 어쩌지?' 하는 막연한 두려움 때문이라고 말합니다.

그렇다면 이런 잘못된 심리를 고치기 위해서는 어떤 조치가 필요할까요? 바로 원칙을 만들고 그 원칙을 지켜나가는 것이 편향된 행동을 교정하는 방법입니다.

예를 들어 '어떤 일이 있어도 종목당 손실을 10% 내에서 관리한다'라는 목표를 세웠다면, 손실이 10%에 당도한 시점에 무조건 손절매를 하는 것입니다. 내일 가격이 올라가서 다시 사는 한이 있더라도, 오늘은 내 원칙을 지킨다는 결기에 찬 모습이 필요하다는 것이지요.

투자자들이 가장 어려워하는 것이 바로 손실을 확정 짓는 매매입니다. 마음속에는 기다리면 다시 오른다는 막연한 기대와 함께, 손실이 난 주식을 매도함으로써 평가손실이 실현손실이 된다는 막연한 두려움이 도사리고 있는 겁니다. 여기에 이유가 한 가지 더 있다면, 바로 10%나 떨어졌는데 이쯤에서 반등하지 않을까 하는 헛된 바람 때문입니다.

흔히 떨어지는 주식은 나름대로 그 이유가 있다고 합니다. 하지만 일부 투자자는 아무리 봐도 내 주식이 떨어질 이유가 없는데 떨어진다고 생각하기도 합니다. 그건 잘못된 생각입니다. 투자자가 모든 정보를 알 수는 없기 때문입니다. 현상유지편향에 빠지면 나쁜 주식을 오래 보유하면서 손실을 키우는 상황이 발생합니다. "주식과 결혼하지 말라"는 주식시장의 격언을 떠올려야 합니다.

## 매몰비용의 오류

서로 사랑하는 두 사람이 있습니다. 두 사람은 학교를 졸업한 이후 10년이나 사귄 사이입니다. 그런데 결혼을 앞두고 두 사람 사이에 문제가 생겼습니다. 두 사람이 그냥 사귈 때는 정말 좋았는데 막상 결혼하려고 보니 남자는 여자를 구속하려고 하고, 여자는 남자 집안의 엄격한 가족문화에 제대로 적응하지 못해 어려움을 겪었습니다. 그러는 동안 두 사람은 서로에게 많은 상처를 주었습니다. 과연 이런 상황에서 두 사람은 결혼해야 할까요?

참 어려운 문제입니다. 어떤 난관을 뚫고도 그동안 사귄 세월이 아까워 결혼해야 한다는 의견도 있고, 서로의 행복을 위해 헤어져야 한다는 의견도 있을 겁니다. 그러나 결혼 생활이 행복한 미래를 위한 동행이라면 헤어지는 것도 한 방법입니다. 두 사람이 사귄 10년의 세월은 돌이킬 수 없는 시간이므로 고려의 대상이 되어서는 안 됩니다. 이때 과거 10년의 세월을 경제학적으로는 매몰비용이라고 합니다.

매몰비용은 이미 매몰되어서 다시 되돌릴 수 없는 비용, 즉 의사결정을 하고 실행한 이후 발생하는 비용 중 회수할 수 없는 비용을 말합니다. 미래의 비용이나 수익에 도움이 되지 못할 때 쓰입니다. 일단 지출하고 나면 회수할 수 없는 기업의 광고비용이나 연구개발비용 등이 이에 속합니다. 매몰비용의 오류란 사람이 일단 어떤 행동방향을 결정하고 나면, 그것이 만족스럽지 못하더라도 이전에 투자한 것이 아깝거나 그것을 정당화하기 위해 더욱 깊이 개입하는 것을 말합니다. 다운받은 영화가 재미없는데 다운로드하는 데 들어간 돈 때문에 어떻게든 다 보려고 하는 것이 그 예입니다.

사람들이 매몰비용의 오류에 빠지는 이유는 다음 2가지라고 합니다.

❶ 의사결정을 내릴 때 인식하는 시점이 현재가 아닌 과거와 미래에 있기 때문입니다. 과거에 투자했고 현재는 어려우나 미래에는 상황이 더 나아질 것이라는 소망이 매몰비용의 오류를 만들어냅니다.

❷ 현재 자신의 잘못을 인정하면 심리적으로 고통을 느끼게 되는데, 이를 회피하려는 성향을 보이기 때문입니다. 잘못된 결정이 커다란 손실로 연결되는 경우에는 더욱더 합리화에 집착하게 되고 그만큼 스트레스도 커집니다.

주식투자를 하는 경우에도 매몰비용의 오류에 빠지는 경우가 종종 있습니다. 흔히 투자자들은 매수한 가격을 기준으로 수익이 나면 주식을 매도하고 손실이 나면 쉽게 매도하지 못합니다. 하지만 매수한 가격이 주식매매의 주요 결정요인이 되어서는 안 됩니다. 중요한 것은 앞으로의 주가에 대한 전망입니다.

주식을 살 때마다 성공할 수는 없습니다. 하지만 매몰비용의 오류에 빠지면 투자자들은 그 사실을 쉽게 인정하지 못합니다. 주가하락으로 큰 손실이 나면 날수록, 그 주식을 더 고집스럽게 보유하려고 합니다. 끈기 있게 버팀으로써 스스로 타당한 근거가 있다는 것을 증명하고 싶어 하는 겁니다. 이렇게 우리 인간들은 잘못된 선택에 비용과 시간을 투자한 후 되돌리기엔 너무 멀리 와버려, 합리적인 선택을 할 수 없는 경우가 많습니다.

## 만회심리의 오류

명절에 가족들끼리 모여서 고스톱을 치는 경우가 많습니다. 나름대로 화투에 일가견이 있는 친척이 늘 하는 말이 있습니다. "초식은 불식, 중식은 미식, 말식은 포식." 즉 초반에 딴 사람은 결국 아무것도 따지 못하고, 중간에 딴 사람은 조금만 따며, 최후에 따는 사람이 진정한 승자라는 말입니다.

왜 이런 말이 나왔는지 곰곰이 생각해봅시다. 고스톱에서는 판이 계속 돌아가면서 돈도 같이 돌아갑니다. 평균적인 승률을 기록한다고 볼 때, 처음에 돈을 딴 사람은 시간이 지나면 상대적으로 돈을 잃었다는 생각을 합니다. 그래서 이익의 상실분을 만회하기 위해 무리한 "고!"를 외치고, 그러는 과정에서 결국 돈을 따지 못하고 잃는 상황이 벌어지는 것은 아닐까요? 처음 땄던 돈을 다시 찾기 위한 몸부림이 결국 돈을 잃는 상황을 만들어내는 것입니다.

이런 심리를 만회심리라고 합니다. 과거의 나쁜 실적을 만회하기 위해 손실이 엄청나게 쌓인 골치 아픈 투자안에 무리하게 계속 투자하는 심리 또한 만회심리입니다.

### 1. 물타기, 대표적 만회심리

주식투자를 할 때도 만회심리가 널리 퍼져 있습니다. 특히 주가가 떨어지면 과감하게 손절매를 해야 하는데, 그렇게 못하고 물타기를 하는 경우가 대표적입니다. 전략적으로 물타기를 하는 경우도 있지만, 대부분 주가하락에 대한 손실을 한꺼번에 만회하려는 심리 때문에 물타기를 한다고 볼 수 있습니다. 평균 매입단가가 떨어지면 손실의 폭이 줄어드는 것 같은 느낌이 들고, 또한 향후 주가

상승 시 비교적 작은 상승으로도 기존의 손실을 만회할 수 있다는 생각을 하기 때문입니다. 그러나 주식 물타기는 상승하는 주식이 아닌 하락하는 주식을 추격매수하는 것이므로 위험한 거래가 분명합니다. 이런 것이 만회심리로부터 나오는 겁니다.

### 2. 수익이 날 때도 만회심리가 생긴다

만회심리가 주가가 떨어지는 경우에만 나타나는 것은 아닙니다. 수익이 나는 상황에서도 만회심리가 발동됩니다. 예를 들어 1만 원에 산 주식이 2만 원이 되었다고 가정해봅시다. 이 경우 주식을 그대로 보유하고 있거나 현금화해서 다른 주식이나 사업에 투자할 수도 있습니다. 만약 주식을 갖고 있으려면 다른 투자보다 기대되는 수익이 더 높아야 합니다. 하지만 과거에 이익이 났으니 앞으로 조금 손해를 보더라도 괜찮다고 생각하며 주식을 그대로 보유하고 있다면, 이것도 만회심리에 해당합니다.

다시 한번 정리해봅시다. 우리는 언제 휴리스틱을 사용하는 걸까요? 우리 인간이 사용할 수 있는 에너지는 한정되어 있으며, 인지 능력이나 얻을 수 있는 정보도 한계가 있습니다. 따라서 효율적인 에너지 분배를 위해 일상생활 대부분의 판단에는 정서에 바탕을 둔 직관이나 휴리스틱을 사용하게 되고, 합리적 의사결정을 위한 이성의 사용은 제한될 수밖에 없습니다.

어떤 조건에서 합리적 의사결정보다는 휴리스틱을 사용하게 되는지를 연구한 결과, 대체로 6가지 정도의 조건들을 확인할 수 있습니다.

❶ 이슈에 대해서 주의 깊게 생각할 시간이 없는 경우
❷ 정보가 지나치게 많아서 모든 정보를 완전히 처리할 수 없는 경우
❸ 문제가 썩 중요한 것이 아니어서 그에 관해 별로 생각하고 싶지 않은 경우

❹ 결정을 내리는 데 필요한 지식이나 정보가 거의 없는 경우

❺ 습관적으로 반복되는 결정을 하는 경우

❻ 합리적 결정을 위한 이성의 사용에 교육이나 훈련이 부족한 경우

휴리스틱이 무조건 나쁜 것은 아닙니다. 그러나 이성적인 판단을 해야 할 경우까지 직관이나 휴리스틱에 의존한다면 실수할 가능성이 높아진다는 것을 명심해야 합니다.

# CHAPTER 6

# 실제 가치를 왜곡하는 사람의 심리
# – 전망이론

# 확실한 이익과
# 최소한의 손실

사람들이 합리적으로 행동하지 않는다는 증거는 지금까지 살펴본 내용만 봐도 많습니다. 행동경제학이라고 불리는 학문은 전혀 새로운 학문이 아닙니다. 지금까지 연구되었던 소위 주류경제학을 부정하는 학문도 아닙니다. 다만 주류경제학이 간과하고 있는 부분을 적극 보완해주는 학문입니다. 주류경제학에서는 인간이 합리적이라 가정하고 이론을 전개합니다. 반면에 행동경제학은 인간은 합리적이지 않으므로, 경우에 따라 주관적인 판단으로 상반되는 의사결정을 하기도 하는 현상을 잘 설명해줍니다.

여기서 주목해야 할 점이 있습니다. 주식시장에서도 너무나 많은 사람이 제대로 된 투자결정을 하지 못하는데, 그것은 사람들이 합리적이지 않은 구석이 많기 때문입니다.

이번에 살펴보려고 하는 전망이론은 행동경제학이 세상에 나와서 자리 잡을 수 있게 한 연구결과입니다. 아모스 트버스키와 대니얼 카너먼이 연구한 것으로 2002년에 노벨경제학상을 받은 내용입니다. 전망이론을 본격으로 살펴보기 전에 다시 한번 경제학에서 말하는 합리적인 사람과 합리적이지 않은 사람이 어떻게 행동하는지 살펴보도록 하겠습니다.

행동경제학자들의 실험을 통해 그러한 사람들이 어떻게 행동하는지 행동양식을 알아보도록 하겠습니다.

## 합리적인 사람들이 기댓값을 선택하지 않는 이유

앞서 프레이밍 효과를 설명할 때 보았던 실험과 비슷한 문제를 다시 보도록 하겠습니다. 이번에는 실험을 통해 기댓값이 무엇인지 알아봅시다.

---

### 전망이론 실험 1

문제 1에서 A, B 중 하나를 선택하고, 문제 2에서 C, D 중 하나를 선택하시오.

**문제 1**

A 400만 원을 받을 확률 80%

B 300만 원을 받을 확률 100%

**문제 2**

C 400만 원을 받을 확률 20%

D 300만 원을 받을 확률 25%

---

경제학에서 말하는 소위 합리적인 사람이라면 앞의 실험에서 어떤 선택을 할까요? 먼저 이해를 돕기 위해 기댓값에 대해 설명하겠습니다. 기댓값을 구하는 건 어렵지 않습니다. 미래가 불확실하지만 어느 정도 확률을 알고 있을 때 확률을 곱해서 나온 값이 기댓값입니다. 지금까지 학자들은 사람들이 합리적이라면 기댓값이 큰 쪽을 선택한다고 주장했습니다. 그렇다면 앞의 문제에서 각각의 기댓값이 얼마인지 살펴보겠습니다.

| | |
|---|---|
| **A** 400만 원 × 80% = 320만 원 | **C** 400만 원 × 20% = 80만 원 |
| **B** 300만 원 × 100% = 300만 원 | **D** 300만 원 × 25% = 75만 원 |
| ⇨ A를 선택하는 것이 합리적이다. | ⇨ C를 선택하는 것이 합리적이다. |

　그런데 실제로 나온 결과를 보면 문제 1에서 B를 선택한 사람이 80%이고 A를 선택한 사람이 20%였습니다. 이 결과는 기댓값에 따라 의사결정을 한다는 것과는 다릅니다. 그리고 문제 2는 C를 택한 사람이 65%, D를 택한 사람이 35%입니다. 이것은 기댓값에 부합하는 결과입니다. 어쨌든 결과를 통해서 보면 기존의 이론과 결론이 다르게 나타난다는 것을 알 수 있습니다. 이는 이익을 얻는 결정의 경우 조금이라도 불확실한 것은 기댓값이 크다고 해도 피하려는 성향이 있다는 것을 말해줍니다.

## 같은 결과라도 더 확실해 보이는 쪽을 선택한다

### 전망이론 실험 2

문제 3에서 A, B 중 하나를 선택하고, 문제 4에서 C, D 중 하나를 선택하시오.

| **문제 3** | **문제 4** |
|---|---|
| **A** 600만 원을 받을 확률 45% | **C** 600만 원을 받을 확률 0.1% |
| **B** 300만 원을 받을 확률 90% | **D** 300만 원을 받을 확률 0.2% |

　문제 3의 경우 A와 B의 기댓값은 270만 원으로 동일한 결과가 나와야 하고, 문제 4의 C와 D도 똑같이 6,000원의 기댓값으로 동일한 결과가 나와야 합니다.

그런데 실제로는 실험 2의 문제 3은 86%가 B를 선택했고, 문제 4는 73%가 C를 선택했습니다. 이 두 문제는 서로 답이 같은 것이라서 어느 것을 선택해도 무방합니다. 하지만 선택된 것들을 놓고 보면 조금이라도 확률이 높은 쪽으로 치우쳤다는 것을 알 수 있습니다.

---

### 전망이론 실험 3

당신은 현재 200만 원을 가지고 있습니다. 어떤 선택을 하겠습니까?

**문제 5**
**A** 100만 원을 잃을 확률 50%, 아무것도 잃지 않을 확률 50%
**B** 50만 원을 잃을 확률 100%

---

실험 3도 각각의 기댓값을 살펴보면 A는 −50만 원(−100만 원×50%＋0×50%), 그리고 B의 값도 −50만 원이므로 A, B 똑같이 50만 원의 손실을 보는 상황입니다. 둘 중 어느 것을 선택해도 결과는 같습니다. 그런데 실제로 A를 선택한 사람이 68%였습니다. 이런 과정을 통해서 보면, 사람들은 손실을 봐야 할 때는 확실한 손실보다 손실을 보지 않을 가능성이 조금이라도 있는 대안을 선호한다는 걸알 수 있습니다.

결론적으로 보면 사람들은 이익을 얻는 상황에서는 확실한 이익을, 손실을 보는 상황에서는 조금이라도 그러한 상황을 모면할 틈이 있다면 그것을 선택한다는 것을 알 수 있습니다. 사람들이 왜 이런 선택을 하는지를 설명하는 것이 바로 전망이론입니다. 그럼 전망이론이 어떤 내용을 담고 있는지 본격적으로 살펴보겠습니다.

## 2
가치함수

# 실제 가치와
# 내가 느끼는 가치는 어떻게 다를까

가치함수는 행동경제학에서 매우 중요한 개념 중 하나입니다. 가치함수를 알아보기 전에 기대효용이론을 다시 떠올려볼까요? 앞서 살펴본 것처럼 합리적이라고 생각했던 사람들이 어떻게 행동하는지 설명했던 개념이 바로 기대효용이론입니다. 효용이라는 말은 쉽게 이해하기 어려운 개념인데, 여기서는 주관적인 만족도라고 하겠습니다. 그렇다면 기대효용이론은 미래에 예상되는 주관적인 만족도라고 생각할 수 있습니다.

미래는 불확실하지만 어느 정도의 확률을 알 수 있다고 해봅시다. 앞서 살펴본 실험에서처럼 자신이 예상하는 이익이나 손실에 확률값을 곱한 것이 기댓값입니다. 이익일 때는 기댓값이 큰 것을, 손실일 때는 기댓값이 작은 것을 선택할 때 사람들은 합리적이라고 말합니다. 문제는 실험을 해보니 기존에 합리적이라고 생각했던 대로 사람들이 행동하지 않는다는 증거가 나타난 겁니다. 그래서 그 행동을 설명하기 위해 나온 것이 바로 가치함수입니다. 다음에 나오는 그래프는 가치함수를 나타낸 것입니다.

가치함수 그래프는 이익이 나는 곳에서의 심리적 효과와 손실이 나는 곳에서

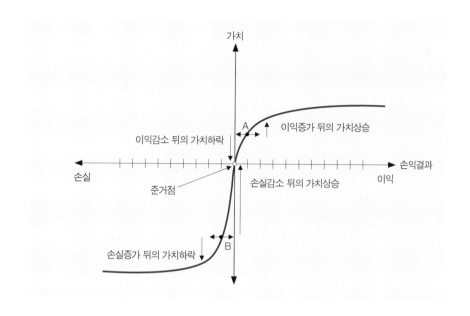

의 심리적 효과 차이를 이해하는 것이 중요합니다. 먼저 이익이 나는 상황(그래프의 1사분면)을 살펴보겠습니다. 예를 들어 처음 100만 원의 이익이 있었다고 생각해봅시다. 처음 100만 원의 이익이 생기면 정말 기분이 좋아집니다. 이어서 또다시 100만 원의 이익이 생겼다고 해봅시다. 그러면 기분이 좋긴 한데 처음의 100만 원 때보다는 조금 덜 기쁩니다. 그리고 계속 100만 원의 이익이 쌓이면 기쁘긴 하겠지만, 기쁨의 정도는 점점 작아집니다. 우측 상단의 1사분면은 이를 그래프로 나타낸 겁니다.

이번에는 좌측 하단의 손실이 발생하는 상황을 보겠습니다(그래프의 3사분면). 처음에 100만 원의 손실이 발생했습니다. 너무 가슴이 아픕니다. 두 번째 100만 원의 손실이 발생했습니다. 이때도 가슴이 아픕니다. 그런데 이익에서 느꼈던 만족감의 체감도보다 더 큰 아픔을 느낍니다. 그래프에서 A와 B의 길이, 즉 이익과 손실의 정도는 같습니다. 하지만 기울기가 이익이 났을 때보다 손실이 났을 때 더 가파르다는 것은 손실로 인한 아픔이 이익의 기쁨보다 더 크다는 것을 의미합니다. 그러나 손실도 계속 쌓이면 아픔이 무뎌지듯이, 이후의 그래프 기울기도 완만해집니다. 그래프에서 알 수 있는 것은 이익이나 손실의 가치가 작을 때는 변화에 민감하지만, 그것이 계속 누적되면 민감도도 감소한다는 것입니다.

전망이론은 기대효용이론이 가정하는 효용함수 대신 가치함수에 따라 사람들이 행동한다고 가정합니다. 이때 가치함수의 가장 중요한 특성은 ① 준거점 의존성 ② 민감도 체감성 ③ 손실회피성, 이렇게 3가지입니다.

## 준거점 의존성의 오류

준거점이란 기준점이라는 말과도 같습니다. 그래서 준거점 의존성이란 어떤 기준점을 가지고 있을 때, 그 후에 일어나는 상황을 그 기준점에 비추어 판단하는 것을 말합니다.

다음 실험을 통해 준거점 의존성을 살펴보겠습니다.

---

### 준거점 의존성 실험

일광 씨와 구슬 씨는 연봉이 다릅니다. 다음 상황에서 두 사람 중 누가 더 행복할까요?
**일광 씨** 연봉이 3,000만 원에서 4,000만 원으로 1,000만 원 인상
**구슬 씨** 연봉이 1억 원에서 9,000만 원으로 1,000만 원 하락

---

일반적으로 연봉이 더 많은 사람이 행복하다고 생각하지 않을까요? 일광 씨는 연봉이 올랐어도 4,000만 원 수준이고, 구슬 씨는 연봉이 떨어지긴 했어도 여전히 일광 씨보다 많은 9,000만 원을 받습니다. 그러니 기대효용에 따라 생각해보면 구슬 씨가 당연히 더 행복해야 합니다.

그런데 사람들은 실제로 이와 달리 생각합니다. 준거점 의존성 때문이지요. 즉 일광 씨는 구슬 씨보다 연봉이 적지만 그래도 1,000만 원이 올라서 행복한 반면, 구슬 씨는 일광 씨보다 연봉이 많지만 1,000만 원의 연봉이 줄어서 행복하지 않다고 느끼는 겁니다. 이렇게 사람들은 상황을 판단할 때 기준점을 바탕으로 움직인다는 것을 알 수 있습니다.

주식투자를 할 때도 여러 가지 형태로 준거점 의존성이 나타납니다. 먼저 스스로 목표수익을 정하는 겁니다. 예를 들어 1만 원짜리 주식을 샀는데 아무리 봐도 이 주식이 2만 원은 돼야 할 것 같은 생각이 들었다면, 이때 목표가격 2만 원이 준거점이 됩니다. 그래서 목표가격 2만 원을 줄기차게 고집합니다. 만약 어쩔 수 없는 상황에서 1만 5,000원에 매도했더라도, 주당 5,000원을 벌었다고 생각하기보다 뭔가 5,000원을 손해 본 듯한 느낌이 듭니다. 이것도 준거점 의존성의 영향입니다.

또 하나 흔히 저지르는 실수를 하나 살펴볼까요? 만약 1만 원에 주식을 사서 2만 원이 되었다가 조금 떨어져 1만 8,000원이 되었다면, 당연히 주당 8,000원의 이익을 보고 주식을 매도하면 됩니다. 그러나 투자자들은 쉽게 매도하지 못합니다. 기준점이 1만 원이 아니라 직전 고점이었던 2만 원으로 옮겨갔기 때문입니다. 그래서 2,000원 손해를 보고는 못 판다는 생각을 하는 겁니다.

## 민감도 체감성의 오류

더운 여름날 열심히 운동하고 난 다음 시원한 음료를 마시면 기분이 어떨까요? 세상에서 제일 시원한 기분일 겁니다. 그런데 시원한 음료수를 두 병째 마시면 과연 첫 번째 느낀 시원함과 같을까요? 아닐 겁니다. 시원하긴 해도 첫 번째 느꼈던 시원함보다는 덜할 겁니다. 세 번째 병을 마시면 역시 시원하긴 하지만 두 번째보다는 조금 덜하고 첫 번째보다는 훨씬 덜할 겁니다. 바로 이런 현상을 경제학에서는 한계효용체감의 법칙이라고 합니다. 즉, 하나씩 더 가졌을 때 느끼는 만족도가 갈수록 조금씩 줄어드는 것을 말합니다. 이때 하나씩 더 늘어나는 상황을 한계상황이라고 합니다.

다른 예로 내가 빈털터리일 때 길에서 100만 원을 주우면 정말 뛸 듯이 기쁠 겁니다. 그러나 내가 현금으로만 1억 원을 가진 상태라면, 100만 원을 주우면 기분이 좋기는 한데 빈털터리일 때보다는 만족감이 덜 하겠지요. 이것도 한계효용 체감 법칙의 한 예입니다.

### 1. 기쁨도, 슬픔도 반복되면 둔감해진다

행동경제학에서는 가치함수의 특성 중 두 번째로 민감도 체감성을 들고 있습니다. 민감도 체감성이란 이익이든 손실이든 처음의 작은 변화에는 민감하게 반응하지만, 변화 폭이 커질수록 체감하는 기쁨이나 슬픔은 둔화된다는 의미입니다. 주식투자자는 투자손실을 입으면 처음의 100만 원은 매우 크게 느끼지만, 손실이 100만 원 더 늘어나면 처음만큼 가슴 아프지는 않을 것입니다. 같은 100만 원이라도 체감 정도가 다르다는 것입니다.

한 가지 실험을 소개할까 합니다. 만약 다음과 같은 실험에 참여한다면 여러분은 어떤 선택을 하겠습니까?

---

**민감도 체감성 실험 1**

다음 중 어떤 복권을 사겠습니까?
**A 복권** 10%의 확률로 300만 원을 주는 복권
**B 복권** 10%의 확률로 100만 원을 주는 3장의 복권

---

실험 1은 기대효용이론에 따르면 기댓값이 각각 30만 원으로 같은 복권입니다. 그런데 사람들은 A 복권보다는 B 복권을 더 많이 선호합니다. 사람들은 같은 기댓값이라도 여러 번의 기회를 갖는 것을 더 선호한다는 겁니다.

다음은 두 번째 문제입니다. 여러분도 같이 해보세요.

---

### 민감도 체감성 실험 2

다음 중 어떤 복권을 사겠습니까?
**C 복권** 100%의 확률로 100만 원을 주는 복권
**D 복권** 50%의 확률로 200만 원을 주거나, 50%의 확률로 꽝이 되는 복권

---

실험 2에서 두 복권의 기댓값은 100만 원으로 같습니다. 그러나 사람들은 당첨이 확실한 C 복권을 선호합니다. 실험에서 D 복권의 확률을 올려도 아마 사람들은 확실히 당첨이 되는 것을 택할 겁니다. 하나 더 보겠습니다.

---

### 민감도 체감성 실험 3-1

운전하다가 범칙금을 내는 상황입니다. 범칙금을 어떻게 내고 싶습니까?
❶ 100%의 확률로 50만 원의 범칙금을 낸다.
❷ 50%의 확률로 100만 원의 범칙금을 낸다.

---

실험 3-1도 마찬가지로 기대손실값은 50만 원으로 같습니다. 그러나 사람들은 이번에 실험 2와는 반대의 모습을 보입니다. 즉, 확실히 범칙금을 내는 것보다 범칙금을 내지 않을 가능성이 있는 ②를 선호한다는 결과가 나왔습니다.

이처럼 일반적으로 사람들은 민감도 체감성 때문에 한 번에 제공되는 이익보다 여러 번에 걸쳐 발생하는 이익을 더 크게 느낍니다. 그래서 큰 이득을 얻기 위해서 위험을 감수하기보다 적은 이익이라도 확실하게 실현하려는 경향이 생기고, 이 때문에 신중하게 행동한다는 것입니다. 반면에 손실은 어떨까요? 이와는 정확히 반대입니다. 사람들은 여러 번의 적은 손실에 대해서는 민감하게 반응하지만, 큰 손실에는 둔감해져 오히려 과감한 행동을 취하기도 합니다.

### 민감도 체감성 실험 3-2

여러분이 잘못해서 벌금을 내야 합니다. 어떻게 내고 싶습니까?
❸ 한 번에 100만 원의 벌금을 낸다.
❹ 50만 원씩 두 번에 걸쳐서 벌금을 낸다.

실험 3-2는 실험 1과 반대의 경우입니다. 실험 1을 통해 우리는 이익을 볼 때는 한 번에 얻는 것보다 기회가 더 많은 걸 선호한다는 사실을 알았습니다. 그러나 손실을 보는 경우에는 한 번에 손실을 보는 것보다 여러 번에 걸쳐서 손실을 보는 게 더 힘들다고 합니다. 연구에 따르면 심리적으로 2.5배 정도 더 힘듭니다. 그래서 좋은 소식은 여러 번에 나눠 전달하고 나쁜 소식은 한 번에 전해야 한다는 말도 있습니다.

흔히 주식시장에서 성공하지 못하는 이유로 "이익은 짧게, 손실은 크게"라는 말이 나옵니다. 주식시장에서 주가가 상승하면 사람들은 큰 수익을 올리기보다 눈앞의 이익을 실현하려는 행동을 합니다. 결과적으로 100%의 수익이 발생하는 주가상승에서도 10~20%의 수익실현으로 만족하는 경우도 있습니다.

그리고 손실이 발생하면 과감하게 손실을 끊어줄 손절매가 필요하지만, 혹시나 하는 마음에 손절매를 못하는 경우도 있습니다. 또 손실에 둔감해지기도 하지요. 처음 10%의 손실이 발생했을 때는 엄청난 스트레스를 받습니다. 그러다가 10%의 손실이 또 발생하면 처음보다는 스트레스를 덜 받고 손실에 익숙해지는 행동을 보이면서 손실을 키우는 경우가 많이 발생합니다. 바로 민감도 체감성 때문입니다.

## 2. 주식시세를 얼마나 자주 들여다봐야 할까?

그렇다면 주식투자를 하는 경우 주식시세를 얼마나 자주 들여다보는 것이 좋을까요? 주식시세를 매일 봐야 하는 것은 아니라고 말하는 사람도 있고, 온종일 집중해서 봐야 한다는 사람도 있습니다.

이 문제는 여러 가지 요소를 따져봐야 합니다. 그런데 준거점 의존성과 민감도 체감성을 고려한다면, 주식시세를 매일 또는 매시간 보고 있는 것은 어쩌면 잘못된 투자결정의 가능성을 높이는 것으로 볼 수 있습니다.

예를 들어 하루 중에도 주식은 쉴 틈 없이 등락을 거듭합니다. 주식은 지속적으로 상승하는 경우가 드물고 자꾸만 장중에 매물을 받는 경우가 많지요. 온종일 시세를 보고 있노라면 장중 고점이 내 본전처럼 보이기도 합니다. 또 매물 부담으로 주가가 순간순간 밀려 내려가면, 그 고통을 참지 못해 주식을 그냥 팔아버리는 오류를 범할 수 있습니다. 그러므로 심리적인 안정을 찾고 주식투자를 냉정하게 하려면 주식시세를 매일 또는 매시간 보는 것은 그다지 좋은 방법이 아니라는 겁니다.

다음에 나오는 것은 주식의 일봉차트입니다. 차트에서 표시된 부분을 보면 주가가 장중 하락세를 보이다가 마지막에는 하루 중 최고가로 마감하는 모습이 보입니다.

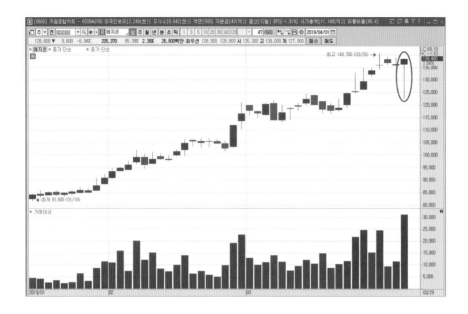

이 주식의 5분봉을 살펴보겠습니다. 박스를 그려놓은 곳이 바로 아침 시초가
보다 떨어진 상태입니다.

274

온종일 이 종목의 가격 움직임을 지켜봤다고 생각해봅시다. 엄청난 스트레스를 받았을 겁니다. 왜냐하면 하루 중 주가가 하락한 상태로 있었던 시간이 더 길었기 때문입니다. 시세를 자주 보지 않았다면 아무 문제가 없었을 테지만, 시세를 지속적으로 보고 있었다면 아마도 장 출발 이후 주식을 팔아버리고 싶은 마음이 더 컸을 겁니다. 그래서 시세를 온종일 바라보고 있는 것이 무의미한 겁니다.

## 손실회피성의 오류

손실을 좋아하는 사람은 세상에 아무도 없을 겁니다. 사람들이 경제활동을 하거나 주식투자를 할 때 미래의 불확실성에 대해 막연한 두려움과 공포를 느끼는 것은 그것이 자신에게 이익을 주기보다 손해를 입힐지도 모른다는 생각이 자리 잡고 있기 때문입니다. 그만큼 사람들은 손실에 신경질적인 반응을 보입니다. 사실 미래의 불확실성이라고 해서 반드시 손실을 주는 상황이 벌어지는 것은 아닙니다. 이익을 주는 상황이 나타날 수도 있습니다. 그러나 사람들은 이익을 얻을 생각보다 손해를 보는 상황을 머릿속에 먼저 떠올립니다. 이렇게 손실을 회피하려는 인간의 심리적 습성이 변화를 어렵게 만드는 요인이 됩니다.

행동경제학자 대니얼 카너먼은 사람들이 언제 손실회피성을 보이는지 실험을 해봤습니다. 그 내용은 다음에 나오는 '손실회피성 실험'과 같습니다.

실험을 통해서 알 수 있는 것은 사람들은 똑같은 금액의 이익보다 손실을 더 크게 평가하는 경향이 있다는 겁니다. 즉, 같은 금액의 이익과 손실이 있다면, 이익을 얻으면서 느끼는 만족보다 손실로 인한 불만족을 더 크게 느낀다는 겁니다. 사람들에게는 '일단 손실은 피하고 보자'라는 심리적 성향이 뿌리 깊게 자리 잡고 있다는 걸 알 수 있습니다.

사람들의 손실회피성을 이용한 기업의 전략 중 이런 것이 있습니다. 예를 들어 의류매장에서 옷 한 벌에 2만 원, 옷 두 벌에 3만 원으로 가격을 책정했다고 합

## 손실회피성 실험

### 1. 실험내용

동전을 던져서 앞면이 나오면 1만 원을 잃고, 뒷면이 나오면 1만 원을 받는 게임이 있습니다. 여러분은 이 게임에 참여하겠습니까?

### 2. 실험결과

실제로 이 실험에 참여하지 않겠다고 한 사람의 비중이 90%였습니다. 사실 이 게임은 확률이 50:50으로 사람들이 합리적이라면 50:50의 비중의 결과가 나왔어야 합니다. 그러나 많은 사람들이 이 게임에 참여하지 않겠다는 것은 사람들이 가지고 있는 손실회피성과 관련 있습니다.

시다. 그러면 사람들 대부분은 옷 두 벌을 사간다고 합니다. 왜냐하면 옷 한 벌은 2만 원이지만, 옷 두 벌이 3만 원이면 한 벌에 1만 5,000원이 되는 꼴이기 때문입니다. 이때 옷 한 벌의 가격 2만 원은 하나의 기준점으로 작용해 사람들의 손실회피 심리를 자극하는 요인이 됩니다.

손실회피성으로부터 알 수 있는 인간 행동의 특성 중 하나가 바로 앞서 살펴본 '소유효과'입니다. 소유하고 있던 것을 잃거나 빼앗기는 경우 인간은 극심한 상실감을 느낍니다. 그래서 그런 상실에 대한 평가는 높게 하고 가급적 회피하려고 합니다. 소유효과는 사람들이 어떤 대상을 소유하거나 소유할 수 있다고 생각하는 순간, 그 대상에 대한 애착이 생기는 겁니다.

손실회피성과 관련된 또 다른 인간 행동의 중요한 특징은 '현상유지편향'입니다. 앞서 살펴봤듯이 이는 자신의 현재 상태를 유지하려는 인간의 심리, 현재 상태에서 변하는 것을 회피하려는 경향을 말합니다. 현재 상태가 특별히 나쁘지 않다고 할 때, 변화는 현재의 상황보다 나아지거나 현재의 상황보다 나빠지는 2가지 경우를 가져옵니다. 이때 현상유지편향이 발생합니다. 사람들은 어떤 행동을 했을 때나 하지 않았을 때 후회를 합니다. 예를 들어 '주식이 위험하다고 해서 안 했더니 주가가 급등해서 후회하는 경우'가 첫 번째일 것이고, '주식시장이 인기를 끌고 있다고 해서 주식을 매입했더니 주가가 급락해서 반 토막이 난 주식을 보며 후회하는 경우'가 두 번째일 겁니다.

그런데 사람들은 행동을 하지 않아서 후회하는 경우보다 행동을 해서 후회하는 경우 더 깊은 상실감을 느낀다고 합니다. 이런 이유로 사람들은 의사결정을 할 때 새로운 시도를 하기보다 현재 혹은 이전의 결정을 유지하려는 성향이 강하게 나타난다고 합니다.

주식시장에서 사람들이 기업내용이 더 좋은 종목으로 교체하지 못하는 것도, 쉽게 손절매를 하지 못하는 것도 바로 손실회피성향 때문이라고 봐야 합니다. 이런 심리적 습성을 이겨낸다면 보다 합리적인 투자를 할 수 있을 겁니다.

## 3
### 확률가중함수

# 우리는 확률을
# 과대평가 또는 과소평가한다

세상에서 가장 착하게 산 사람이 기도를 했습니다.

"하느님, 제가 좋은 일만 하고 살았는데, 너무 가난해서 살아가기 어렵습니다. 이번에 로또복권 1등에 당첨되게 해주세요."

그런데 아무리 기다려도 로또에 당첨되지 않았습니다. 낙심한 사람은 다시 기도했습니다.

"하느님, 정말 이럴 수가 있습니까? 제가 지금까지 살아온 것을 보면 로또 당첨 정도는 해주셔야 하는 것 아닌가요?"

이때 하느님의 목소리가 들렸습니다.

"로또를 사야 당첨시켜주든가 말든가 할 것 아니냐…."

많은 사람들이 로또에 당첨되길 희망합니다. 814만분의 1이라는 아주 희박한 확률에 기대어 사람들은 매주 꾸준히 복권을 삽니다. 그래서 그런지 흔히 사람들의 대박심리를 설명할 때 로또를 이용하는 경우가 많습니다.

## 로또 당첨 확률이 실제보다 높다는 착각

전망이론으로 사람들이 로또를 사는 이유를 설명할 수 있습니다. 벼락 맞은 사람이 또 한 번 벼락에 맞을 확률보다 더 낮다는 로또를 말이지요. 먼저 앞서 살펴봤던 '기대효용이론'에 근거해 왜 그런지 알아보겠습니다.

기대효용이론에 따르면 사람들은 결과가 불확실한 상황에서 결과에 관한 효용의 기대치를 따져 행동합니다. 1등에 당첨될 수 있다는 심리적 만족감을 비롯해 복권을 샀을 때 얻을 수 있는 주관적인 만족감이 복권을 사지 않았을 때의 기대효용보다 크다면, 합리적인 사람들은 복권을 구매한다는 겁니다.

실제로 주변에 로또를 사는 사람들의 이야기를 들어보면, 로또를 일요일에 구입해서 추첨을 하는 토요일까지 즐거운 상상을 한다는 사람이 적지 않습니다. 1주일 동안 즐기는 행복한 상상의 가치가 복권을 구입하는 5,000원보다 훨씬 크기 때문에 복권을 기꺼이 구입한다는 것이 바로 전통적 경제학의 입장입니다.

하지만 행동경제학에서는 확률가중함수를 통해 사람들이 낮은 당첨 확률임에도 기꺼이 로또복권을 사는 행동을 설명합니다. 인간이 느끼는 주관적인 확률은 객관적 확률의 크기에 비례하는 것이 아니라는 것이지요. 행동경제학에서는 사람들이 객관적으로 발생할 확률이 낮은 사안에 대해서는 과대평가를 하는 반면, 확률이 높은 사안에 대해서는 오히려 과소평가하는 경향이 있다고 말합니다.

확률가중함수를 이해하기 위해서는 프랑스 최초의 노벨경제학상 수상자 모리스 알레의 실험을 살펴볼 필요가 있습니다. 여러분도 같이 도전해보기 바랍니다.

**질문 1**

❶ 100%의 확률로 1,000달러를 받는다.

❷ 10%의 확률로 2,500달러, 또는 89%의 확률로 1,000달러를 받거나, 1%의 확률로 아무것도 못 받는다.

**질문 2**

❸ 11%의 확률로 1,000달러를 받거나, 89%의 확률로 아무것도 못 받는다.

❹ 10%의 확률로 2,500달러를 받거나, 90%의 확률로 아무것도 못 받는다.

먼저 기대효용이론에 따라 앞의 두 질문에 대한 답을 구해보면 다음과 같습니다.

❶ 1,000달러

❷ 0.1×2,500달러＋0.89×1,000달러 ＝1,140달러

❸ 0.11×1,000달러＝110달러

❹ 0.1×2,500달러＝250달러

기대효용에 따르면 사람들은 첫 번째 질문에는 ②, 두 번째 질문에는 ④를 선택해야 합니다. 그런데 실제로는 첫 번째 질문에서 ①, 두 번째 질문에서 ④를 선택함으로써 다른 결과를 보였습니다. 이러한 실험을 '알레의 역설'이라고 부릅니다.

행동경제학자들은 이 문제에 답한 사람들이 잘못됐다고 말하지 않았습니다. 왜 이런 결과가 나왔는지 설명하려고 했지요. 이때 확률가중함수를 이용했습니다. 사람들은 평소에 의사결정을 할 때 기대효용이론에서 설명한 확률로 기대치를 계산하지 않습니다. 확률 자체에 자신들의 생각, 즉 확률가중함수에 의해 변환된 주관적 의사결정의 비중으로 각 대안의 가치를 가중한 값으로 결정한다는 겁니다.

예를 들어 두 번째 질문에서 11%와 10%의 확률 차이는 작지만 1,000달러와 2,500달러의 차이는 크게 나타납니다. 그래서 작은 확률의 차이보다 상금의 차이에 주목하는 겁니다. 반면에 첫 번째 질문에서는 100% 확실한 상태와 만에 하나 못 받을 수도 있는 1%의 확률에 주목합니다. 그래서 이런 결과가 나오는 겁니다.

## 확률가중함수의 S자 곡선

일반적으로 확률가중함수에서는 다음 그래프처럼 낮은 확률이 과대평가되고 높은 확률이 과소평가됩니다. 그래서 직선이 아닌 S자 모양의 곡선 형태를 보이는 것이지요. 그래프에서 직선으로 나타나는 것이 바로 객관적인 확률이고, 곡선으로 나타나는 것이 주관적인 확률입니다. 확률이 낮은 쪽에서는 객관적 확률보다 더 크게 확률을 인식하고, 확률이 높은 쪽에서는 객관적인 확률보다 더 작게 확률을 인식합니다.

확률가중함수는 복권 구입과 보험 가입에 대해서도 설명할 수 있습니다. 로또

▼ 확률가중함수 그래프

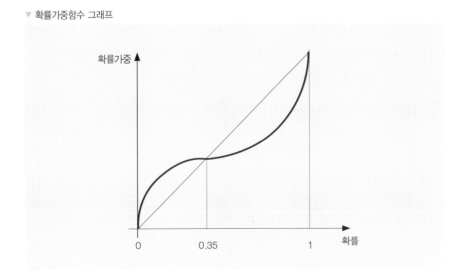

복권의 확률은 앞서 살펴본 바와 같이 814만분의 1의 확률입니다. 정상적인 상황에서는 도저히 나올 가능성이 없는 확률입니다. 사람이 벼락에 맞을 확률이 대략 180만분의 1이라고 하니 말입니다. 보험도 사실 큰 사고가 났을 때를 대비하기 위해 들지만, 사고가 날 확률이 그다지 높지 않은 것이 사실입니다. 이렇게 흔히 일어나는 일이 아님에도 불구하고, 고액의 당첨금이나 사고로 당하는 큰 피해에 대한 인상이 사람들의 확률에 대한 평가를 왜곡시키고 확률을 과대평가하게 합니다. 그래서 복권을 사고 보험에 들게 되는 것이지요.

확률가중함수를 좀 더 쉬운 예로 설명하면 다음과 같습니다. 여러분이 만약 아주 심한 병에 걸려 치료를 하지 않으면 죽는다고 생각해봅시다. 병원에 갔더니 담당 의사가 2가지 처방을 제시했습니다.

> **A 처방** 1,000만 원이 들어가지만 100% 완치되는 약
> **B 처방** 200만 원이 들어가지만 99% 확률로 완치되는 약

만약 이런 처방을 받았다면 여러분은 어떤 처방을 따르겠습니까? 비싸더라도 확실히 낫는 처방이냐, 조금 싸지만 완치되지 못할 가능성이 1%라도 있는 처방이냐를 놓고 고민할 겁니다. 아마 비싸더라도 확실히 치료되는 처방을 선택할 겁니다. 1%의 사망 가능성이 더 크게 보이는 겁니다.

또 하나, 여러분이 머리가 빠지는 상황인데 치료약이 나왔습니다. 그 약의 가격과 효능은 다음과 같습니다.

> **C 제약 발모제** 20% 확률로 머리가 나는데 10만 원
> **D 제약 발모제** 21%의 확률로 머리가 나는데 15만 원

알레의 역설에 비춰본다면 아마도 C 제약 발모제를 사게 될 겁니다. 작은 확률의 차이보다 5만 원의 가격 차이가 더 크게 느껴지기 때문입니다.

앞에 나온 확률가중함수 그래프를 자세히 보면 다음과 같은 것을 알 수 있는데, 이는 카너먼과 트버스키의 연구결과이기도 합니다. 사람들은 0과 0.35 사이에서는 확률을 과대평가하고, 0.35와 1.0 사이에서는 확률을 과소평가한다는 겁니다. 심리학자인 조너선 배런에 따르면 사람들은 확률을 수치로 받아들이지 않습니다. 그는 사람들이 확률을 '확률이 1.0(100%)에서는 확실하다' '확률이 0(0%)인 경우에는 불가능하다' 그리고 '확률이 0과 1 사이에서는 가능성이 있다'로 판단하기 때문에 이런 현상이 발생한다고 봅니다.

## 주식시장에서의 확률가중함수

주식시장에서도 똑같은 일이 나타날 수 있습니다. 주식은 기업가치를 따라 움직이기 때문에, 기업가치가 형편없는 주식들의 주가가 올라가는 것은 어려운 일입니다. 그러나 투자자들은 작은 확률이지만 한번 시세가 올라가면 단기간에 엄청난 수익률을 보였던 기억이 있기 때문에 위험을 무릅 쓰고 저가부실주에 투자합니다.

주가가 1,000원 미만의 동전주식은 부실한 주식입니다. 액면가가 100원이어서 주가가 1,000원 미만인 경우도 있지만 대체로 부실합니다. 가끔 동전주식들이 급등하는 모습을 보이는데, 이는 투기적인 매수에 들어갔기 때문입니다. 일반 투자자들이 이런 동전주식의 움직임에 따라 들어갑니다. 이것도 지나치게 낮은 확률이 과대평가되는 현상입니다.

또 주식이 상장폐지되기 전에 정리매매를 하는데, 이때 상하한가 제한폭이 없어집니다. 그러다 보니 거래가 정지된다는 위험보다는 하루 중에도 급등할 수 있다는 생각으로 무모하게 매수하는 경우가 있습니다. 그냥 어리석은 일이라고 생각하면 되겠지만, 확률가중함수로 굳이 설명하자면 이런 현상도 가능하다는 말입니다.

일반적으로 투자할 때는 대형우량주에 하라는 말이 있습니다. 대형우량주는 대체로 실적이 안정적이고 부도 같은 재무적인 위험이 상대적으로 적어 저가부실주에 비해서는 안심할 수 있습니다. 하지만 대체로 고가주인 까닭에 혹시 떨어지면 어쩌나 하는 마음에 쉽게 사지 못하는 경우가 있습니다. 이런 것 또한 확률가중함수로 설명할 수 있습니다.

**CHAPTER 7**

# 마음속에 나눠져 있는 몇 개의 통장
# – 심적회계

심적회계_어떻게 번 돈이든 같은 금액이면 같은 가치다

**1**

심적회계

---

# 어떻게 번 돈이든
# 같은 금액이면 같은 가치다

---

주식투자를 할 때 사람들이 가지고 있는 심리는 매우 다양한 형태로 나타납니다. 예를 들어 수익을 실현하지 않았는데도 주가가 올라가면 기분이 좋아져서 술을 마십니다. 주가가 떨어지면 이번에는 마음이 아파서 또 술을 마십니다. 그래서 나중에 결산을 해보면 "내가 주식투자로 손실을 본 금액이 그동안 내가 술을 마신 금액하고 같다"라는 우스갯소리가 나옵니다.

행동경제학자들의 연구에 따르면 많은 사람이 돈을 구분해서 생각합니다. 기업이 회계장부를 작성하는 것처럼 사람들도 저마다 '마음속의 회계장부'를 가지고 돈마다 서로 다른 의미를 부여합니다. 즉, 회사에 출근해서 매월 받는 근로소득 계정, 주식투자나 부동산투자 등을 통해서 돈을 버는 불로소득 계정, 가족들 생계를 위해서 반드시 써야 하는 생활비 계정, 그리고 가족들의 여가를 즐기기 위해 따로 지불하는 유흥비 계정 등 이런 식으로 별도로 인식한다는 겁니다. 이런 현상을 심적회계라고 합니다.

심적회계를 설명할 때 가장 쉽게 이해할 수 있는 예를 들어보겠습니다. 열심히 아르바이트를 해서 5만 원을 벌었다고 합시다. 왠지 이 돈은 함부로 쓰면 안 될 것 같고, 잘 모아서 정말 중요한 곳에 써야 할 것 같은 생각이 듭니다. 하지만 길을 가다 우연히 5만 원을 주운 경우에는 왠지 공돈이 들어온 기분에 당장 필요하지도 않은 물건을 아무 거리낌 없이 사게 됩니다. 분명 같은 5만 원인데 말이죠. 이때 사람들이 왜 이렇게 다르게 느끼는지 설명하는 것이 바로 심적회계입니다.

## 마음속 회계장부에 따른 선택

대니얼 카너먼과 아모스 트버스키의 연구를 통해서 입증된 심적회계의 내용을 살펴보겠습니다. 그들은 다음과 같은 실험을 했습니다.

### 심적회계 실험 1

**상황 1** 당신이 기다리던 콘서트를 보기 위해 콘서트 티켓을 30만 원에 구입했다. 그런데 콘서트홀에 도착해보니 티켓을 분실한 것을 알았다. 콘서트홀 현장에서는 여전히 같은 가격인 30만 원에 티켓을 팔고 있다. 당신은 과연 현장에서 30만 원을 주고 티켓을 재차 구입할 것인가?

**상황 2** 당신은 기다리던 콘서트를 보기 위해 30만 원짜리 티켓을 예매했다. 그런데 콘서트홀에 도착해보니 예매한 티켓을 사기 위해 따로 보관했던 30만 원이 없어졌다. 여전히 지갑 속에 충분한 돈이 있다면 예약한 티켓의 대금을 지불할 것인가?

2가지 경우는 경제적인 관점에서 동일한 상황입니다. 2가지 경우 모두 콘서트홀에 도착하자마자 30만 원을 잃어버린 것을 알았고, 각각의 경우에 콘서트를 관람하기 위해 30만 원을 다시 지불하든지 아니면 집으로 돌아가든지 하는 결정에 직면한 것입니다. 과연 사람들은 2가지 상황에서 어떤 행동을 할까요?

카너먼과 트버스키의 연구결과는 다음과 같습니다. 연구의 대상이 되었던 사람들 중 대부분이 첫 번째 경우, 즉 먼저 사둔 티켓을 분실한 경우에는 콘서트에 가지 않았습니다. 하지만 두 번째 경우, 즉 예약된 티켓에 대해서는 돈을 지불하고 콘서트를 관람하는 결정을 내렸습니다. 이는 사람들이 같은 30만 원이라도 경제적 가치를 달리 인식하고 있다는 것을 뜻합니다.

이러한 행동의 불일치성은 심적회계라는 개념으로 쉽게 설명됩니다. 2가지 경우에서 의사결정자들은 심적회계 계정, 즉 '콘서트 계정'과 일반적인 '현금 계정'을 가지고 있다는 겁니다. 콘서트장에 가서 가수의 노래를 듣고 같이 공감하는 것은 콘서트 계정의 이익으로 기입됩니다. 즉, '재미, 여흥 그리고 예술의 즐거움'의 형태로 긍정적인 가치를 제공합니다. 이 가치는 티켓의 가격을 상쇄시킵니다.

자, 그럼 상황 1과 상황 2에서 사람들의 선택이 왜 다른지 살펴보겠습니다.

## 1. 상황 1

첫 번째 상황에서는 티켓을 분실한 상황에서 콘서트홀에 도착하자마자 콘서트를 보기 위해 현금 계정에서 또다시 30만 원이 차감되어야 합니다. 콘서트를 보기 위해 30만 원짜리 티켓을 2번 사는 것은 콘서트를 보는 비용이 60만 원이 필요한 것이 되어 현금 차감금액을 2배로 증가시킬 것입니다. 연구대상이 되었던 사람들은 티켓을 추가로 구입하는 것을 꺼렸기 때문에, 콘서트를 보기 위해 60만 원을 지불하는 것이 너무 큰 가격이라고 인식한 것입니다.

## 2. 상황 2

상황 1과는 반대로 예매한 티켓을 구입하기 위해 따로 보관했던 돈을 잃어버린 경우는 처음부터 30만 원의 손실로 현금 계정의 차변에 기입될 겁니다. 화는 나지만 이 균형의 감소는 콘서트를 볼 때 느끼는 재미, 여흥 그리고 예술의 즐거움 등 콘서트 계정의 즐거운 상상의 균형에 영향을 주지 않습니다. 그래서 기꺼이 지갑 속 30만 원을 들여 콘서트 티켓을 구입하는 겁니다.

이 연구의 결론을 통해, 경제적으로 명확한 상황이지만 내 마음속에는 상호관계가 완전히 분리된 계정이 있다는 사실이 증명된 셈입니다. 내 마음속에는 2개 이상의 계정이 있어 그 돈이 섞이기도 하고, 완전히 분리되기도 한다는 겁니다.

현금을 잃어버리느냐 티켓을 잃어버리느냐는 경제적으로 보면 30만 원의 손실이 동일합니다. 하지만 심리적으로 보면 티켓값이 하나는 60만 원이고 다른 하나는 30만 원이 된다는 겁니다.

이렇게 생각하면 심적회계를 이용해 수많은 경제적인 문제에 접근이 가능합니다. 1980년대 이후 신자유주의가 경제운용의 틀로 자리를 잡으면서 전 세계적으로 사람들의 근로소득은 줄어든 반면, 주가상승이나 부동산 가격의 상승을 통한 부의 효과가 나타났습니다.

만약 사람들이 한 달 내내 열심히 일해서 번 돈이 소득의 대부분을 차지한다면, 이들은 소비를 늘리는 것보다 저축을 늘리는 일에 집중했을 겁니다. 그러나 건전한 소득인 근로소득의 비중은 낮아지고, 주식이나 부동산으로 번 돈과 같은 불로소득이 늘어났으니 당연히 소비는 늘어나고 저축은 줄어들었겠지요. 글로벌 경제가 거품 속에 빠질 수밖에 없는 상황이 된 겁니다. 그 가운데 부채가 있으니 허약한 체질의 경제가 버틸 수 있는 상황이 못 되는 것이지요.

다시 말해 합리적인 사람이라면 근로소득이나 자산소득이나 같은 가치를 둬야 하는 것이 맞지만, 사람들은 그 가치를 서로 다른 잣대로 측정하고 있다는 뜻입니다. 비슷한 예를 하나 더 들겠습니다.

일반적으로 구슬 씨보다 일광 씨가 도박에 더 많은 돈을 쓰게 됩니다. 상황 3에서 일광 씨는 자신이 카지노의 돈으로 도박을 하고 있다고 느끼기 때문에 더 많은 게임을 합니다. 반면에 구슬 씨는 자신의 돈으로 도박하는 것으로 생각할 가능성이 높아 상대적으로 도박에 돈을 덜 쓴다는 겁니다.

## 심적회계가 투자를 망치는 경우

투자할 때도 사람들의 마음속 장부인 심적회계가 작동해 투자를 망치는 경우가 발생합니다. 예를 들어 사람들은 투자할 때 분산투자를 기본으로 합니다. 그런데 여러 자산에 나눠서 포트폴리오 투자를 한다고 하면서도, 수익률에 대한 평가는 전체 포트폴리오가 아닌 개별 자산에 초점을 맞춰 평가해버리고 맙니다. 그러다 보니 손실이 나는 종목은 손실이 나는 대로, 이익이 나는 종목은 이익이 나는 대로 이리저리 종목을 교체하게 되고 너무 자주 주식을 사고파는 실수를 저지르게 됩니다. 그러면서도 자신은 포트폴리오 투자를 했다고 믿는 것이지요.

예를 들어보겠습니다. 일광 씨는 다음 도표처럼 투자성과를 얻고 있습니다.

| 종목 | 매수가격 | 주식수 | 매입금액 | 현재가격 | 수익금액 | 수익률 |
|------|---------|-------|---------|---------|---------|-------|
| 삼성전자 | 79,200 | 100 | 7,920,000 | 75,700 | − 350,000 | − 4.42 |
| LG화학 | 848,000 | 50 | 42,400,000 | 798,000 | − 2,500,000 | − 5.90 |
| 셀트리온 | 255,500 | 100 | 25,500,000 | 305,000 | 4,950,000 | 19.37 |
| 네이버 | 420,000 | 50 | 21,000,000 | 428,000 | 3,850,000 | 21.94 |
| 합계 | | | 93,420,000 | | 5,950,000 | 6.37 |

일광 씨는 현재 4개 종목에 투자하고 있습니다. 총수익금액은 595만 원이고 포트폴리오 수익률은 6.37%를 기록하고 있습니다. 포트폴리오로 보면 성공 투자인 셈입니다. 그러나 일광 씨의 눈에는 지금 손실이 나고 있는 삼성전자(−4.42%)와 LG화학(−5.90%)이 눈에 들어옵니다. 즉, 포트폴리오로 투자하고 있지만 마음속에는 손실 난 종목들이 눈에 띄어, 그 종목들을 다른 종목으로 교체하는 오류를 범한다는 겁니다. 포트폴리오는 그 전체로 평가해야 함에도 말입니다.

## 심적회계를 극복하는 3가지 방법

심적회계가 경제생활을 할 때나 주식투자를 할 때 올바른 결정에 도달하는 것을 저해하는 요소라면, 이를 극복해야 합니다. 그러기 위해서는 다음 3가지 기준을 지킬 필요가 있습니다.

❶ 어떤 돈이든 절대 금액은 같다고 생각해야 합니다. 월급이거나, 복권에 당첨되었거나, 카지노에서 벌었거나, 주식시장에서 돈을 벌었거나 등 모든 돈은 같은 가치로 평가해야 합니다.

❷ 자신의 상황이 수익을 낸 상황인지, 손실을 본 상황인지에 대해 명확한 판단을 해야 합니다. 그렇지 않고 앞서 기준점이 변하는 일이 생기면 정확한 투자

전략을 수립할 수 없습니다.

❸ 자신이 투자를 할 때 단기투자인지 중기투자인지를 명확히 하고, 거기에 맞는 심적회계 기간을 정하고, 주기적으로 자신의 손익을 제대로 평가하고 있는지 점검해야 합니다. 그래야 서로 다른 계정에 들어가 제대로 된 평가를 하지 못하는 것을 막을 수 있습니다.

심적회계는 인지오류의 하나이고 또 많은 사람이 공통적으로 범하는 실수입니다. 그 오류를 범하지 않는 소수의 사람만이 바른 경제생활, 바른 투자목표 달성이 가능하다는 점을 잊어서는 안 됩니다.

# 행동경제학으로 잘못된 투자를 피하는 법

지금까지 우리는 왜 사람들이 항상 합리적인 결정을 내리지 못하는지에 대해 살펴봤습니다. 우리는 대개 제한된 정보만으로 불확실한 상황에서 의사결정을 내려야 합니다. 이때 사용하는 가장 대표적인 방법이 휴리스틱인데, 이 방법이 최선의 결론을 이끌어내지는 못한다는 사실도 알게 되었습니다. 왜냐하면 사람들이 사물을 뜯어보거나 판단할 때 자신에게 유리한 정보에 대해서는 귀를 쫑긋 세우고 자신에게 불리한 정보가 나오면 귀를 닫아버리는, 확증편향과 정보의 왜곡 그리고 자신이 모든 상황을 통제할 수 있다고 생각하는 통제의 착각 등에 빠지기 때문이지요.

그렇다면 성공적인 거래를 하기 위해 우리는 어떤 마음가짐을 가져야 할까요? 앞에서 배운 행동경제학을 바탕으로 하나씩 풀어보도록 하겠습니다.

### 투자목적은 무엇이고, 어떻게 투자의 성공 여부를 따질 것인가?

사람들이 주식투자를 시작하는 동기는 합리적인 재테크 또는 절세, 안정적인 배당수익 획득 등 다양합니다. 결국 성공투자, 즉 수익을 올리기 위해 투자를 한다는 것은 똑같습니다. 그런데 시장에서는 수익을 올리기보다 자신의 지적 능력이나 화려한 투자기술을 과시하는 경우도 있습니다. 예를 들어 하루에 수차례 매매함으로써 자신의 매매기법, 즉 스킬이 아주 뛰어나다는 것을 보여주려는 사람도 있고, 또 자신의 투자 관련 지식을 뽐내기 위해 투자하는 사람도 종종 있습니다.

투자라는 것은 기업의 본질가치를 보고 하는 겁니다. 기업의 주가는 종국에는 기업의 본질가치에 접근한다고 보기 때문입니다. 그래서 기업가치에 비해 저평가된 종목을 매입해 주가가 본질가치에 접근할 때 매노를 해야만 큰 수익을 올릴 수 있지요.

하지만 지나치게 멋을 부린 매매는 자칫 잘못된 결과를 초래할 수 있습니다. 그 예를 살펴보면 첫째, 큰 수익을 조각조각 잘라서 실현하기 때문에 터무니없이 낮은 수익률을 기록할 수도 있습니다. 둘째, "야금야금 모아서 한입에 털어 넣는다"는 시장의 속설처럼, 이렇게 작은 이익을 노리다 보면 한 번에 큰 손실이 발생해 그사이의 이익을 모두 날려버리는 실수도 범하는 겁니다. 따라서 주식투자의 목적은 매매 스킬을 자랑하거나 내가 알고 있는 지식을 뽐내려는 것이 아니라, 수익 극대화에 있어야 합니다. 그러므로 모든 투자의 성공 여부는 얼마나 큰 수익을 올렸는가를 중심으로 측정되어야 합니다.

## 나의 주식매매는 오직 나만의 것이다

주식투자의 목표는 단 한 가지입니다. 이익은 크게 하고 손실은 작게 해서 지속적으로 수익을 누적시키는 겁니다. 하지만 자칫하면 내 매매가 다른 사람들의 영향을 받을 수 있습니다. 주식투자를 하다 보면 주식 포털사이트라든지, 아니면 동호회 사이트에서 남의 의견을 살펴보는 경우가 많습니다. 그곳에 가보면 정말 다양한 의견이 있고 고수들도 많습니다. 그러다 보면 '나도 주식 좀 하는 편인데'라는 심리가 발동해 원래의 매매패턴을 잃어버리고 단기매매에 나서는 경우가 생깁니다. 즉, 빠른 시간에 급등하는 종목을 골라서 남들처럼 자랑하고 싶은 생각이 들곤 한다는 것이지요. 하지만 주식시장에서 "나는 바보입니다"라고 말하는 사람은 없습니다. 100번 실패하고 한 번 성공한 경험을 가진 사람이 100번의 실패는 말하지 않고 단 한 번의 성공을 부풀려 자랑하는 경우가 많습니다. 그러니 주식투자에서 성공했다고 떠들어대는 사람들의 얘기는 절반 이상 뚝 잘라 평가절하해 들어도 무방합니다.

문제는 주식투자를 할 때 다른 사람의 훈수에 흔들려서는 안 된다는 겁니다. 나만의 투자원칙이 정해지면 무슨 일이 있어도 그 원칙을 지켜나가야 합니다. 예를 들어 '10%의 룰'을 만들었다고 해봅시다. 이 룰은 고점 대비 10%가 떨어지면 무조건 판다는 원칙입니다. 처음 주식을 샀는데 분석을 잘못해서 10%의 손실을 봤습니다. 그러면 뒤도 돌아보지 않고 10%에서 손절매를 하는 겁니다. 또 다행히 매수한 종목이 제대로 상승하면 조정을 받을 때 고점 대비 10% 조정을 받는 선에서 매도하면 됩니다. 만약 주식이 30% 올라가면 20% 수익을 보는 선에서 매도하면 되고 50% 올라가면 40% 수익선에서 매도하면 됩니다.

이럴 경우 큰 수익을 올릴 수 있는 여지가 생깁니다. 그런데 주위에 꼭 "그 정도 올랐는데 왜 수익실현을 하지 않느냐"고 제 일처럼 참견하는 사람들이 있습니다. 사람들은 자신의 성공에 대해서는 작은 것을 크게 말하고, 남의 성공에 대해서는 시기심을 가지고 있다는 것을 잊어서는 안 됩니다. 그래서 주식투자는 나만의 외로운 싸움입니다. 나의 주식매매는 그 누구의 의견도 아닌 나만의 원칙에 따라 이뤄져야 한다는 것을 잊어서는 안 됩니다.

### 시간에 쫓기지 않는 투자를 하라

최근 인터넷 쇼핑이나 모바일 쇼핑을 하는 사람들이 많이 늘어났습니다. 흔한 물건이면 배송이 빠르지만, 흔치 않은 물건이면 배송이 늦어지기도 합니다. 각각의 경우 우리는 어떤 결정을 내릴까요? 한번 살펴보겠습니다.

예를 들어 물건을 주문하면 보통 배송에 이틀이 걸립니다. 그런데 5,000원을 더 내면 하루 만에 배송해준다고 합니다. 여러분은 어떤 결정을 하겠습니까?

앞의 예를 시간을 더 늘려 조금 다르게 생각해보겠습니다. 물건을 주문했는데 정상적인 배송은 15일이 걸립니다. 그런데 5,000원을 더 내면 14일 만에 배송이 된다고 합니다. 여러분은 어떤 결정을 내리겠습니까?

두 질문 모두 5,000원을 내면 배송을 하루 앞당겨준다는 것은 같습니다. 하지만 여러분의 대답은 아마도 이럴 겁니다. "첫 번째 질문에서는 5,000원을 지불하고 하루 만에 물건을 받으려고 하겠지만, 두 번째 질문에 대해서는 그냥 보름 만에 물건을 받으려고 하겠지요." 이렇게 동일한 대안에 대해 사람들의 선호도가 상황에 따라 역전되는 현상을 '선호역전현상'이라고 합니다. 즉, 어느 정도의 시간을 가지고 판단하느냐에 따라 사람들의 손익을 바라보는 의식에 차이가 생기는 겁니다.

주식투자를 할 때도 같은 현상이 생깁니다. 계속 얘기하는 것이지만 주가는 기업의 가치를 찾아가는 과정입니다. 그런데 기업의 가치가 순식간에 변하지는 않습니다. 반년, 1년, 아니면 그보다 오랜 시간을 두고 변합니다. 그러므로 주식투자는 하루, 이틀, 또는 1주일 정도의 짧은 기간에 결판이 나는 게임이 아닙니다.

다음에 나오는 차트는 LG생활건강의 연봉차트입니다. 21세기 이후 LG생활건강은 꾸준히 상승했습니다. 1만 1,900원의 저점에서 가장 높은 가격인 149만 7,000원까지 무려 119배, 즉 11,900%의 수익을 냈습니다. 이렇게 주가가 기업가치를 찾아가는 과정은 참으로 긴 시간이 필요하기도 합니다. 그런데 단기매매를 하는 사람들의 성과는 어땠을까요? 초반에 10%, 20% 수익을 얻고 난 뒤 매도하고 그 이후로 반복적으로 작은 이익을 얻었을 수는 있지만, 큰 수익을 얻지

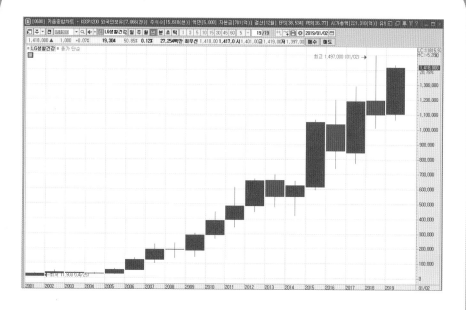

는 못했을 겁니다.

주식투자를 하는 사람들은 대체로 작은 이익이 천천히 누적되어가는 과정을 잘 견디지 못합니다. 지금껏 얻었던 작은 이익마저 한 번의 하락으로 모두 날릴 것을 두려워해 작은 이익에 만족하곤 합니다. 특히 주가가 단기급등하는 경우에는 다시는 이런 행운이 자신에게 오지 않을지 모른다는 생각에 너무 짧게 이익을 실현하는 오류를 범합니다.

더 큰 문제는 반대의 경우입니다. 주가가 떨어지는 경우에는 주가하락 자체를 제대로 받아들지 못합니다. 도저히 떨어질 수 없는 상황인데 주가가 떨어지는 것이 이상하다고 생각합니다. 그래서 많은 사람들이 주가가 조만간 상승으로 반전될 것이라는 막연한 기대감으로 손실을 제대로 관리하지 못하고 키워나가는 경우가 많습니다. 주가가 올라갈 때와 마찬가지로 시간이 중요하다고 생각하면 손실이 급작스럽게 커집니다. 그러면 회복하지 못하는 상황에 빠집니다. 다음 차트에서와 같이 주가가 급락하는 경우 기업가치에 변화는 없는지 따져 물어봐야 하는데, 그러지 못하고 단순히 주가가 제자리를 찾을 것이라는 막연한 기대감으로 버티는 것이 문젭니다.

주가가 떨어지면 사람들은 스스로를 위로합니다. '주가가 바닥에 이르렀으니 조금 있으면 주가가 오를 거야'라면서 말입니다. 주가가 많이 떨어지면 더 떨어지지는 않으리라고 생각하지만, 실상은 그렇지 않은 경우가 많다는 점을 인지해야 합니다.

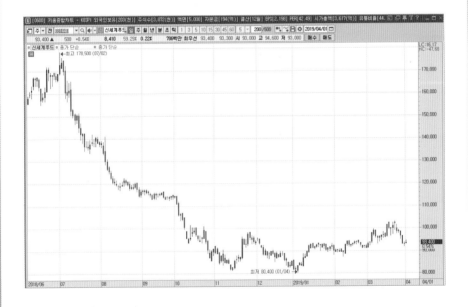

따라서 주식매매를 할 때 시간적인 요인 때문에 바보가 되어서는 안됩니다. 평가이익이 천천히 쌓인다고 해서 주가하락으로 전환되는 것도 아니고, 또 급격히 떨어진 주가라고 해서 원상회복이 반드시 이뤄지는 것도 아니란 점을 기억해야

합니다. 무엇보다 경제적, 사회적 상황을 잘 파악해 기업가치의 변화를 제대로 파악하고 있어야 합니다.

주가는 장기적으로 매매타이밍에 의존하지 않고 기업가치에 수렴한다는 것을 잊어서는 안 됩니다.

## 정보를 맹신하는 순간 당신은 파산한다

주식투자를 처음 시작하는 사람이든 주식투자의 달인이든 모두 정보가 중요하다는 점에 대해서는 동의할 것입니다. 문제는 우리가 알고 있는 정보가 '진실한 정보인가'입니다. 또한 정보가 가치를 가지기 위해서는 내가 가진 정보와 다른 사람이 가진 정보에 차이가 있어야 합니다. 만약 내가 가진 정보와 다른 사람이 가진 정보가 같다면, 둘 다 이익을 얻기 어려울 겁니다. 이때는 정보가 중요한 것이 아니라 스피드가 중요한 요인이 됩니다. 만약 내가 가진 정보와 다른 사람이 가진 정보에 차이가 있다면, 다음에는 누구의 정보가 더 정확하느냐에 따라 수익과 손실이 판가름 날 겁니다.

주식투자자들은 투자하는 모든 시간을 털어서 정보를 수집하려고 합니다. 특히 주식을 매수하기 전이라면 기본적 분석정보, 기술적 분석정보, 각종 루머까지도 챙기려 노력합니다. 주식을 매수했다면 그 주식을 파는 순간까지도 새로운 정보에 대한 욕구는 이어질 겁니다. 문제는 해당 종목에 대해서 완전한 정보를 가지고 투자하는 사람은 없다는 겁니다.

이렇게 불완전한 정보로 투자를 하고 있음에도 자신이 가진 정보가 완전하다고 믿는 사람들이 있습니다. 그들은 그들이 가진 정보가 완전하다고 믿으면 믿을수록, '통제할 수 있다는 착각'에 빠집니다. 여기에 불완전한 정보를 가진 상태에서 수익이 발생하기 시작하면, 이젠 완전히 그 주가를 통제할 수 있다고 믿게 됩니다. 주가를 통제할 수 있다는 것은 자신이 목표주가를 정하고 그 목표주가까지는 무조건 간다고 믿는 상황이라는 겁니다. 이런 상태가 되면 더 이상의 정보를 얻는 것은 무의미하다는 생각마저 할 겁니다.

그렇게 매매에서 한두 번 성공을 거두면 자신을 '투자의 귀재'로 생각하게 됩니다. 어떤 경우에도 주식투자로 실패하지 않을 것이라는 불패에 대한 믿음이 생깁니다. 이러한 자신감, 아니 자만심 때문에 새롭게 나오는 객관적 사실까지도 묵살해버릴지 모릅니다.

우리나라 종합주가지수는 다음 차트에서 볼 수 있듯이 1985년 이후 1989년까지 엄청난 상승세를 보였습니다.

1985년 저점 131포인트에서 1989년 고점 1,007포인트까지 상승했으니 종합주가지수만으로도 7.7배, 즉 770%의 상승이 있었습니다. 장기적으로 상승세를 보이면 사람들은 주가가 상승하는 것에 익숙해집니다. 그러다 보니 소위 증권사 임원들도 주식을 사기만 하면 올라가는 것으로 생각하고 환경변화를 감지하지 못해 큰 낭패를 보는 상황이 벌어지기도 했습니다. 증권사를 경영하는 경영자들도 이런 오류에 빠지는데, 개인투자자들은 어떻겠습니까? 한번 관성이 생기면 좀처럼 새로운 정보를 받아들이지 못하지요.

주식투자를 처음 시작할 때 수익을 거둔 사람이 그다음에는 깡통을 차게 되는 것이 바로 이러한 이유 때문입니다. 그렇다면 이런 상황을 어떻게 헤쳐나가야 하는지 알아보겠습니다.

### 1. 통제하고 있다는 착각에서 벗어나라

주가 움직임을 완전히 장악했다고 투자자 자신이 믿고 있을지라도, 새로운 정보에 대한 수집이나 분석을 게을리해서는 안 됩니다. 만약 자신이 완전히 통제하고 있다고 믿는다면, 그건 투자실패가 다가온다는 징조로 봐도 무방합니다. 그래서 '나는 완전히 통제하고 있지 못하기 때문에 여전히 통제하기 위한 정보를 계속 모으고 분석해야 한다'라고 생각해야 합니다. 아니 그보다 '내가 이 주식을 처음으로 사려고 하는데 뭘 알아야 하지?' 하는 마음으로 접근하는 것이 더 좋습니다.

상황을 전혀 통제하지 못하면서도 약간의 자신감으로 완전히 통제하고 있다고 믿는 잘못을 저지를 수 있다는 것을 잊어서는 안 됩니다. 이처럼 주식투자를 할 때 겸손한 마음을 가지는 것이 성공투자를 할 수 있는 밑거름이 됩니다.

## 2. 호재만을 찾지 말고 악재도 찾아라

투자자들은 주식을 사는 순간 호재가 나오면 좋아하지만, 악재가 나오면 생각에서 지워버리려고 합니다. 바로 '선택적 지각'을 하는 겁니다. 모든 시장 참여자는 동일한 뉴스나 정보에 동일한 태도로 접근하지 않습니다. 특히 장기투자자들의 경우, 긴 시간 종목을 보유하면서 호재는 받아들이고 악재는 받아들이지 않는다면 그것이 누적되었을 때 큰 잘못을 저지르게 됩니다. 그래서 장기투자자는 아무리 심리적으로 어려울지라도 악재들도 찾아야 합니다. 동시에 나를 안심시키는 호재들에 대해서는 비판적인 자세로 점검해야 합니다.

예를 들어 요즘 스마트폰에 대해 다들 좋은 얘기를 합니다. 그런데 스마트폰을 만드는 업체들이 늘어났을 뿐 아니라 중국 등 개발도상국에서도 가격이 낮은 저가 스마트폰들이 쏟아져 나옵니다. 그런데도 스마트폰 매출량이 줄지 않는다고 좋아할 일이 아닙니다. 설사 매출량이 늘었다 치더라도 가격이 떨어지면 매출액이나 이익은 줄어듭니다. 호재만을 찾다 보면 정보괴리에 빠지게 된다는 점을 잊어서는 안 됩니다.

이런 점에서 본다면 단기투자자들은 상대적으로 선택적 지각의 오류에 덜 빠지게 됩니다. 그들이 사용하는 정보는 매우 짧은 시간에 매우 적은 정보만을 사용해서 정보괴리에 빠질 위험이 덜하기 때문이지요. 그렇다고 단기매매를 권하는 것은 아닙니다. 주가는 기업가치에 장기적으로 수렴하기 때문입니다.


## 3. 적과의 동침도 서슴지 마라

정보를 맹신하는 것은 나를 옥죄는 올가미와 같습니다. 그래서 정보는 더욱더 유연한 자세로 수집하고 분석해야 합니다. 물론 내가 관심을 가진 기업에 대해서는 누구보다 꼼꼼하게 분석하는 것이 기본입니다. 또 가능하다면 내가 관심을 가진 주식을 가지고 있지 않은 애널리스트나 펀드매니저들의 투자의견에도 관심을 기울여야 합니다. 무엇보다 더 좋은 방법은 그들에게 조언을 구해보는 것입니다. 여기서 조심해야 할 것은 그 주식을 사지 않은 애널리스트나 펀드매니저들은 자신들이 주식을 사지 않은 이유를 정당화하는 말을 할 것이라는 점입니다. 그들도 완전한 정보를 가지고 있지 않기 때문입니다.

이렇게 내가 가진 의견과 그들이 개진한 의견을 종합해 옳고 그름을 따져보면 됩니다. 무턱대고 내가 가진 정보만이 옳고 그들이 가진 정보는 잘못된 것이란 편견만 버릴 수 있다면, 정보를 이용해 낭패를 보는 일이 없어질 것입니다. 또한 성공투자도 가능해집니다.

## 습관적인 기억을 조심하라

우리는 정보의 홍수 속에 살고 있습니다. 정보가 얼마나 많은지, 매일매일 생산되는 정보를 하루 동안 모두 점검하지 못하고 넘어갑니다. 아니, 그 정보를 모두 점검한다는 것 자체가 말이 안 되는 상황이 되었습니다. 이렇게 넘쳐나는 정보와 복잡하게 얽히고설킨 내용을 보고 있노라면 가슴이 답답하고 머리가 아파옵니다. 그래서 사람들은 복잡성을 줄이고 정보를 단순화해서 인지하려는 성향을 갖게 됩니다. 이를 발견적 방법 또는 휴리스틱이라고 부릅니다.

### 1. 쉽게 얻을 수 있는 정보는 가치가 없다

주식시장에 참여하는 투자자들은 의사결정을 하는 과정에서 복잡성을 줄여 매매하려는 습성이 있습니다. 왜냐하면 그 많은 정보를 모두 분석할 수 없기 때문입니다. 따라서 정보를 쉽게 이용할 수 있는 유용성은 매우 중요합니다. 쉽게 이용할 수 있는 정보는 그 정보가 정확하든 그렇지 않든 접근이 어려운 정보보다 더 자주 기억에 남습니다. 문제는 본인에게 유용성이 큰 정보는 다른 투자자들에게도 마찬가지라는 겁니다. 그래서 그 뉴스나 정보를 이용해 이미 매매를 했을 가능성이 큽니다. 앞서 살펴본 바와 같이 내가 가진 정보와 남이 가진 정보가 같다면 그때는 매매 스피드가 더 중요합니다. 내가 한발 늦었다면, 그 정보는 이미 다른 사람들의 매매를 통해 주가에 반영되었을 가능성이 큽니다.

## 2. 성공했던 기억은 다른 성공을 방해한다

사람들은 과거에 성공했던 경험들을 습관적으로 기억합니다. 이는 어쩌면 당연한 일인지도 모릅니다. 만약 어떤 사람이 상승추세에서 큰돈을 벌었다면 그는 상승장에 대한 기억을 이어갈 겁니다. 또 어떤 사람이 하락추세에서 큰돈을 벌었다면 그는 하락장에 대한 기억을 이어갈 겁니다.

문제는 이렇게 되면 추세를 있는 그대로 받아들이지 못한다는 것입니다. 즉, 상승추세에 대한 기억이 강한 사람은 하락추세가 와도 이를 제대로 받아들이지 못합니다. 반대로 하락추세에 대한 기억이 강한 사람은 상승추세가 와도 이를 제대로 받아들이지 못합니다. 기억 속에 깊이 박힌 경험들은 변화하는 추세와 정보를 받아들이는 데 방해요인이 됩니다. 이럴 때는 어떻게 해야 할까요? 바로 경제상황이나 시장상황에 대해 나와 다른 견해를 가지고 있는 사람들과 의견을 교환해보는 겁니다. 싸우자고 덤비는 것이 아니라 누가 더 논리에 맞는 말을 하고 있는지 토론해보면 알 수 있습니다.

## 애널리스트 예측치에 생각을 고정하지 마라

주식시장에는 장기적 관점에서 투자하는 가치투자자만 있는 것은 아닙니다. 단기매매에 치중하는 사람들도 있습니다. 어쩌면 단기매매자들이 훨씬 더 많을지도 모릅니다. 사람들이 단기투자자들을 투기꾼이라고 비아냥거리지만, 단기투자자라고 해서 비난을 받아서는 안 됩니다. 왜냐하면 단기투자자들은 호재 출현이나 악재 출현을 이용한 모멘텀 투자를 통해 수익을 추구하는 사람들로, 나름의 매매원칙에 충실한 투자자들이기 때문입니다. 그리고 단기투자자들은 주식시장에 풍부한 유동성, 즉 거래량이나 거래대금을 제공하므로 가격이 훨씬 효율적으로 형성되는 데 많은 도움을 주기도 합니다.

단기투자자들은 매매할 때 몇 초, 몇 분 내지는 몇 시간 안에 거래를 마감하는 것이 일반적입니다. 그래서 매매할 때 시간적인 압박 때문에 새롭게 나타나는 정보를 최대한 신속하고 경제적으로 받아들일 필요가 있으므로, 상대적으로 정보의 왜곡현상이 덜합니다. 반면에 중장기투자자들은 단기투자자들처럼 신속하게 정보를 분석해 매매에 적용하지 않기 때문에 정보를 받아들이거나 분석할 때 왜곡현상이 나타나는 경우가 많습니다.

사람들은 맨 처음 듣는 상황이나 수치에 너무 쉽게 고정되기도 합니다. 그 기억은 쉽게 머릿속에서 떠나지 않습니다. 예를 들어 어떤 경제분석가가 나와서 앞으로 경제가 좋아질 것 같다고 했다면, 그 정보를 들은 사람은 경제상황이 기본적으로 좋아진다는 생각을 버리지 못합니다. 또 어떤 애널리스트가 "올해 기업실적은 작년보다 더 좋을 겁니다"라는 말을 했다면, 그 투자자는 기업실적이 작년보다 나빠질 것이란 생각을 좀처럼 받아들이지 못할 수 있습니다.

이렇게 좋다, 나쁘다라는 말로 듣는 것은 오해의 소지가 많이 생길 수밖에 없습니다. 숫자로 나오는 정보는 더 생각해볼 것이 많습니다. 예를 들어 전문가들에게 우리나라 종합주가지수를 예측하라고 했더니 '평균 2,500포인트'를 제시했다고 합시다. 만약 종합주가지수가 2,000포인트 내외인 상태에서 2,500포인트에 대한 전망이 나왔다면 사람들은 앞으로 시장이 좋아질 것으로 생각합니다. 문제는 2,500포인트라는 것이 지수를 예측한 사람들이 대답한 수치의 평균이라는 겁니다. 이보다 훨씬 낮은 수치를 말한 사람도 있을 테고, 이보다 더 높은 수치로 대답한 사람도 있을 겁니다. 그렇지만 2,500포인트라는 수치를 들은 사람들의 뇌리에는 '주가는 지금보다 25% 정도 더 올라간다'라고 각인돼버리는 겁니다. 사실 주가는 더 오를 수도 있고, 오히려 떨어질 수도 있는데 말입니다.

최근 실적 전망에 대한 말들이 많습니다. 예를 들어 삼성전자의 분기실적 발표는 우리나라 시장에서 매우 중요한 이벤트 중 하나입니다. 소위 말하는 '실적 컨센서스'가 매번 나옵니다. 문제는 애널리스트들이 발표하는 실적 컨센서스 자체가 하나의 기준점으로 작용한다는 겁니다.

예를 들어 삼성전자 2019년 3분기 영업이익이 7조 원이 될 것이란 전망이 나왔습니다. 그렇다면 7조 원의 영업이익이 기준점이 되어 이보다 이익이 많이 나오면 호재로 작용하고, 이보다 이익이 적게 나오면 악재로 작용하는 겁니다. 실제로 2019년 3분기 영업이익은 7조 7,000억 원이었습니다.

그래서 흔히 말하는 것이 "실적이 작년보다 줄어들면 나쁘다고 생각하는 것이 맞지만, 이미 시장에서는 컨센서스가 낮아졌기 때문에 작년보다 매출액이나 이익이 줄더라도 시장 전망치인 컨센서스보다 많이 나온다면 결코 악재가 아니다"라는 이상한 논리로 시장이 움직이는 겁니다.

시장 참여자들은 이런 기준점 휴리스틱에 빠져서는 안 됩니다. 소위 시장전망치라고 하는 것들은 임의적으로 설정된 것입니다. 그러므로 더 넓은 시야를 가지고 앞뒤 정황을 따져야 합니다. 전망치는 전망치일 뿐이므로 낙관적인 상황과 비관적인 상황을 모두 고려해 시나리오를 짤 필요가 있습니다. 특히 소위 서프라이즈나 쇼크와 같은 예상치 못한 상황이 벌어질 수도 있다는 것을 대비해야 합니다.

그리고 기준점에 얽매이지 않기 위해서는 내가 가지고 있는 정보를 지나치게 확신해서는 안 됩니다. 항상 시장에서 한발 물러서서 제3자 입장에서 시장을 바라보고 주가를 분석하는 것이 필요합니다. 내 생각이 어느 일방의 의견이나 시장에서 제시되고 있는 수치에 얽매이는 순간, 내가 알고 있는 모든 것은 진실로부터 멀어진다는 것을 잊어서는 안 됩니다.

매년 연말이면 발표되는 경제지표들의 전망치를 볼 때도 조심해야 할 것이 있습니다. 예를 들어 지금 종합주가지수가 2,000포인트라고 가정해봅시다. 내년 전망치가 나왔는데 최소 1,500포인트에서 최고 2,500포인트라는 전망이 나왔다면, 이 정보의 가치는 '0'이라고 봐야 합니다. 솔직히 말해서 이런 전망은 아무나 할 수 있습니다. 얼마나 정교하게 전망치 범위를 좁히느냐가 중요합니다.

이런 경우에 전망치는 의미 없는 전망에 지나지 않는다는 점을 반드시 기억해야 합니다.

**이익은 크게, 손실은 작게 하는 방법**

대부분 투자자는 적은 이익을 얻는 반면 손실은 한 번에 크게 발생해서, 좀처럼 원금회복을 하지 못하는 상태에서 투자하고 있습니다. 주식투자를 하는 것 자체가 엄청난 스트레스인 경우가 많습니다. 그래서 지금까지와는 반대로 이익은 크게 하고 손실을 작게 할 수 있는 원칙을 정해보도록 하겠습니다.

**1. 이익을 얻었을 때는 이렇게 행동해봅시다**

투자자들은 이익에 대해서는 그 수익이 무르익기 전에 너무 빨리 실현하고, 손실에 대해서는 미련하리만치 늦게 정리해 손실을 키우는 고전적인 실수를 이어가고 있습니다. 이런 것들을 이겨내기 위해서는 우선 투자하는 종목의 목표가격과 손절매 가격을 분명하게 설정할 필요가 있습니다. 이때 손절매 범위를 너무 짧게 잡지 않도록 해야 합니다. 예를 들어 매수 후 1% 또는 2% 정도 내려오면 손절매를 한다고 합시다. 그러면 너무 자주 손절해야 하므로 제대로 된 투자를 하기 어렵습니다. 시장이 변동하는 과정에서 숨을 쉴 수있는 공간을 확보해야 합니다. 많이 쓰는 손절매 범위는 대체로 종목당 10% 정도입니다.

투자할 때 시간은 심리적으로 매우 큰 영향을 줍니다. 예를 들어 내가 이익을 내는 상황이라면 시간은 투자의 위협으로 다가옵니다. 왜냐하면 지금 얻어놓은 수익이 더 커질 가능성도 있지만, 그 수익을 모두 날려버릴 위험도 존재하기 때문입니다. 이런 심리적인 압박이 심해지면 투자자들은 수익이 극대화되는 과정을 느긋하게 기다리지 못하고 참을성을 잃어버립니다. 이 말은 처음 투자를 시작할 때 정해놓은 목표가격에 대한 자신감이, 지금 팔지 않으면 안 된다는 조바심 때문에 자꾸만 흔들리게 된다는 뜻입니다.


연구결과에 따르면 장기투자를 하는 과정에서 시간이 투자자들의 자신감을 떨어뜨리는 경우, 투자자들은 추가적으로 얻을 이익에 대한 기대감보다 자신이 거둔 작은 이익이 사라질지도 모른다는 두려움을 더 크게 느낍니다. 수익의 가능성보다는 가격하락으로 이익을 날릴 위험을 약 3배 정도 더 크게 인식하는 겁니다. 그런 불안감은 목표가격에 다가갈수록 더 커집니다. 따라서 시장에서 참을성을 잃지 않도록 해야 하고, 시간이 지남에 따라 점점 떨어지는 자신감 때문에 섣불리 주식을 처분하는 일도 자제해야 합니다. 하지만 이것도 쉬운 일은 아닙니다.

　그래서 다음과 같이 해보는 것도 좋은 방법입니다. 원래 계획했던 목표가격에 도달하기 전에 이익을 실현하고 싶은 욕구를 느낀다면, '지금 반대의 포지션에 들어간다면 어떨까'라는 생각을 해보는 겁니다. 이때 좋은 방법은 차트를 거꾸로 보는 겁니다. 다음의 차트 예는 LG생활건강입니다. LG생활건강은 지금 상승 중입니다. 과연 지금 이익실현을 해야 할까요?

　물론 차트만 가지고서는 알기 어렵습니다. 이럴 때 이 차트를 거꾸로 뒤집으면 어떻게 되는지 확인해보겠습니다.

이 두 차트를 보고 여러분은 어떤 판단을 내리게 될까요? 거꾸로 된 차트를 이용한다고 할 때, 지금 매수에 들어가면 과연 손실을 볼 확률이 높을까요, 아니면 수익을 볼 확률이 높을까요? 이렇게 지금 시세에 대해서 확신을 하지 못하는 경우라면, 상황을 뒤집어서 살펴보면 조금 더 냉정한 판단을 하게 됩니다.

## 2. 손실을 보고 있을 때는 이렇게 해봅시다

투자자들이 손실을 보고 있을 때는 대체로 손실을 확정 짓지 못하고 주식을 계속 보유해 손실을 키우는 경우입니다. 그래서 '이익은 짧게, 손실은 크게' 해서 매번 투자에 실패하는 경험을 하게 됩니다. 이때 가장 좋은 방법은 손절매 수준을 정하는 겁니다. 그리고 어떤 경우가 있더라도 그 원칙을 지키는 겁니다. 예를 들어 손절매 수준을 10%로 정했다고 해봅시다. 그러면 10% 수준까지 주가가 떨어지면 뒤도 돌아보지 말고 손절매를 해야 합니다. 내일 다시 그 주식을 사는 한이 있더라도 반드시 그 원칙을 지켜야 합니다. 그렇지 않고 '이미 10%나 떨어졌는데 내일은 반등하겠지'라고 생각하는 순간, 회복할 수 없는 수준으로 손실이 커지게 됩니다.

주식투자를 하는 사람들은 기본적으로 큰 수익을 내는 것을 목표로 합니다. 물론 은행 이자율의 두세 배 정도의 합리적인 목표수익률을 설정하고 투자에 임하는 사람들도 있습니다. 그러나 수익을 제대로 향유하기 위해서는 역설적이게도 손실관리에 유능한 사람이 되어야 합니다. 즉, 적절한 수준에서 손실을 관리해 어떠한 경우에도 손실이 커지는 것을 막아야 한다는 겁니다. 그래서 주식시장에서 진정한 고수는 손절매매를 잘하는 사람이라는 속설이 있습니다.

손실관리가 얼마나 중요한지는 다음 도표를 통해 확인할 수 있습니다.

예를 들어 어떤 사람이 100만 원을 투자했는데, 10%를 손해 본 다음 본전이 되려면 11%의 수익을 올려야 합니다. 만약 10%에서 손실을 관리하지 못하고

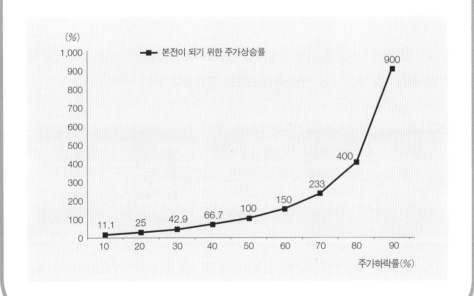

30%까지 손실이 확대되면, 본전을 찾기 위해 42.9%의 수익을 얻어야 합니다. 좀 더 손실이 확대되어 50%의 손실을 보게 되면 말할 것도 없이 100%의 수익을 얻어야 본전이 됩니다. 그보다 더 크게 손실이 나서 원금의 80%를 까먹은 사람은 400%의 수익이 나야 본전이 되고, 90%의 손실을 본 사람은 900%의 수익이 나야 합니다. 손실이 커지면 커질수록 원금도 못 건지는 일이 벌어집니다.

이처럼 손실관리가 제대로 이루어지지 않으면, 당초에 목표했던 큰 폭의 수익이나 은행 이자율 두세 배 정도의 합리적인 수준의 수익을 거두기는 고사하고 본전을 유지하기조차 어려운 지경에 놓이게 됩니다. 그러니 투자자들은 수익이 제대로 나지 않는 적절하지 않은 주식을 들고 시간을 허비해서는 안 됩니다. 손절매하지 못하고 주식을 들고 있는 것은, 달리 말하면 수익을 낼 기회에 스스로 투자하는 것을 막고 있는 것과 같습니다.


손실관리를 제대로 하지 못하는 사람들이 저지르는 또 하나의 잘못은 '물타기 매매'를 하는 겁니다. 물타기 매매가 어떤 착시현상을 주는지 확인해보겠습니다. 처음 1만 원에 500주를 매수했던 사람이 손절매를 하지 못해 주가가 떨어질 때마다 물타기를 했습니다. 바로 다음 도표와 같습니다.

| 매매 순서 | 매매단가 | 주식수 | 평균 매수가격 | 물타기 시 손실률 |
|---|---|---|---|---|
| 최초매수 | 10,000원 | 500주 | 10,000원 | - |
| 1차 물타기 | 8,000원 | 200주 | 9,429원 | -15% |
| 2차 물타기 | 6,000원 | 200주 | 8,667원 | -31% |
| 3차 물타기 | 4,000원 | 200주 | 7,818원 | -49% |

도표는 최초 매수 이후 주가가 2,000원씩 떨어질 때마다 추가로 200주씩 매수

한 겁니다. 이때 우리 눈에는 평균 매수가격이 떨어지는 것만 보입니다. 그러나 각각의 경우 손실률을 계산해보겠습니다. 1차 물타기를 했을 때 평균매수가격이 9,429원으로 떨어졌지만 당시 가격이 8,000원이므로 주당 1,429원의 손실을 봤습니다. 따라서 '1,429원÷9,429원= 0.1515', 즉 15%의 손실이 발생합니다. 이렇게 계산해보면 물타기를 지속했을 때 평균매수가격이 떨어지는 것처럼 보이지만, 실제로는 손실이 평균화되면서 계속 늘어나는 것을 볼 수 있습니다. 결국 물타기가 심리적으로 부담을 덜어줄지는 몰라도 계좌수익을 악화시키는 것은 매한가지입니다. 그래서 손실이 발생하면 절대 물타기를 하지 말고 반드시 손절매 원칙을 지켜야 합니다.

### 심리적 흔들림이 없어야 성공투자자가 된다

"위험을 부담하지 않으면 수익도 없다"라는 말이 있습니다. 이를 인간 심리에 빗대어보면 "두려움 없이는 즐거움도 없다" 정도로 바꿀 수 있을 겁니다.

주식시장에서 흘러다니는 정보들은 상황에 따라 선택적인 지각을 일으킵니다. 같은 정보가 상황과 사람에 따라 다르게 인식되는 것처럼, 주식시장에서도 성공한 투자자와 실패한 투자자는 서로 다른 시간 척도로 매매하고 있습니다. 실패한 수많은 투자자가 심리적 압박감을 이기지 못하고 작은 이익에 만족하면서 매매를 정리하거나, 손실을 제대로 관리하지 못해 결국 시장에서 퇴출되는 상황에 직면합니다.

그렇다면 성공한 투자자로 남기 위해서는 무엇이 필요할까요? 바로 '수익은 가급적 크게 유지하고 손실은 과감하게 손절매를 통해 정리하는 매매원칙'이 필요합니다.

평균적인 사람들은 작은 바늘로 콕콕 찌르는 몇 번의 아픔보다 한 번 크게 아픈 것이 더 낫다고 생각합니다. 이익의 경우 반대로 사람들은 한 번의 큰 이익보다는 작은 이익을 여러 번 얻는 것에서 심리적으로 큰 만족을 느낍니다. 이러한 심리적 오류를 이겨낼 수 있을 때 성공투자의 길로 나가게 됩니다.

투자도 사람의 일이므로 사람들이 저지르는 자기과신, 손실회피, 심적회계, 인지부조화 등과 같은 인지적 오류를 줄여야 합니다. 오직 객관적 자료를 분석하고, 그 분석된 결과에만 집중해서 투자해야 합니다. 그리고 그 과정에서 심리적으로 흔들림 없을 때, 갖은 압박으로부터 좌절하지 않을 때 성공투자가 완성됩니다.

"

# 주식투자만 할 건가요?
# 투자에는 다양한 길이 있습니다!

---

수익이 날 만한 곳에 가장 먼저 가 있는 돈을 스마트머니라고 한답니다.

그러면 스마트머니가 가장 많은 곳은 어디일까요?

주식시장일까요? 그렇지 않습니다.

금융시장에서 진짜 큰돈은 채권시장에 있다는 말이 심심찮게 들려옵니다.

그러니 조금만 더 눈을 돌려보면 주식투자만큼의 수익,

또는 그 이상의 수익을 얻을 수 있는 금융투자가 분명히 있지요.

이번 장에서는 주식투자의 대안으로서,

그리고 주식투자와 함께 병행함으로써 더 안정적이고 지속적인

수익을 얻을 수 있는 대안투자를 알아봅니다.

채권을 비롯해 해외주식, 펀드까지 더 똑똑한 재테크를 위해

반드시 알아야 할 금융투자를 살펴보도록 하겠습니다.

"

## 주식만큼 매력적인 또 다른 투자법들

돈을 투자할 때도 투자시장이 분리되어 있다는 점을 알아야 합니다. 투자자가 자기 마음대로 투자해서는 안 되고 그 돈의 쓰임새가 무엇인지 고민해서 투자해야 합니다. 돈이 어떻게 투자되어야 하는지 살펴볼 수 있는 좋은 예가 있습니다.

직장인 일광 씨는 퇴직연금에 가입했습니다. 회사에서 퇴직금으로 한 해에 한 달치 월급을 적립해주는 것이었습니다. 적립된 돈은 퇴직연금펀드로 투자되었습니다. 그러자 모두가 고민에 빠졌습니다. 주식형으로 투자를 할지 아니면 채권형으로 투자를 할지 쉽게 결정을 내리지 못했지요. 시간이 지나면서 누군가는 앞으로 수익률이 중요하기 때문에 주식형으로 투자하겠다고 하는 반면, 또 다른 누군가는 주식은 너무 위험하니 채권형으로 투자하겠다고 했습니다.

**일광 씨** 어쨌거나 퇴직연금이란 게 퇴직금 아닌가요? 퇴직금은 제 마지막 보루인데, 얼마나 될지도 모르는 수익 때문에 불안에 떨고 싶지는 않아요.

**구슬 씨** 어휴. 한 번 사는 인생, 망하면 한 번 망하지 두 번 망하나요? 남자가 그렇게 소심해서야 원.

**일광 씨** 두 번도 망하고, 열 번도 망하죠! 퇴직하고 남은 인생이 몇 년인데. 아무튼, 고민이네요. 수익률을 선택할 것이냐, 안정성을 선택할 것이냐!

일광 씨는 곰곰이 생각해봤습니다. 퇴직연금은 퇴직금의 다른 이름입니다. 퇴직 이후에 요긴하게 쓸 자금이란 점을 고려해서 과연 수익성이 더 중요한지 아니면 안정성이 더 중요한지를 따졌지요. 그 결과 자금의 성격으로 볼 때 안정성이 더 중요하다는 결론을 내리고 채권형 펀드에 가입했습니다.

그 이후 주식시장은 어떻게 흘러갔을까요? 다음 차트를 통해 확인해보겠습니다.

일광 씨가 퇴직연금에 가입하고 투자가 시작된 이후 금융위기가 닥치면서 주가가 등락을 거듭하는 모습을 보였습니다. 만약 일광 씨가 주식형 펀드에 투자했다면 수익률은 어땠을까요? 종합주가지수수익률을 통해 계산해보겠습니다. 투자 시작시점의 주가지수가 1,891포인트이고 일광 씨가 2019년에 퇴사하는 일이 생겨서 그해 말에 투자가 마무리되었습니다. 투자종료시점 주가지수가 2,197포인트이므로 수익률은 16.18% 정도 됩니다. 물론 운용보수 등 수수료를 빼고 나면 이보다 훨씬 적은 수익률을 기록했을 겁니다. 그러나 자금의 성격을 정확히 따져서 안정성을 확보하기 위해 채권형 펀드에 투자했던 일광 씨의 동일 기간 누적수익률은 40%가 넘었습니다.

이런 결과를 놓고 보면 주식형 펀드는 높은 수익성을 자랑하지만, 그 이면에는 위험도도 높다는 것을 알 수 있습니다. '위험이 크다'라는 것은 높은 수익을 얻을 수도 있지만 반대로 손실을 크게 볼 수도 있다는 뜻입니다.

**일광 씨** 거보세요. 투자는 신중히! 절대 소심한 게 아니라니까요. 사실 주식투자 하다 보면 좀 불안할 때가 많아요. 자꾸 차트만 들여다보게 되고, 자꾸 매매하고 싶은 충동이 생기고 말이죠. 그래서 생각하죠. 주식 말고 좀 안전한 다른 투자 방법 없을까?

**구슬 씨** 저도 마찬가지예요. 주식 말고 다른 투자는 없을까 고민하죠. 그런데 일광 씨 같은 이유는 아니에요. 할 일도 많고 바쁜데 주식투자까지 하려니, 투자에 집중도 안 되고…. '좀 믿을 만한 사람이 저 대신 투자해주면 안 될까' 하는 고민?

'재테크' 내지는 '자산투자'라고 하면 우리가 제일 먼저 머릿속에 떠올리는 것이 바로 주식투자입니다. 그러나 경우에 따라서는 주식투자보다 더 효과적인 것이 있습니다. 바로 채권투자입니다. 채권이 가지고 있는 최고의 무기는 원금이 확보되고 이자가 발생한다는 겁니다. 주식은 가격변동에 노출되어 있어 정해진 기간

에 얼마의 돈이 모일지 아무도 모릅니다. 그러나 채권투자는 만기에 원금이 확보되고 또 그동안 이자가 발생하므로 예측 가능한 투자를 할 수 있습니다. 사실 투자자금은 그 성격에 따라 투자상품을 달리해야 합니다. 수익성이냐 안정성이냐를 따져야 하는 이유가 바로 여기에 있습니다.

또 개인이 일일이 투자하는 직접투자도 중요하지만, 투자에 집중할 수 없는 경우에는 펀드투자도 가능합니다. 개인보다는 훨씬 투자기법이 뛰어난 전문가에게 자산운용을 맡겨보는 것도 나쁘지 않은 선택이 될 수 있습니다.

결국 투자자들은 금융시장에 널려 있는 엄청나게 많은 금융상품에 대해 잘 알아야 할 필요가 있습니다. 그래야 자신의 목적에 맞는 투자가 가능하기 때문입니다.

그럼 지금부터 주식투자 이외에 관심을 가지고 살펴봐야 하는 투자대안에 대해 알아보겠습니다. 폭발적으로 증가하는 투자대안을 잘 사용할 수 있다면, 주식투자에 한정된 '우물 안 개구리'식의 투자에서 벗어날 수 있을 것입니다. 지금부터 투자의 시야를 넓혀보는 시간이 되길 희망합니다.

# CHAPTER 8

## 채권, 경기불황기의
## 효자상품

# 왜 스마트머니는
# 채권으로 몰릴까?

남들보다 수익이 나는 곳을 먼저 찾아다니는 돈을 스마트머니Smart Money라고 합니다. 그러면 주식시장과 채권시장 중 어디에 스마트머니가 더 많을까요? 아마도 주식시장보다 채권시장에 더 많을 겁니다. 금융시장에서 진짜 큰돈은 주식시장이 아니라 채권시장에 있다는 말을 심심찮게 들을 수 있습니다.

그렇다면 어떤 점이 채권시장의 매력 포인트일까요? 채권시장의 가장 큰 매력은 바로 만기에 원금이 보장된다는 겁니다. 반면 주식시장은 미래가 불확실해서 만기에 원금이 보장될지 손해를 보게 될지 아무도 모르지요. 채권시장의 두 번째 매력 포인트는 채권을 발행한 주체가 이익을 내든 못 내든 간에 무조건 이자를 줘야 한다는 겁니다. 그러니 채권에 투자한 사람은 무조건 이자수입을 얻는 겁니다.

주식에 투자하면 미래가 불안한 것이 사실입니다. 그래서 보다 편안한 마음으로 투자하기 위해서는 채권을 잘 알고 있을 필요가 있습니다. 주식과 채권을 섞어서 투자하는 것도 좋은 방법입니다. 주식에서 손해가 나더라도 채권의 이자로 그 손해를 줄일 부분이 있으므로, 주식과 채권의 동시 투자도 고려해볼 만한 포트폴리오입니다.

그럼 어렵게만 느껴지는 채권이 대체 뭔지 차근차근 살펴보겠습니다.

## 도대체 채권이 뭘까

채권은 고정소득증권의 대표적인 증권입니다. 고정소득증권이란 주식의 배당처럼 회사 이익의 크기에 따라 소득이 달라지는 것이 아니라 만기까지 일정한 소득이 발생하는 증권을 말합니다. 예를 들어 3년 만기짜리 국채를 3%에 매입했다면, 이것은 그 채권을 만기까지 보유했을 경우 연평균 3% 수익이 확정된다는 뜻입니다.

채권은 정부, 지방자치단체, 금융기관, 특수법인, 상법상 주식회사 등의 발행자가 일반 투자자들로부터 비교적 장기의 자금을 대량으로 조달하기 위해 발행하는 일종의 차용증서이자, 채무를 표시한 유가증권입니다. 채권에는 액면금액, 발행이자율, 만기상환일, 이자 및 원금 상환방법, 담보 여부 등이 표시되어 있습니다. 채권은 다음과 같이 생겼습니다.

## 채권은 ㅇㅇㅇ증권이다

### 1. 채권은 확정이자증권이다

채권은 발행 시 발행자가 지급해야 하는 이자와 원금의 상환금액, 또는 그 기준이 확정되어 있습니다. 투자원금에 대한 수익은 발행 시에 이미 결정되므로 발행자의 원리금 지급능력이 가장 중요합니다. 이처럼 채권은 확정이자증권이므로 채권발행은 다른 확정이자 금융자산과 경쟁하게 됩니다. 따라서 발행자는 채권발행 시 항상 금리 수준을 고려해야 합니다.

## 2. 채권은 기한부증권이다

채권은 원금과 이자의 상환기간이 사전에 정해진 기한부증권입니다. 기한부증권에서는 잔존기간이 중요한 투자결정 요소입니다. 그리고 실세금리는 경제상황에 따라 변동하는 것이 일반적이기 때문에 잔존기간은 더욱더 채권투자수익에 큰 영향을 줍니다.

## 3. 채권은 이자지급증권이다

채권은 주식과는 달리 발행자의 수익발생 여부와 상관없이 이자를 지급해야 합니다. 채권의 이자지급은 발행자가 부담하는 금융비용 중에서 가장 큰 비중을 차지하므로 기업의 손익과 성장에 많은 영향을 줍니다.

## 4. 채권은 장기증권이다

채권은 여타의 확정이자증권과는 달리 장기증권입니다. 원리금 상환문제 이외에도 장기적으로 존속해야 하고 환금성이 부여되어야 하므로, 채권은 반드시 유통시장이 필요합니다. 즉, 채권은 장기증권이기 때문에 환금에 대한 보증 없이는 투자원금 회수가 어렵고 투자자는 투자를 유보할 수밖에 없지요. 따라서 유통시장이 있어야 채권발행이 용이하여 채권시장의 발전이 가능합니다. 여타 확정이자증권이 유통시장 없이도 발행시장에서 활발히 발행되는 것은 잔존기간이 단기이기 때문으로 볼 수 있습니다.

### 채권의 종류

# 국채는 뭐고,
# 전환사채는 뭘까?

채권의 종류는 다양합니다. 여기서는 먼저 발행주체에 따라 분류한 뒤, 새로운 형태의 신종 채권에 대해 알아보겠습니다.

## 발행주체에 따른 채권의 종류

**국채** │ 국채는 정부가 공공목적을 달성하기 위해 국회의 의결을 받은 후 발행하는 채권입니다. 정부가 원리금을 지급하기 때문에 여러 가지 채권 중 신용도가 가장 높습니다. 공공사업과 사회복지지출 등 정부의 재정지출이 재정수입보다 많은 선진국에서는 전체 채권 중 국채의 비중이 제일 높고, 유통시장에서 거래도 대규모로 이루어집니다. 그동안 우리나라 채권시장은 회사채 중심이었습니다. 그러나 외환위기 이후 외국환평형기금채권과 공적자금 투입을 위한 국채가 대규모로 발행되어 회사채 중심에서 국채 중심으로 전환되었습니다.

우리나라의 국채로는 제1종, 제2종 및 제3종 국민주택채권, 재정증권과 최근 국채발행의 중심을 이루는 국고채권 등이 있습니다.

**지방채** | 지방채는 중앙정부가 아닌 지방자치단체가 발행하는 채권입니다. 지방채는 국채보다 발행된 액수가 적고 유동성도 낮아 거래가 활발하지 못하다는 단점이 있습니다. 신용도도 국채에 비하면 낮습니다. 지방채의 종류는 각 시·도에서 발행하는 지역개발공채, 서울특별시철도공채 및 인천·대구·대전·광주·부산의 도시철도공채가 있습니다.

**특수채** | 특수채는 한국전력, 토지개발공사와 같이 특별법에 의해 설립된 기관이 발행하는 채권입니다. 공채와 사채의 중간에 있어 안전성과 수익성이 비교적 높습니다. 특수채의 종류는 한국전기통신공사채권, 한국도로공사채권, 한국수자원공사채권, 한국가스공사채권, 한국자산관리공사채권, 예금보험(상환)기금채권 등이 있습니다.

**금융채** | 금융채는 특수채 중 발행주체가 금융기관인 채권을 말합니다. 여기에는 통화조절 목적의 금융채인 통화안정증권과 재원조달 목적의 금융채인 산업금융채권, 중소기업금융채권, 주택채권 등이 있습니다.

**회사채** | 회사채는 주식회사가 일반 투자자로부터 자금을 조달하기 위해 발행하는 채권입니다. 일반사채 외에도 사채권자에게 특수한 권리가 부여된 전환사채, 신주인수권부사채, 교환사채 등이 있습니다.

## 신종 채권의 종류

### 1. 전환사채

❶ 전환사채는 주식으로 바꿀 수 있는 채권

전환사채는 발행 당시에는 순수한 회사채 형태로 발행되지만, 일정 기간이 경과한 후에는 채권보유자가 원한다면 발행회사 주식으로 바꿀 수 있습니다. 전환사채는 사채이면서 주식의 성격도 있으므로 실질적으로는 주식과 채권의 중간적 성격입니다.

전환사채의 보유자는 주식시장이 활황일 때 사채를 주식으로 전환하여 이익을 얻을 수 있고, 그렇지 않을 때에는 전환하지 않고 사채로 계속 보유합니다. 이때는 보통 사채와 마찬가지로 표면금리에 따른 일정한 이자를 받게 되고, 만기일에는 원금에 일정 프리미엄을 더한 금액으로 상환됩니다.

❷ 언제 주식으로 전환해야 할까?
과거 발행되었던 전환사채를 예로 들어 전환사채 투자를 설명하겠습니다.

| 구분 | 유니온스틸 | 한솔홈데코 |
|---|---|---|
| 신용등급 | A- | BBB |
| 발행금액 | 430억 원 | 200억 원 |
| 만기 | 3년 | 3년 |
| 표면금리 | 연 0.5% | 연 1% |
| 만기보장수익률 | 연 2%(3개월 복리) | 연 3.5%(3개월 복리) |
| 전환가격 | 1만 4,900원 | 1,635원 |
| 리픽싱 비율 | 없음 | 70% |

유니온스틸과 한솔홈데코가 각각 전환사채를 발행했습니다. 여기서 가장 먼저 확인해야 하는 것은 바로 전환가격입니다. 전환가격은 채권을 주식으로 바꿀 수 있는 가격이기도 합니다. 현재 주가가 얼마든지 간에 주식으로 바꿀 수 있는 가격을 말합니다. 즉, 유니온스틸은 전환권을 행사하면 1만 4,900원짜리 주식으로 전환할 수 있고 한솔홈데코는 1,635원짜리 주식으로 전환할 수 있습니다.

만약 유니온스틸의 주가가 1만 4,900원을 넘지 못하든지, 한솔홈데코의 주가가 1,635원을 넘어서지 않으면 투자자들은 주식으로 전환하지 않고 만기까지 보유해서 만기보장수익률을 얻으므로, 채권의 안정성과 주식의 수익성을 동시에 가지고 있다고 말합니다.

❸ 전환사채 투자 체크 포인트

전환사채에 투자할 때 체크해야 할 포인트는 다음과 같습니다.

첫째, 전환사채도 채권의 일종이기 때문에 당연히 이자율이 높은지 봐야 합니다. 전환사채는 만기가 같은 회사채에 비해 금리가 낮은 경우가 많습니다. 주식으로 전환할 수 있는 권리가 부여됐기 때문입니다. 가령 한솔홈데코의 표면이율은 연 1%인데, 이는 전환권 행사 전까지 1%의 이율로 3개월마다 이자를 받는다는 의미입니다. 주가상승 시까지 투자금에 대한 기회수익을 제공하는 측면이 있습니다.

둘째, 만기보장수익률도 살펴야 합니다. 이는 전환사채를 만기까지 주식으로 전환하지 않을 경우 보상해주는 금리를 말합니다. 한솔홈데코의 이자율은 1%지만 만기보장수익률은 3.5%입니다. 만기에 액면금액의 107.87%를 줌으로써, 1%와 3.5%의 차이를 보상해준다는 의미입니다. 주식이 상승하지 않는 경우 만기까지 채권을 보유함으로써 높은 이자수익을 기대할 수 있는 셈입니다.

셋째, 주가가 하락하는 경우를 대비해 전환가액을 조정할 수 있는 '리픽싱 비율'도 고려해야 합니다. 예를 들어 현재 주당 전환가격이 1만 원인데 리픽싱 비율이 70%라고 한다면, 주가하락 시 전환가액을 최대 7,000원까지 조정해준다는 말입니다. 주가가 전환가격 이하로 떨어졌다가 오름세를 보일 때 투자수익을 극대화할 수 있는 장치입니다.

❹ 전환사채를 주식으로 전환하기

전환사채를 해당 주식으로 전환할 때는 일정한 절차가 필요합니다. 증권사를 통해 전환사채를 매수한 뒤 일정 시점(공모는 대략 1개월, 사모는 1년이 경과해야 함)

이 지난 후에 전환청구를 하면, 실제 주식은 실무 절차상 약 1개월 정도 후 투자자 계좌에 입고됩니다. 따라서 전환신청 후 실제 주식 입고까지 기간 동안 해당 주식의 가격이 하락할 수도 있다는 점을 감안해야 합니다.

**❺ 전환사채 투자방법**

전환사채를 투자하기 위해서는 일반적인 주식투자와 마찬가지로 증권사를 방문해서 해당 투자상품을 매매하거나, 간단하게는 HTS 서비스를 이용해 청약함으로써 가능합니다.

## 2. 신주인수권부사채

신주인수권부사채란 사채권자에게 일정 기간이 경과한 후에 일정한 가격(행사가격)으로 발행회사의 신주를 인수할 수 있는 권리, 즉 정해진 가격에 유상증자에 참여할 권리를 부여한 채권입니다. 신주인수권부사채의 투자방법은 전환사채와 같습니다. 다만, 전환사채를 주식으로 전환할 때 추가로 돈을 지불하지 않는 것에 반해, 신주인수권부사채는 신주인수권을 행사하면 신주인수 대금을 납입해야 한다는 차이가 있습니다.

## 3. 변동금리채권

변동금리채권은 이자지급이 현재의 어떤 시장이자율에 연동된 것을 말합니다. 일반적으로 변동금리채권의 이자율은 '리보금리LIBOR+$\alpha$'로 계산합니다. 이 경우 $\alpha$ 값은 표면금리의 하한선을 의미합니다. 즉 리보금리[17]가 제로금리가 되더라도 $\alpha$ 만큼의 이자는 주어지는 것입니다.

예를 들어 이자율이 현재의 국채수익률에 2%를 더한 값으로 매년 조정될 수

---

17  **리보금리** 런던의 일류 은행들끼리 거래할 때 이용하는 금리로 국제 금융거래에서 기준금리로 활용됩니다.

있습니다. 만약 조정일에 국채수익률이 5%라고 한다면, 이 채권의 표면이자율은 다음 조정일까지 7%가 됩니다. 이와 같은 방식은 채권이 어느 때라도 대략 현재의 시장이자율을 지급한다는 것을 의미합니다. 변동금리채권은 앞으로 금리가 올라가면 더 많은 이자를 받지만 금리가 하락하면 이자를 덜 받으므로, 금리에 대한 전망을 제대로 하고 투자해야 합니다.

## 4. 역변동금리채권

역변동금리채권은 일반 금리 수준이 높아질 때 채권의 이자가 거꾸로 내려간다는 점을 제외하고는 변동금리채권과 유사합니다. 일반적으로 역변동금리 채권의 이자는 'X-LIBOR'와 같이 표시합니다. 즉, 앞으로 금리가 올라가면 이자를 덜 받고 금리가 내려가면 이자를 더 받는 구조입니다.

## 5. 물가연동채권

물가연동채권(지수채권)은 일반적인 물가지수나 어떤 특정한 재화의 가격에 연동되어 이자를 지급하거나, 원금과 이자를 물가에 연동시키는 채권을 말합니다. 물가지수연동채권은 주로 높은 인플레이션을 경험한 나라에서 발행되는 경우가 많습니다. 이 채권은 인플레이션보호채권이라고도 합니다. 채권의 액면가를 일반 물가 수준에 연동시킴으로써 이표이자뿐만 아니라 액면가의 최종 지급액까지도 소비자물가지수에 비례하여 증가합니다. 그러므로 물가연동채권의 이자율은 무위험실질이자율이 됩니다.

　인플레이션이 발생하는 과정에서 물가연동채권으로부터 원리금이 어떻게 주어지는지 살펴보겠습니다. 다음에 나오는 도표는 지수채권의 예시인데, 이 채권은 액면 1만 원에 표면이자율 4%의 채권입니다.

| 시점 | 물가상승률(%) | 액면 | 표면이자 | 원금상환 | 총 현금흐름 |
|---|---|---|---|---|---|
| 0 | | 10,000 | | | |
| 1 | 2 | 10,200[1] | 408.0[3] | 0 | 408.0 |
| 2 | 3 | 10,560[2] | 420.2 | 0 | 420.2 |
| 3 | 1 | 10,611 | 424.4 | 10,611.1 | 11,035.5 |

주 1 10,000×(1+0.02)  2 10,200×(1+0.03)  3 10,200×0.04

도표의 예시에서 볼 수 있는 바와 같이 지수채권은 물가가 상승하면 물가상승률만큼 액면을 올리고 높아진 액면에 표면이자율을 반영합니다. 그럼으로써 물가상승 시 원금과 이자가 동시에 늘어나 물가상승에 따른 구매력 위험을 피하는 수단으로 사용됩니다.

물가연동국채는 요즘 소위 부자들이 모여 있다는 강남권에서는 자산관리전문가라고 하는 사람들이 나오는 족족 모두 사들여 배분해준다는 소문이 나돌고 있을 정도로 인기를 끌고 있습니다.

채권투자의 특징

# 채권은
# 이자율을 따져봐야 한다

## 채권가격의 4가지 특징

채권가격의 특징은 다음과 같습니다. 이를 잘 이용하면 채권투자를 할 때 유용하게 사용할 수 있습니다.

### 1. 채권가격은 수익률 변동에 반비례한다

채권의 이자율이 상승한다는 것은 채권가격이 하락한다는 것을 뜻하고, 반대로 채권의 이자율이 하락한다는 것은 채권가격이 상승한다는 것을 말합니다. 즉, 시장에서 이자율이 하락하는 시기에 채권에 투자하면 매매차익을 얻을 수 있다는 말입니다.

### 2. 채권의 잔존기간이 길수록 수익률 변동에 따르는 가격변동의 폭은 커진다

채권은 단기채권과 장기채권이 있습니다. 일반적으로 장기채권이 단기채권보다 위험하다고 평가합니다. 그래서 이자율이 내려가 채권가격이 상승할 때 단기채권보다 장기채권의 가격이 더 크게 올라갑니다. 반대로 이자율이 올라가 채권가격이 하락할 때는 단기채권보다 장기채권의 가격이 더 크게 떨어집니다. 그래서 이자율이 내려갈 때는 장기채권을, 이자율이 올라갈 때는 단기채권을 보유하는 것이 유리합니다.

### 3. 표면이자율이 낮은 채권이 높은 채권보다 수익률 변동에 따른 가격변동 폭이 크다

채권에 따라 표면이자율이 상대적으로 높은 고이표채권과 표면이자율이 상대적으로 낮은 저이표채권이 있습니다. 이때 이자율이 하락해 채권가격이 상승할 때 저이표채권이 더 크게 올라갑니다. 반대로 이자율이 올라서 채권가격이 하락할 때는 저이표채권이 상대적으로 더 크게 떨어집니다. 따라서 이자율이 하락할 때는 저이표채권에 투자하고, 이자율이 상승할 때는 고이표채권에 투자하는 것이 유리합니다.

### 4. 채권수익률이 낮을수록 수익률 변동에 따른 가격변동 폭이 더 크다

채권의 수익률, 즉 채권의 이자율은 채권의 종류나 만기 그리고 발행자의 신용도 등에 따라 다르게 형성됩니다. 일반적으로 신용도가 낮은 채권이나 만기가 긴 채권은 상대적으로 채권이자율이 높고, 신용도가 높은 채권이나 만기가 짧은 채권은 상대적으로 채권이자율이 낮게 형성됩니다. 이자율이 하락해 채권가격이 상승할 때 상대적으로 이자율이 낮은 채권의 가격이 더 크게 올라가고, 이자율이 상승해 채권가격이 하락할 때는 상대적으로 이자율이 낮은 채권이 더 크게 떨어집니다. 이를 정리해보면 다음과 같습니다.

❶ 이자율 하락, 즉 채권가격이 상승하는 경우: 만기가 길고 표면이자율이 낮으며 상대적으로 채권수익률이 낮은 채권에 투자한다.

❷ 이자율 상승, 즉 채권가격이 하락하는 경우: 만기가 짧고 표면이자율이 높으며 상대적으로 채권수익률이 높은 채권에 투자한다.

## 채권으로 세금 줄이기

### 1. 이자소득 분산투자를 통한 절세

이자소득을 연도별로 분산하여 발생하도록 함으로써 종합과세의 부담을 덜 수 있습니다. 즉, 이자소득의 귀속연도는 이자를 수령하는 날(채권의 중도매도일 포함)이 속하는 연도이므로, 이자 수령일을 연도별로 분산시켜 금융소득이 한꺼번에 집중됨으로써 발생하는 과세표준 증대를 방지할 수 있습니다.

예를 들어 할인채나 복리채(만기일시상환채)는 만기 시 또는 중도매도 시에 이자소득이 발생하므로, 만기를 연도별로 분산시킴으로써 이자수입 시기를 분산시킬 수 있습니다. 또한 이표채에 투자할 경우 이자수입 시기를 분산시키면 이자소득을 연단위로 평준화할 수도 있습니다.

### 2. 가족 명의 분산투자를 통한 절세

소득세법상 소득세는 개인별로 종합과세되므로, 가족 명의로 분산하면 종합과세를 피할 수 있거나 상대적으로 낮은 세율을 적용받을 수 있습니다. 이때 증여세 면세점은 다음과 같습니다.

| 증여자와의 관계 | 공제한도 | 비고 |
|---|---|---|
| 배우자 | 6억 원 | |
| 직계존비속 (계부, 계모 포함) | 5,000만 원(미성년자 2,000만 원) | 공제한도는 10년간의 금액을 합산함 |
| 기타 친족 | 1,000만 원 | |
| 친족 이외 | 없음 | |

• 기타 친족: 6촌 이내의 혈족 및 4촌 이내의 인척

## 3. 표면이자율이 낮은 채권에 집중투자

채권투자 수익은 이자소득과 자본소득으로 구분합니다. 이 중에서 자본소득은 비과세임을 기억해야 합니다. 표면이자율이 낮은 채권에 투자할수록 과세표준도 작아지고, 세후 투자수익률도 제고할 수 있습니다. 즉, 동일한 조건일 경우 표면 이자율이 낮은 채권에 투자하는 것이 효율적입니다.

채권수익률의 결정요인

# 채권의 가격은
# 어떻게 결정될까?

채권가격의 다른 이름은 채권이자율, 즉 채권의 수익률입니다. 따라서 채권수익률이 오르고 내린다는 것은 달리 말하면 채권의 가격이 오르고 내린다는 말입니다. 채권수익률이 하락하면 채권가격이 오르고 채권수익률이 상승하면 채권가격이 내리는 것으로 봤을 때, 언제 채권가격이 오르고 내리는지를 알고 있어야 투자가 가능해지는 것이지요. 지금부터 채권수익률은 어떤 요인들로 결정되는지 알아보겠습니다.

채권수익률은 여러 가지 요인에 의해 변동되는데 내부적으로는 해당 채권의 발행조건, 즉 표면이자율, 만기, 액면, 발행수익률 등에 영향을 받습니다. 외부적으로는 경기동향, 당국의 통화금융정책, 금융시장의 계절적 변동 같은 금융경제 상황에 영향을 받습니다.

# 채권수익률의 외적 요인

## 1. 경기동향

금융시장의 자금수급 관계가 채권수급에 영향을 미치는데, 금융시장의 자금수급 관계는 근본적으로 경제활동 여하에 달려 있습니다.

**경기확장국면** | 경기가 좋을 때에는 채권의 공급이 많은 반면에 채권의 수요는 감소하여 채권수익률은 상승합니다. 또한 자금의 수요증대가 통화공급의 증가를 초래하고, 이는 물가불안으로 이어져 금리의 상승을 촉발시키기도 합니다.

**경기수축국면** | 경기가 수축국면으로 들어서면 기업수익의 신장률이 둔화되고 개인의 소득도 줄어들어 유효수요가 감소합니다. 나아가 기업의 설비투자 위축으로 자금수요가 줄어들기 때문에 금융시장 전체의 자금사정은 점차 여유를 갖게 됩니다. 그러나 이와 같은 경기침체에도 국채 등은 경기부양을 위해 대량으로 발행되는 경향이 있고, 운영자금을 위한 회사채 수요도 여전히 있기 때문에 채권의 공급은 크게 감소하지 않는 것이 일반적입니다.

## 2. 물가동향

물가와 채권수익률은 정의 상관관계입니다. 물가가 상승하면 시장의 명목금리는 상승하지만 실질금리는 하락합니다. 명목금리의 상승은 기존의 채권수익률보다는 다른 실물투기를 발생시키므로, 채권의 수요는 감소합니다. 반대로 물가가 하락하면 실질금리는 상승하고 기존의 채권수익률로 채권에 투자하는 것이 유리해 채권수요가 늘어남으로써, 채권수익률은 하락합니다.

물가와 채권수익률의 관계를 잘 보여주는 것이 피셔 효과Fisher Effect입니다. 이는 명목수익률은 실질수익률에 물가상승률을 더한 것으로 나타난다는 것입니다.

즉, 채권수익률은 실질금리와 물가상승률의 합으로 나타나는데, 피셔 효과에 의하면 물가상승은 채권수익률의 상승을 가져옵니다. 그러나 실제적으로는 물가상승이 어느 정도 시차를 두고 채권수익률의 상승을 가져오는 것으로 나타납니다.

## 3. 시중자금 사정

시중자금 사정과 채권수익률은 밀접한 관계가 있습니다. 시중자금 사정이 원활할 때에는 채권유통시장에 채권을 사려는 사람이 많아져 채권수익률이 하락합니다. 반대로 시중자금 사정이 나쁠 때에는 채권수익률이 올라갑니다.

## 4. 통화금융정책

통화금융정책은 물가안정, 경제의 안정적 성장, 국제수지의 균형, 외환시세 안정 등을 목표로 금융당국이 통화량이나 금리를 직접 또는 간접적으로 조절하는 정책을 말합니다. 통화당국이 전통적으로 사용하는 통화금융정책으로는 재할인정책, 지급준비율제도, 공개시장조작, 3가지를 들 수 있습니다.

**재할인정책** | 재할인정책은 중앙은행이 금융기관에 빌려주는 자금의 금리를 높이거나 낮춤으로써 자금조달비용에 영향을 주어 중앙은행이 차입규모를 조절하게 하고, 이를 통해 통화량을 줄이거나 늘리는 금융정책수단입니다. 즉, 시중에 자금이 필요 이상으로 많이 풀려 있다고 판단하면 중앙은행은 재할인금리를 높입니다. 그리고 금융기관의 중앙은행 차입규모를 줄이도록 함으로써 금융기관이 시중에 공급할 수 있는 자금규모를 줄이지요. 반대의 경우에는 재할인금리를 낮추어 시중 유동성을 조절합니다.

**지급준비율제도** | 지급준비율제도는 원래 은행이 고객의 예금인출 요구에 대비하기 위해, 예금의 일정 비율에 해당하는 금액을 중앙은행에 예치하는 예금자보호

제도로부터 비롯되었습니다. 요즘에는 예금자보호 기능보다는 통화량을 조절하는 중앙은행 정책수단의 의의가 더 커졌습니다. 즉, 중앙은행은 시중에 자금이 너무 많이 풀려 있다고 판단하면 지급준비율을 높여 금융기관의 신용창조능력을 줄임으로써 통화량을 줄이고, 반대의 경우에는 지급준비율을 낮추어 통화량을 늘립니다.

**공개시장조작** │ 공개시장조작은 중앙은행이 증권시장에서 기관투자가나 민간을 대상으로 국공채 등 유가증권을 매입하거나 매각함으로써 통화량을 늘리거나 줄이는 것을 말합니다. 유가증권 수익률에 영향을 주어 시장금리를 변동시킴으로써 유동성을 조절합니다.

앞에 나온 통화금융정책은 장기금리에 영향을 미치는 매우 중요한 요인들입니다. 금융완화의 필요성이 있을 때 중앙은행은 재할인율 인하, 지급준비율 인하, 공개시장매입조작 등을 취합니다. 그러면 시중에 통화공급이 증가하고 원활한 자금공급을 배경으로 자금수요보다 자금공급이 많아지는 상황이 연출되므로 금리는 하락합니다. 반대로 금융긴축 필요성이 있을 때 중앙은행은 재할인율 인상, 지급준비율 인상, 공개시장매각조작 등을 취합니다. 그러면 시중의 통화공급 감소로 이어져 자금수요가 자금공급보다 많아짐에 따라 금리가 상승합니다.

## 5. 재정정책

정책당국이 경기를 조절할 때는 통화량이나 금리를 직간접적으로 조절하는 통화금융정책을 쓸 수도 있지만, 정부가 세금을 많이 또는 적게 걷는다든지 정부의 지출을 늘리거나 줄이는 재정정책을 쓸 수도 있습니다. 재정정책이 국내 장기 금리에 영향을 미치는 과정은 다음과 같습니다.

먼저, 경기를 부양하고자 할 때에는 재정지출확대정책을 펼칩니다. 재정지출을 확대하기 위해서는 막대한 자금이 필요하고, 이 자금을 확보하기 위한 수단으로 국채발행을 생각할 수 있습니다. 국채발행이 늘어나면 금융기관 등이 국채를 사기 때문에 민간에 공급할 자금이 줄어듭니다. 이렇게 되면 채권의 수급이 악화되어 금리가 상승합니다.

재정지출이 확대되면 고용이 창출되고 이는 노동시장의 수급구조에 변화를 불러와 임금을 상승시킵니다. 또한 민간기업의 실적이 좋아지면서 설비투자 의욕이 증가하고 이런 현상으로 내수가 확대되며, 이것이 국내 경기의 상승으로 이어져 금리가 상승합니다.

## 6. 환율동향

자본시장이 개방된 상태에서 환율동향이 국내 자본시장에 미치는 영향은 점점 커지고 있습니다. 일반적으로 원화환율 평가절상은 국내 채권수익률을 하락시키는 요인으로 작용하고, 원화환율 평가절하는 채권수익률을 상승시키는 요인으로 분석됩니다.

환율은 실물시장과 금융시장을 통해 채권수익률에 영향을 미칩니다. 우선 실물경제 측면에서 볼 때 원화가 평가절상되면 우리 상품의 수출가격 경쟁력이 떨어지므로 수출이 줄어듭니다. 그리고 이는 경상수지를 악화시켜 국내 경기를 후퇴시킵니다. 이렇게 후퇴하는 국내 경기는 금리하락 요인으로 작용합니다. 또한 원화의 평가절상은 수입상품의 가격을 떨어뜨리고, 물가하락으로 이어져 인플레이션에 대한 우려를 불식시킴으로써 금리하락을 가져옵니다.

그렇다면 금융시장 측면에서 원화의 평가절상은 어떤 결과를 가져올까요? 달러자산을 보유한 투자자 입장에서는 원화를 기준으로 달러자산 가치가 감소합니다.

반면에 원화의 가치는 상대적으로 상승하므로 달러자산에서 원화자산으로 자금이동이 일어납니다. 이렇게 되면 원화표시 채권에 대한 수요가 증가하여 채권수익률이 떨어집니다. 원화의 평가절하는 앞의 경우와 반대로 생각하면 됩니다.

## 채권수익률의 내적 요인

### 1. 채권의 잔존기간

채권수익률은 만기까지 잔존기간에 영향을 받습니다. 다른 조건이 일정할 때 만기까지의 잔존기간이 길어지면, 채권가격 변동위험이 커지고 유동성이 줄어듭니다. 그래서 잔존기간이 긴 장기채의 경우 채권수익률이 높아집니다.

### 2. 채권의 표면이자율

다른 조건이 일정할 때 표면이자율 변동 여부에 따라 채권수익률이 달라집니다. 표면이자율이 상승하면 이는 자본의 한계생산성 증가로 높은 이자를 부담할 수 있다는 것을 의미하므로, 시장실세금리의 상승이 나타나는 것으로 볼 수 있지요. 그리고 표면이자율의 상승분만큼 이자가 더 많아지므로 그에 대한 세금도 늘어납니다.

### 3. 발행주체의 채무불이행위험

채권은 원금과 표면이자 수입이 약속된 확정이자부 증권이지만 위험이 전혀 없는 것은 아닙니다. 발행자의 재정난, 실적부진 등으로 이자뿐만 아니라 원금상환이 제대로 이행되지 못하는 경우가 발생하기도 합니다. 이러한 위험을 채무불이행위험이라 하는데, 만기나 표면이자율 등 채권 자체의 발행조건이 같더라도 발행주체의 채무불이행위험 정도에 따라 채권수익률이 달라집니다.

채무불이행위험 정도에 따라 발생하는 채권수익률 격차를 위험프리미엄이라

하는데, 위험프리미엄은 호경기 때보다 불경기 때 더 높게 나타납니다. 이는 일반적으로 투자심리가 위험 회피 성향을 보이기 때문입니다. 즉, 불경기 때는 발행기업 파산 또는 채무불이행 위험이 커지기 때문에 위험프리미엄이 높아집니다. 다른 조건이 같다면 채무불이행위험이 높을수록 투자자는 더 높은 위험프리미엄을 요구하고, 이는 채권수익률 상승으로 이어집니다.

## 4. 채권의 유동성

채권의 유동성이란 채권을 원하는 시점에 즉시 매매할 수 있는 정도를 말합니다. 일반적으로 유동성이 높은 채권은 거래가 원활하므로 당해 채권보유자는 언제든지 매매할 수 있다는 장점이 있습니다. 따라서 합리적인 투자자라면 다른 조건이 같을 때 유동성이 높은 채권을 선호할 것이고, 이에 따라 유동성이 낮은 채권은 그만큼 발행이 어려워집니다. 결국 유동성이 낮은 채권이 발행되거나 유통시장에서 거래되기 위해서는 그 대가로 유동성프리미엄을 제공해야 합니다. 그렇기 때문에 낮은 유동성은 채권수익률을 높이는 원인이 됩니다.

# 위험도에 따라 AAA부터
# C까지 등급이 있다

채권등급평가란 채권등급 평가기관이 특정 채권의 원금과 이자가 약속대로 상환될 수 있는 정도를 판정하고, 이에 등급을 매겨 투자자에게 전달하는 것을 말합니다. 채권등급평가의 목적은 정보를 알지 못하여 발생할 수 있는 손실로부터 투자자를 보호하는 데 있습니다.

## 채권에 등급을 매기는 이유

채권등급평가는 AAA, Aaa 등과 같은 간략하고도 이해하기 쉬운 기호를 사용하여 채권 위험에 관한 정보를 투자자에게 제공합니다. 채권에 투자할 때 투자자들은 수익과 위험이라는 2가지 요소를 고려하는데, 채권등급평가는 바로 위험요소에 대한 정보제공 목적이 있습니다. 미국의 경우 회사채나 기업어음CP 등을 평가하여 등급을 발표하는 기관이 많은데 무디스Moody's, S&P, 피치Fitch가 대표적입니다.

　채권의 등급은 채무불이행위험 정도에 따라 여러 기호로 표시되며, 회사채 등

장기채권을 최상급 채권인 AAA부터 최하급 채권인 C까지 세분화된 등급으로 구분합니다.

어느 평가기관이든 Baa나 BBB까지를 상환능력에서 투자적격채권으로 판단하고, Ba나 BB 등급 이하의 채권들은 원리금 상환에 문제가 있는 투자부적격채권으로 분류합니다. 이러한 등급의 채권들은 투자위험을 가지고 있는 반면, 그에 따른 높은 수익률을 기대할 수 있는 특성이 있어 투기성 채권 또는 정크본드라고 불립니다. 정크본드는 채무불이행위험이 높으므로 높은 수익률을 기대할 수 있습니다. 정크본드는 채권의 발행시점에서 좋은 등급을 받은 채권이었으나, 발행 후

▼ 회사채 등 장기채권의 등급구분

| 등급내용 / 평가기관명 | 무디스 | S&P | 피치 |
|---|---|---|---|
| 안정성이 높다. 위험은 거의 없다. 어떠한 상황 변화가 발생해도 원리금 지급은 문제없다. | Aaa | AAA | AAA |
| 안정성은 높다. 최상급 채권보다 위험은 약간 높지만 문제는 없다. | Aa1 Aa2 Aa3 | AA+ AA AA- | AA+ AA AA- |
| 안정성은 상위다. 원리금 지급은 문제없지만 장래에는 현재보다 나빠지기 쉬운 평가요소가 있다. | A1 A2 A3 | A+ A A- | A+ A A- |
| 안정성은 중간 정도다. 현재의 안정성, 수익성은 문제가 없으나 불황일 때는 유의할 필요가 있다. | Baa1 Baa2 Baa3 | BBB+ BBB BBB- | BBB+ BBB BBB- |
| 투기적 요소가 있다. 장래의 안전성이 보장되지 않는다. 예상되는 영업성과가 불확실하다. | Ba1 Ba2 Ba3 | BB+ BB BB- | BB+ BB BB- |
| 투자대상으로서 적격성은 없다. 원리금 지급의 안정성이나 계약조건의 유지가 불확실하다. | B1 B2 B3 | B+ B B- | B |
| 안정성이 극히 낮다. 원금과 이자가 지급불능이 될 가능성이 높다. | Caa | CCC | CCC |
| 극히 투기적이다. 현재 채무불이행 상태에 있거나 중대한 문제가 발생하고 있다. | Ca | CC | CC |
| 최하위 등급의 채권이다. 채무불이행 중의 채권으로 아무런 장래도 없다. | C | C | C |

기업의 재무상태가 악화되어 높은 채무불이행위험을 갖게 된 채권입니다. 정크본드는 채권거래가 시작된 이후 지속적으로 거래되어왔습니다. 특히 1980년대 들어와 미국시장에서 기업인수합병의 주요 수단으로 정크본드가 활용되기 시작하면서 거래규모가 급속히 증가했습니다.

## 6

채권매매 방법

# 채권은 어디에서
# 사고팔까?

## 장내거래

장내거래는 증권거래소를 통해 이루어지는 거래를 말합니다.

### 1. 일반 채권시장의 거래

불특정다수자가 참여할 수 있는 시장으로 소액투자자가 보호되는 시장이라 할
수 있습니다. 주로 주식 관련 사채와 소액 첨가소화 국·공채가 거래되고 있습니
다. 소액 첨가소화 국·공채는 아파트를 살 때 인수해야 하는 국민주택채권이나
자동차를 살 때 인수해야 하는 도로공채 등을 말합니다.

### 2. 장내거래 요건

장내거래 대상은 증권거래소에 상장된 채권만이 해당되며, 익일결제거래가 이
뤄집니다. 매매시간은 오전 9시부터 오후 3시 30분이며 가격제한폭은 없습니다.
고객의 호가는 가격으로 이루어지며 액면 1만 원당 가격으로 환산하여 매매를

체결합니다.

위탁수수료는 매매일로부터 채권 상환기일까지 잔존기간에 따라 구분되고, 이는 증권회사마다 자율적으로 결정됩니다.

**장내거래 대상채권** | 채권의 장내거래 대상채권은 상장채권으로, 채권의 상장 여부는 채권판 증권시장지나 한국거래소 상장부에 문의하면 알 수 있습니다.

**호가 및 매매수량** | 호가가격 단위는 1원이고 호가수량 단위는 1만 원입니다. 주식 관련 사채 및 일반 채권의 매매수량 단위는 10만 원이며, 소액채권의 매매수량 단위는 1,000원입니다. 거래소는 액면 1만 원당 가격으로 환산하여 매매를 체결합니다.

**결제시한** | 당일결제거래만 가능

| 투자자와 증권회사 간의 결제 | 결제회원의 결제 |
| --- | --- |
| 결제일의 16시 | 결제일의 16시 30분 |

**가격제한폭** | 가격제한폭은 없습니다.

**위탁수수료** | 채권매매를 위탁한 고객은 증권회사에 소정의 위탁수수료를 지불해야 합니다. 현재의 위탁수수료율은 매매일로부터 채권 상환기일까지 잔존기간에 따라 구분되고, 이는 증권사마다 자율로 결정됩니다.

## 장외거래

장외거래란 한국거래소가 개설한 유가증권시장 외에서의 자기매매 또는 중개매매에 의한 매매거래를 말합니다.

## 1. 장외거래의 특징

장외거래는 대고객 상대매매시장입니다. 거래소 시장에서의 거래장소나 거래 유가증권, 거래 비표준화 등으로 거래가 곤란한 채권에 유동성을 부여합니다. 실제 매매정보가 시장 참여자들에게 실시간으로 공시되지 않으므로 거래의 비효율성이 크지만, 최근에는 인터넷을 통한 실시간 정보 제공으로 거래 효율성이 높아지고 있습니다.

## 2. 장외거래 요건

대상채권은 상장, 비상장 채권 모두 가능하며 거래장소는 증권회사 영업소 내에서 증권회사 영업시간 내에 이루어집니다. 매매방법은 상대매매이며 결제방법은 일반적으로 약정과 동시에 결제되어 당일에 현물과 현금이 거래됩니다.

**호가단위 및 가격제한폭** | 호가는 수익률을 액면 1만 원 단위의 금액으로 환산한 원 단위 가격으로 이루어지고 가격제한폭은 없습니다.

**매매수량 단위** | 제한 없습니다.

**장외거래수수료** | 자기매매 형태로 장외거래 시에 수수료는 없으며 증권회사는 매수-매도가격의 차액을 스프레드로 수취합니다(단, 중개매매 시에는 수수료를 부과할 수 있음).

# 9

CHAPTER 9

# 해외주식, 애플에 직접
# 투자해보자

# 해외주식투자
# 계좌 만들기

## 해외주식투자 사전 준비

해외주식에 투자하기 위해서는 계좌를 개설하고, 해외증권약정 및 해외주식매매 서비스 신청을 해야 하며, 원화 및 외화를 입금하고, 환전을 하고, 매매를 하는 과정을 거치게 됩니다. 이 과정을 간략히 보겠습니다. 일반적인 계좌개설 절차를 살펴보면 다음과 같습니다.

## 계좌개설 절차

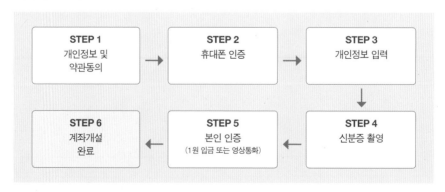

## 1. 계좌개설하기

해외주식투자를 하기 위해서는 무엇보다 필요한 것이 바로 계좌개설입니다. 계좌개설은 증권사 영업점을 방문하면 개설이 가능합니다. 그러나 해외주식투자를 하기 위한 전용계좌가 필요한 것이 아니므로 일반적인 증권계좌를 개설하거나 사용하면 됩니다.

영업점을 방문할 때 본인이 직접 개설이 가능하다면 본인 신분증과 도장(사인으로 개설 가능)을 지참하면 됩니다. 그러나 본인이 직접 가지 못하고 대리인이 대신 개설하는 경우는 대리인의 신분증과 계좌개설명의인의 신분증, 그리고 계좌개설명의인의 도장이 필요합니다. 이때 만약 대리인이 직계가족인 경우 가족관계증명서를 지참하면 되고, 만약 일반대리인이라면 계좌개설명의인의 인감증명서를 지참하고 가야 개설이 가능합니다.

영업점을 방문해서 계좌를 개설할 때 필요한 서류는 다음과 같습니다.

▼ 개인 계좌개설 시 필요서류 안내

| 구분 | | 개인 | | | | 비고 |
|---|---|---|---|---|---|---|
| | | 본인 | 미성년자 | 대리인 | | |
| | | | 법정대리인 | 직계가족 | 일반대리인 | |
| 신분증 | 본인 | ○ | 기본증명서 (친권자표기) | ○ | ○ | |
| | 대리인 | | ○ | ○ | ○ | |
| 도장 | 본인 | ○ | ○ | ○ | ○ | |
| | 대리인 | | | | | |
| 가족관계증명서 | | | ○ | ○ | | |
| 인감증명서 | | | | | ○ | 3개월 이내 발급분 (실명번호 모두 표기) |

## 2. 외화증권 약정 및 해외주식매매 서비스 약정

개설한 일반 증권계좌에 외환거래 및 해외주식매매를 위한 서비스를 신청하고 약정해야 합니다. HTS나 MTS에서 해당 메뉴를 찾아 약관에 대한 동의를 하면 바로 외화 및 해외주식 서비스 이용이 가능합니다.

### 3. 원화 및 외화 입금

해외주식 거래에 필요한 예수금을 입금해야 합니다. 이때 원화로 입금하면 환전이라는 과정을 거쳐야 하고, 외화를 입금하면 바로 사용이 가능합니다.

### 4. 환전

미국뿐 아니라 해외투자인 경우 해당국의 통화로 환전을 해야 합니다. 그러나 환전의 과정을 거치지 않고 원화로 바로 주문하면 결제시점의 환율로 자동으로 환전돼서 결제가 되기도 합니다.

### 5. 매매

보유한 예수금 내에서 종목을 검색한 후 HTS나 MTS, 오프라인을 통해 매매를 하면 됩니다. 다만 주문방식에 따라 매매수수료가 달라질 수 있으니 수수료 관련 내용을 사전에 반드시 확인해야 합니다.

## 비대면으로 해외주식계좌 만들기

최근 계좌개설은 비대면으로 개설하는 것이 일반적입니다. 물론 비대면 개설이 불편한 분들은 영업점이나 은행 방문으로 계좌개설을 해도 됩니다. 우선 비대면으로 계좌를 개설하는 절차를 살펴보면 다음과 같습니다.

## 비대면 계좌개설 절차

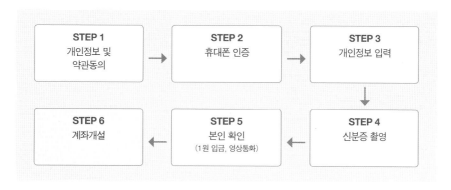

증권회사 홈페이지에서 비대면으로 계좌를 개설하기 위해서는 먼저 휴대폰 인증을 받아야 합니다. 다음과 같이 전화번호를 입력하면 인증메시지가 휴대폰으로 전송됩니다.

휴대폰으로 인증메시지를 받아 링크를 클릭하면 계좌개설 앱을 다운로드할 수 있는 앱스토어로 연결됩니다. 그러면 앱을 내려받아 계좌개설 절차를 진행하면 됩니다.

## 은행 방문으로 계좌개설하기

영업점 방문 이외에, 증권사에서 주요 은행들과 제휴를 맺은 경우는 은행에서도 계좌개설이 가능합니다. 그 절차를 살펴보면 다음과 같습니다.

### 계좌개설 절차

## 주식연결계좌 개설하기

해외주식투자를 할 때 기존 계좌를 가지고 있는 경우 반드시 새로 계좌개설을 해야 하는 것은 아닙니다. 기존 주식투자계좌에서 연결계좌를 설정하면 해외주식투자가 가능합니다. 그 절차는 다음과 같습니다.

### 온라인 연결계좌 개설 절차

기존 주식계좌가 있는 경우 증권회사 홈페이지에서 연결 상품을 선택할 때 해외주식을 선택하면 계좌연결이 진행됩니다.

## 온라인 연결 가능 상품

계좌개설 가능시간 : 24시간 가능(23:30 ~ 00:30 제외)

온라인 연결 가능상품 메뉴에서 해외주식의 계좌신청을 누르면 다음과 같이 로그인 화면으로 이동하게 됩니다. 이때 공동인증서로 로그인하든지 ID로 로그인을 하면 됩니다.

로그인이 완료된 다음, 해외주식 매매거래계좌 설정 약관과 해외주식 거래설명서, 그리고 위험고지에 대한 내용이 나오면 그림과 같이 내용보기를 누르고 동의를 누르면 됩니다.

약관에 대한 동의가 이루어지면 본인의 계좌번호와 성명이 나타나는데, 이를 확인한 이후 비밀번호를 입력하면 연결계좌 설정이 완료됩니다.

연결계좌 설정이 완료되면 본인의 해외주식계좌가 만들어지고 이를 이용해서 해외주식투자가 가능하게 됩니다.

## 2
#### 해외주식 HTS & MTS 시작하기

# 해외주식투자전용
# HTS & MTS 내려받기

해외주식투자를 하기 위해서는 해외주식투자 전용HTS와 MTS를 내려받아야 합니다.

## HTS 내려받기

HTS와 MTS의 기능을 보면 대부분의 기능은 HTS에서 실행됩니다. 그리고 그중 중요한 핵심 기능은 MTS에서 실행된다고 보시면 됩니다. 따라서 HTS를 기본으로 설명하고 이를 구현하는 MTS를 보조적으로 설명하도록 하겠습니다.

그럼 먼저 HTS를 다운로드하는 방법을 알아보도록 하겠습니다. 증권사는 일반 투자자들이 가장 많이 사용하는 키움증권을 예로 들겠습니다.

### 1. 증권사 홈페이지 방문

키움증권 홈페이지를 방문하면 '트레이딩 채널'이라는 메뉴가 나옵니다. 키움증권을 통해서 증권매매를 하기 위해서 필요한 HTS 등을 다운로드할 수 있는 곳입니다.

트레이딩 채널을 클릭하면 여러 가지 HTS들이 소개됩니다. 그중 해외주식투자를 하기 위해서는 '영웅문글로벌'을 내려받아야 합니다. 그림에서와 같이 다운로드를 클릭하면 자동으로 다운로드되어 설치가 됩니다.

## 2. 영웅문글로벌 로그인

영웅문글로벌을 내려받고 나면 컴퓨터 바탕화면에 영웅문글로벌 아이콘이 자동으로 생성됩니다. 그 아이콘을 클릭하면 다음과 같은 로그인 화면이 나타납니다.

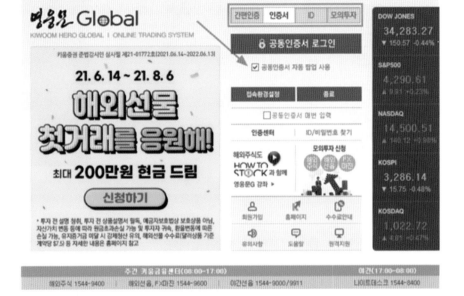

이 그림처럼 간편인증, 공동인증서, ID와 비밀번호를 이용해 로그인을 할 수 있습니다. 지금은 공동인증서 로그인으로 설정되어 있는데요. '공동인증서 자동 팝업 사용'에 체크하면 공동인증서를 사용할 수 있는 팝업창이 자동으로 나타납니다.

공동인증서 비밀번호를 입력하면 로그인이 됩니다.

## HTS 주요 기능 소개 및 화면 만들기

영웅문글로벌의 로그인이 완료되면 다음과 같은 화면이 나타나는데 주요 부위의
명칭은 그림에서 보듯 메뉴, 메뉴툴바, 가상화면 등이 있습니다. 가상화면은 기
본적으로 8개로 설정되어 있는데 필요에 따라서 개수를 조정할 수 있습니다. 가
상화면은 예를 들어 1번에는 미국주식, 2번에는 중국주식, 3번에는 일본주식과
관련된 내용들을 정리해놓을 수 있는 유용한 기능입니다.

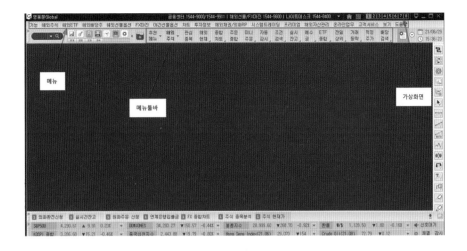

## 1. 현재가 확인하기

투자자들이 가장 궁금해하는 것은 바로 가격동향입니다. 내가 투자하려고 하는 주식의 가격을 가장 잘 볼 수 있는 곳이 바로 현재가 화면입니다.

현재가 화면에서는 종목명과 코드 그리고 소속부에 대해 알아볼 수 있고, 주가 동향과 시가총액 및 발행주식수 그리고 주식에 대한 기본사항을 파악할 수 있습니다. 그리고 가격은 달러(USD)와 원화(₩)로 알아볼 수 있습니다.

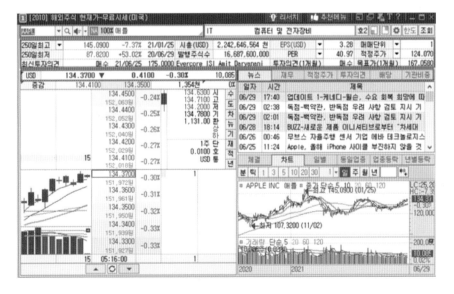

종목을 어떻게 검색하느냐 고민하는 사람들이 있는데, 그럴 필요 없습니다. 현재가 화면 코드 옆에 있는 돋보기 아이콘을 클릭하면 다음과 같은 창이 나타납니다.

종목검색에는 미국, 홍콩, 중국, 싱가포르시장에 상장된 종목을 검색할 수 있습니다. 검색은 코드명이나 코드번호를 알면 간단하지만, 코드명을 몰라도 한글명이나 영문명으로 검색이 가능합니다. 이렇게 검색한 종목을 더블클릭하면 현재가 화면에 그 회사에 대한 정보가 나타납니다.

회사에 대한 정보는 시가총액, 발행주식수, 그리고 EPS(주당순이익), PER(주가수익비율), 투자의견 및 적정주가 등이 포함되어 있습니다.

## 2. 주식주문 화면 이용하기

해외주식을 매매하기 위해서는 주식주문 화면을 통해서 해야 합니다. 주식주문 화면을 통해서 주식매수, 주식매도 그리고 주문의 정정 및 취소가 가능합니다.

주식주문 화면(2220)은 다음과 같습니다.

　주식주문 창을 통해 종목명 옆에 있는 돋보기 모양의 아이콘으로 종목을 검색할 수 있고 매수, 매도, 정정/취소 주문을 할 수 있는 창도 구분되어 있습니다. 주문은 종목명, 수량, 가격을 기입하고 나서 매수, 매도, 정정/취소 버튼을 누르면 됩니다.

　특히 종목을 검색할 때 각 시장별로도 종목검색이 가능하지만, 업종별로도 구분해서 볼 수 있습니다. 특정업종을 클릭하면 시장 구분 없이 그 업종에 속한 기업을 모두 검색할 수 있어 편리성을 추구하고 있습니다.

해외주식을 주문할 경우 주문이 6개로 구분되어 있는데 그 주문방법의 의미를 살펴보면 다음과 같습니다.

① **지정가 주문** | 지정가 주문은 가격과 수량을 지정해서 주문하는 겁니다. 예를 들어 애플의 경우 133.66$에 1주를 매수하는 주문을 내게 되면 애플의 매수는 133.66$ 이하에서 체결되어야 합니다. 그렇지 않고 133.67$ 이상에서 체결될 수 없는 주문이 바로 지정가 주문입니다. 같은 가격으로 매도를 하게 되면 133.66$ 이상에서 체결되면 됩니다. 그렇지 않고 133.65$ 이하에서는 체결될 수 없는 주문입니다. 그래서 지정가 주문을 가격제한을 걸어둔다는 의미로 Limit order라고 합니다.

② **시장가 주문** | 시장가 주문은 수량은 지정하지만, 가격은 지정하지 않은 주문을 말합니다. 따라서 매수 또는 매도 시 주문한 수량이 모두 체결될 때까지 가격을 올려서 매수하거나, 가격을 내려서 매도하는 방법입니다. 시장가 주문이라고 하는 이유는 이 주문을 Market order라고 부르기 때문입니다.

③ **After지정가 주문** | After지정가 주문은 정규시간이 끝나고 애프터마켓(시간외 시장)에서 거래하는 것을 말합니다. 정규시장이 끝나고 After시장(한국시간 새벽 5시~6시)에서 지정된 가격으로 주식거래를 할 때 주문하는 것을 말합니다.

④ **LOC**Limit on Close | 종가가 지정한 가격과 동일하거나 유리한 가격일 경우에만 체결되는 주문입니다. 예를 들어 애플의 현재가가 133.66$에 거래되고 있지만, 133.00$ 이하에서 매수하고 싶다면 LOC 주문으로 133.00$로 가격을 지정하면 애플의 종가가 133.00$ 이하에서 마감할 때 한해서 체결이 이루어지는 주문을 말합니다.

주식을 싸게 사기 위해서 밤새워 시장을 보고 있지 않아도 되는 편리한 주문 방법입니다.

⑤ **VWAP**Volume Weighted Average Price(**수량분할 주문**), **TWAP**Time Weighted Average Price(**시간분할 주문**) | 이들 주문방법은 장중 현지 브로커가 거래량 추이에 따라 분할하여 거래하거나, 과거 거래시간을 분석해서 분할해서 거래하는 방법입니다. 둘 다 특정 가격이 아니라 장중에 형성된 가격 중 평균적 단가를 맞추는 거래방법인데, 1,000주 이상만 주문이 가능하기 때문에 일반인들이 사용하기는 어려운 주문방법입니다.

## 3. 관심종목 구성하기

해외주식투자를 할 때 투자자본인에게 맞는 관심종목을 골라서 한눈에 볼 수 있는 화면을 만들어놓는 것은 매우 중요합니다. 본인에게 맞는 관심종목 화면을 구성하는 방법을 살펴보면 다음과 같습니다.

## ① 관심종목 셀 분할

먼저 메뉴툴바에서 관심종목을 클릭하면 다음과 같은 화면이 나타납니다.

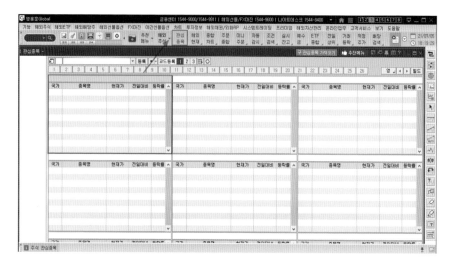

    그다음은 관심종목의 셀을 몇 칸으로 할 것인지를 정해서 구성해야 하는데 자신이 가지고 있는 모니터의 화면 크기에 맞춰서 설정하면 됩니다. 그 방법은 다음 그림에서와 같이 격자 모양의 아이콘을 마우스로 조작하면 내가 원하는 칸 수를 설정할 수 있습니다. 지금은 (3×3) 9칸의 화면을 구성하는 예를 보여줍니다.

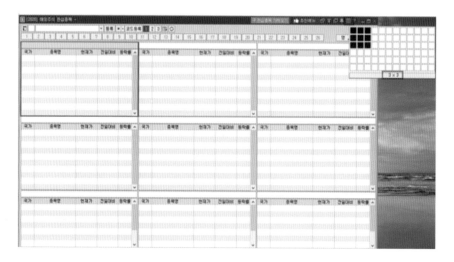

## ② 관심종목 등록

관심종목을 등록하기 위해서는 등록 버튼을 누르면 다음과 같은 창이 나타납니다. 이때 관심종목을 그룹화하기 위해서 종목등록 탭 바로 밑에 있는 새그룹을 클릭하면 그룹을 만들 수 있습니다. 내가 만들고자 하는 그룹을 새그룹을 통해서 원하는 만큼 생성할 수 있습니다.

다음의 예처럼 '다우30' 그룹을 만들어놓은 다음 종목 설정을 위해 '등록할 종목 선택' 아래 미국을 선택하고 '다우30'을 클릭하면 다우30 종목이 나타납니다. 그리고 전체 버튼을 누르면 종목이 추가됩니다. 마지막으로 적용과 확인 버튼을 누르면 종목등록이 완료됩니다. 나머지 관심종목 그룹도 이와 같이 반복하면 됩니다.

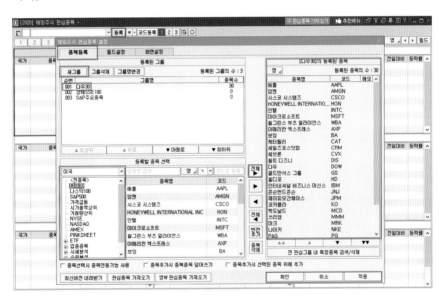

관심종목에 등록할 종목을 등록 화면을 통해서 찾는 것이 번거로운 작업이 될 수 있습니다. 종목을 검색하는 것은 다음과 같이 할 수 있습니다.

화살표 표시가 있는 아이콘을 누르면 종목을 검색할 수 있는 창이 나타납니다.

이 창을 통해서 종목을 살펴보고 내가 그룹화하고 싶은 종목들이 있을 경우 종목 등록 작업을 하면 작업을 간소화할 수 있습니다.

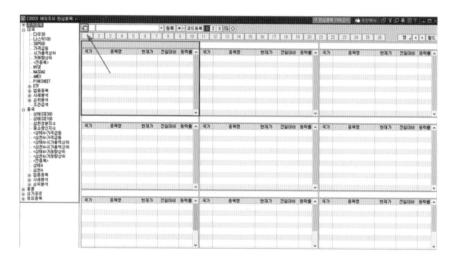

### ③ 관심종목 필드설정

관심종목을 보다 간결하게 보기 위해서는 필드설정을 해야 합니다. 내게 필요한 필드만을 남기고 나머지는 삭제해서 꼭 필요한 정보들만 나타나도록 할 수 있는 곳이 바로 필드설정입니다. 여기서 필드와 함께 중요한 것은 행 설정입니다. 화면에 보이는 각 셀의 칸 수를 설정하는 것인데, 현재는 10개로 설정해놓고, 나머지는 스크롤바를 내려서 볼 수 있습니다.

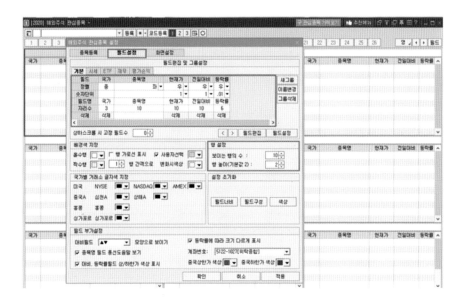

## ④ 관심종목 화면설정

관심종목 화면설정에서도 꼭 필요한 작업이 있습니다. 여기서는 화면버튼 설정에 서 '그룹정보표시버튼 보이기'를 마킹하면 그룹 정보가 화면상에 나타나게 됩니다.

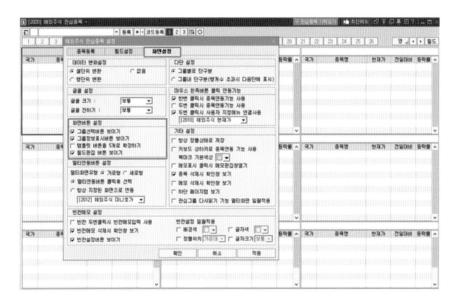

## ⑤ 관심종목 설정 완성 화면

관심종목 설정 작업이 완료된 화면을 살펴보면 다음과 같습니다. 설정된 그룹의 번호의 셀을 클릭한 다음 누르면 관심종목 그룹의 이름과 함께 해당 종목들이 화면에 나타납니다.

이렇게 관심종목을 만들고 수정하는 작업을 통해, 투자대상이 되는 종목들을 관심종목에 올려서 관찰할 수 있게 됩니다.

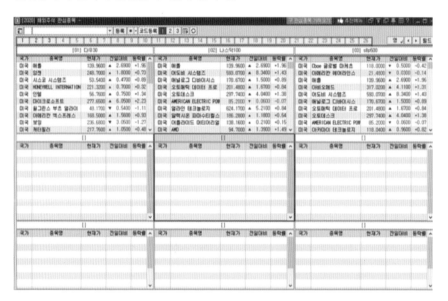

# 미국시장의 특징

## 글로벌 소비왕국

미국 경제는 글로벌 GDP의 25%를 차지할 정도로 그 위상이 대단합니다. 그래서 미국 경제의 방향과 주식시장의 움직임은 글로벌 주식시장에 커다란 영향을 미칩니다. 다음은 글로벌 Top5의 GDP 비중을 살펴본 것입니다.

| 순위 | 1 | 2 | 3 | 4 | 5 |
|---|---|---|---|---|---|
| 국가 | 미국 | 중국 | 일본 | 독일 | 인도 |
| GDP 비중 | 25% | 16% | 6% | 4% | 3% |

미국의 경제분석국BEA;Bureau of Economic Analysis에서 분석한 미국 경제의 구성은 민간소비 68%, 투자지출 17.5%, 순수출 (−)3%, 정부지출 17.5%입니다. 이를 민간소비 비중이 48%에 그치는 우리나라와 비교해보면 미국은 글로벌 소비왕국이라고 말해도 전혀 어색하지 않습니다.

미국이 이렇게 글로벌 소비왕국이 된 것은 기축통화국으로서 무역적자 등을 감내하는 과정에서 전 세계의 소비재들이 미국으로 흘러들어왔기 때문입니다.

미국의 민간소비 비중이 높다는 것은 외부 경제의 충격에 상대적으로 잘 견딜 수 있는 힘이 있다는 것입니다. 그래서 탄탄한 경제상황이 이어질 수 있는 것이지요.

그러나 미국 내 민간소비가 줄어들기 시작하면 이는 심각한 경제위기가 올 수도 있다는 것입니다. 예를 들어 미국의 금융위기가 발발했을 때라든지, 코로나19와 같은 비상상황이 발생했을 때 나타난 소비 위축은 일시적으로 경제 성장을 뒷걸음치게 만들었습니다. 이를 방지하기 위해서 미국 정부는 막대한 현금지출 등 개인 소비가 줄어들지 않도록 조치를 취했던 겁니다.

미국은 자국 내 소비가 줄어들지 않는 이상 경제에 빨간불이 들어올 가능성이 적다는 점이 강점이고, 만약의 경우 기축통화의 이점을 살려 소비가 줄어들지 않도록 재정정책을 사용할 수 있다는 점에서 큰 우려를 하지 않아도 됩니다.

## 스타트업기업의 천국

미국은 전체 유니콘기업(기업가치 10억 달러 이상의 스타트업기업)의 천국으로 글로벌 유니콘기업의 48%를 배출한 1위 국가입니다. 미국 스타트업start-up 생태계의 특징은 독보적인 자금력에 있습니다. 사업 초기 단계에서 성장 단계까지 폭넓게 지원 가능한 투자자, 벤처캐피탈, 기관 소액대출 등 다양한 옵션을 통해서 자금을 지원하고 있습니다.

미국 스타트업 시장의 특징은 다양한 지원 정책이 있다는 겁니다. 임팩트투자 펀드(민간 투자금의 2배 자금 지원), 멘토링, 패스트랙 특허처리 등을 지원하고 있습니다. 스타트업의 용광로인 주요 지역을 살펴보면 다음과 같습니다.

## 1. 실리콘밸리

실리콘밸리는 명성 그대로 독보적인 스타트업의 중심지입니다. 인터넷 및 모바일 기술의 근원지이며, 클라우드, 인공지능, 자율주행 등 4차산업혁명의 핵심 기술이 모두 실리콘밸리에서 등장했다고 해도 과언이 아닙니다.

## 2. 뉴욕

뉴욕은 다양성 측면에서 유리한 생태계가 조성되어 있습니다. 뉴욕 광역도시권 기준 170억 달러 펀딩을 받았고, 2019년 기준으로 883건 이상의 벤처캐피털투자가 이뤄졌습니다. 사업 초기 단계 기업이 펀드자금을 받을 확률이 실리콘밸리에 이어 2위로 높고, 수월하게 투자금을 회수할 수 있습니다. 뉴욕에서는 헬스테크, 웰빙, 교육, 배달과 픽업 같은 생활밀착형 스타트업이 약진하고 있습니다.

뉴욕의 주요 스타트업 현황을 살펴보면 다음과 같습니다.

| 분야 | 기업명 | 업태 |
|---|---|---|
| 핀테크 | 데이터마이너(Dataminr) | 실시간 글로벌 투자정보제공 |
| 인슈어테크 | 오스카헬스(Oscar Health) | 건강보험 및 원격진료 서비스 |
| 웰빙테크 | 펠로톤(Peloton) | 실내바이크 스트리밍 서비스 |
| 헬스케어 및 바이오 | 슈뢰딩거(Schrodinger) | 머신러닝 기반 신약 개발 지원 플랫폼 |
| e-커머스 | 렛고(Letgo) | 온라인 중고 거래 플랫폼 |

## 3. 로스앤젤레스LA

로스앤젤레스의 실리콘비치는 기술 · 벤처기업들이 밀집한 LA 해안지역을 말합니다. 스냅, 틴더, 넷플릭스 등 500개가 넘는 스타트업이 있는 곳입니다.

할리우드가 인근에 있어 엔터테인먼트 산업이 발달해 있고 미국 서부 최대 항만인 롱비치항만과 LA항만 인근 지역으로 유통, 물류, on-Line, off-line 소비재가 유망 산업으로 거론됩니다. 그 외에 패스트패션, 우주항공, 교통산업이 유망 산업이고 최근에는 액티비전블리자드, 라이엇게임즈 등 e-스포츠 관련 유망 스타트업들이 창업했습니다. LA의 주요 스타트업기업은 다음과 같습니다.

| 기업명 | 업태 | 기업명 | 업태 |
|---|---|---|---|
| 페어(Fair) | 임대차계약 서비스 앱 | 서비스타이탄<br>(service Titan) | 홈서비스 앱 |
| 왜그(Wag) | 반려견 산책 및 캐어 전문<br>서비스 앱 | 집리크루터<br>(ZipRecruiter) | 온라인구직 및<br>채용 서비스 |
| 태스크 어스(Task Us) | 비즈니스 고객관리<br>시스템 | 사일런스(Cylance) | 사이버보안 및<br>관련 서비스 |
| 래디올로지 파트너스<br>(Radiology Partners) | 방사능 치료와<br>케어 서비스 | 보링컴퍼니<br>(The Boring Company) | 지하운송 터널 네트워크 |

## 세계 최고의 기업들

미국은 세계 최고의 기업들을 보유한 국가입니다. 다음은 주식시장 시가총액 기준 세계 10대 기업을 살펴보면 7개 기업이 미국 기업임을 알 수 있습니다(2021년 6월 10일 현재 시가총액 기준).

| 순위 | 기업명 | 시가총액 | 국가 |
|---|---|---|---|
| 1 | 애플(Apple) | 2조 1,210억 달러 | 미국 |
| 2 | 마이크로소프트(Microsoft) | 1조 9,100억 달러 | 미국 |
| 3 | 사우디아람코(Saudi Aramco) | 1조 8,880억 달러 | 사우디아라비아 |
| 4 | 아마존(Amazon) | 1조 6,550억 달러 | 미국 |
| 5 | 구글 알파벳(Alphabet) | 1조 6,410억 달러 | 미국 |
| 6 | 메타(전 페이스북, Facebook) | 9,364억 달러 | 미국 |
| 7 | 텐센트(Tencent) | 7,454억 달러 | 중국 |
| 8 | 버크셔헤서웨이(Berkshire Hathaway) | 6,591억 달러 | 미국 |
| 9 | 알리바바(Alibaba) | 5,816억 달러 | 중국 |
| 10 | 테슬라(Tesla) | 5,768억 달러 | 미국 |

미국이 보유한 최고의 기업 중 몇몇 기업을 소개하면 다음과 같습니다.

## 1. 애플

애플은 아이폰, 아이패드, 맥, 애플워치 등 다양한 전자제품 및 소프트웨어를 판매하는 회사입니다. 1976년에 창립해 1980년에 나스닥<sup>NASDAQ</sup>에 상장하였고 2021년 6월 10일 기준 전 세계 상장기업 중 시가총액 1위입니다. 애플의 시가총액은 현재 2조 1,210억 달러로 한화로 2,300조 원가량 됩니다.

애플의 제품라인업은 아이폰, 아이패드, 맥, 애플워치, 애플 소프트웨어로 그중 단연 매출의 큰 부분을 차지하고 있는 것은 아이폰입니다. 2020년 3분기까지 스마트폰 점유율 조사 결과 아이폰은 11.1%를 차지하고 있습니다.

## 2. 마이크로소프트

마이크로소프트는 1975년 4월 4일 창립한 세계 최대의 컴퓨터 소프트웨어 업체이고, 미국 워싱턴주 레드먼드에 본사를 두고 있습니다. 세계 1등 부자 빌 게이츠가 운영하는 회사였습니다. 지금은 사티아 나델라가 CEO입니다.

마이크로소프트는 클라우드 서비스를 통해 부활을 이뤄내고 있습니다. 클라우드 서비스란 인터넷으로 연결된 초대형 고성능 컴퓨터(데이터센터)에 소프트웨어와 콘텐츠를 저장해두고 필요할 때마다 꺼내 쓸 수 있는 서비스를 말합니다. 사용자는 스마트폰이나 PC 등을 통해 문서, 음악, 동영상 등 다양한 콘텐츠를 편리하게 이용할 수 있습니다. 현재 클라우드 서비스 1위 기업은 아마존입니다. 시장점유율로 보면 아마존웹서비스(점유율 33%), 마이크로소프트(13%), 구글(6%) 등입니다.

## 3. 아마존

아마존은 1994년 미국 시애틀에서 온라인 서점으로 사업을 시작했고 1988년부터 음반과 의류 그리고 제3자가 자가 상품을 판매할 수 있게끔 판매 영역을 확대하였습니다. 판매 영역을 확대하고 아마존의 이용자가 늘어남에 따라 아마존은 고객이 편리하도록 고객의 신용카드 정보와 주로 쓰는 배송 주소를 단 한 번에 해결하는 '원클릭 주문'의 특허를 받았습니다. 또한 2007년, 일반 아마존 고객이 이용할 수 없거나 추가 비용을 내야만 이용할 수 있는 아마존프라임서비스를 제공하여 구독형 비즈니스 모델의 시작을 알렸고 이용자들의 구매가 편하도록 아마존웹서비스AWS를 실시하여 높은 수익성과를 거두었습니다. 그리고 2011년, 스마트폰 보급률이 늘어남에 따라 기존 아마존 계정으로 이용할 수 있는 앱을 개발하고 동영상 스트리밍 서비스를 시작하였습니다.

현재까지도 아마존은 모든 B2B, B2C 산업을 아우르는 다양한 산업 영역을 확대하고 있고 로봇 배송 및 물류 처리 시스템을 개발 중입니다. 빠르게 발전하는 시대에 맞추어 많은 서비스를 제공한 아마존은 최근 10년간 주가가 2,584% 증가하였고 전 세계 가장 가치 있는 기업으로 선정되었습니다.

아마존의 핵심 사업 중 클라우드 서비스인 아마존웹서비스는 아마존 자사의 데이터베이스와 서비스를 외부에 개방하고 이를 통해 다른 웹사이트들이 가격과 제품 상세 설명과 같은 정보를 아마존의 상품 데이터베이스에서 골라서 올린 다음, 아마존의 결제 시스템과 장바구니를 이용할 수 있도록 한 것으로 클라우드 서비스에서 시장점유율 1위를 차지하고 있습니다.

# 미국주식시장의 구성

## 장내시장

**NYSE(뉴욕증권거래소)** | 장내시장은 거래소에서 개설한 시장을 말합니다. 시가총액 및 거래량 기준으로 세계 최대 금융상품시장입니다. 그 규모는 전 세계 시가총액의 40%를 차지하는 수준입니다.

**NYSE AMEX** | NYSE와 AMEX의 합병으로 만들어진 중소형성장주에 특화된 주식시장입니다.

## 장외시장

**NASDAQ** | 나스닥시장은 전미 중개인협회가 개설한 시장으로 벤처, 중소기업, 첨단기술 산업의 거래가 이뤄지는 미국 최대의 장외시장입니다.

**OTCBB, Pinksheets** | 나스닥 또는 기타 거래소에서 거래되지 않는 다양한 주식을 거래할 수 있는 장외시장입니다.

Regional Exchange(지역거래소) | 시카고, 필라델피아, 보스턴, 퍼시픽, 신시내티 거래소 등 옵션거래에 특화된 거래소들입니다.

# 미국주식시장 주문하기

**환율/환전**

미국주식에 투자하기 위해서는 기본적으로 달러화로 환전을 해야 합니다. 그러나 환전이 번거로운 경우 원화로 주문하고 추후에 자동 환전되는 원화주문 서비스도 있습니다.

**1. 환전을 하는 경우**

**① 실시간 환전**

주문을 실행하기 위해 실시간 환전을 하는 경우 다음과 같이 외화환전 신청(3103)을 하면 됩니다.

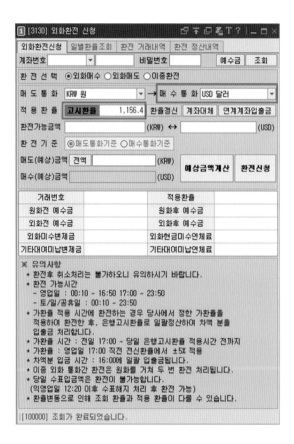

이때 매수통화를 달러화로 하면 고시환율이 나옵니다. 고시환율에 따라 환전을 진행하면 됩니다.

환전가능 시간은 영업일의 00:10~16:50, 17:00~23:50 사이에 환전을 할 수 있고, 토요일, 일요일 그리고 공휴일의 경우 00:00~23:50 사이에 환전이 가능합니다.

환율은 은행고시환율에 의해 환전되는 것이 원칙이지만 증권사에서 제시하는 가환율에 의해 환전되는 경우 은행고시환율로 정산해서 차금을 입출금해주는 경우도 있습니다.

은행의 고시환율은 다음과 같이 조회가 가능합니다.

은행고시환율은 매매기준율보다 매도환율과 매수환율을 이용해야 합니다. 예를 들어 내가 주식을 매수하기 위해 달러화를 매입하는 경우는 은행의 매도환율로 매입해야 합니다. 그리고 내가 해외주식을 팔아서 원화로 환전하고자 하는 경우는 달러를 매도해야 하기 때문에 이때는 매수환율로 매도해야 합니다. 환율의 매도환율과 매수환율을 차이를 Bid-Ask spread라고 하는데, 이 차이를 은행이 수수료로 챙겨 가는 시스템입니다.

| ① [3133] 일별 환율조회 | | | |
|---|---|---|---|

외화환전신청 | 일별환율조회 | 환전 거래내역 | 환전 정산내역

일자 2021/07/13 □ 통화코드 미국달러 ▼ | 조회 | 다음 | 차트

| 환전율 구분 | 시간 | 환율 매수 | 환율 매도 | 매매기준율 |
|---|---|---|---|---|
| 고시환율 | 10:34:58 | 1,156.50 | 1,134.70 | 1,145.60 |
| 고시환율 | 10:33:30 | 1,156.40 | 1,134.60 | 1,145.50 |
| 고시환율 | 10:27:36 | 1,156.10 | 1,134.30 | 1,145.20 |
| 고시환율 | 10:26:29 | 1,155.90 | 1,134.10 | 1,145.00 |
| 고시환율 | 10:17:31 | 1,156.50 | 1,134.70 | 1,145.60 |
| 고시환율 | 10:15:52 | 1,156.40 | 1,134.60 | 1,145.50 |
| 고시환율 | 10:11:00 | 1,156.90 | 1,134.90 | 1,145.90 |
| 고시환율 | 10:08:50 | 1,157.00 | 1,135.00 | 1,146.00 |
| 고시환율 | 10:07:42 | 1,157.30 | 1,135.30 | 1,146.30 |
| 고시환율 | 10:06:25 | 1,157.30 | 1,135.30 | 1,146.30 |
| 고시환율 | 10:06:06 | 1,157.10 | 1,135.10 | 1,146.10 |
| 고시환율 | 10:04:59 | 1,156.90 | 1,134.90 | 1,145.90 |
| 고시환율 | 09:59:47 | 1,156.60 | 1,134.80 | 1,145.70 |
| 고시환율 | 09:53:52 | 1,156.70 | 1,134.90 | 1,145.80 |
| 고시환율 | 09:50:08 | 1,156.90 | 1,134.90 | 1,145.90 |
| 고시환율 | 09:45:37 | 1,156.60 | 1,134.80 | 1,145.70 |

[100001] 조회가 완료되었습니다. 연속자료가 존재합니다

## ② 원화주문 서비스

원화주문은 환전을 하는 번거로움을 없애고 빠른 매매를 할 수 있도록 증권사에서 제공하는 서비스입니다. 미국주식을 매매하는 경우 주식을 먼저 매수하고 실제 환전 처리는 매매일 그다음 날 이루어지는 서비스입니다. 이때 실제 환전은 주문일 익일 오전 6시 30분에 처리됩니다. 환전은 먼저 가환율로 환전 처리하고, 1회차 매매기준율로 재계산해서 차액은 16시 35분경 입출금 처리를 합니다.

미국주식 원화주문 서비스 신청(3011)은 다음과 같이 하면 됩니다.

## 거래방법

### 1. 거래시간

미국은 서머타임Summer Time을 적용합니다. 따라서 서머타임을 적용할 때와 하지 않을 때의 매매시간이 다릅니다. 매매시간은 다음과 같습니다.

| | 서머타임 적용 시<br>(3월 둘째 주 일요일 ~<br>11월 첫째 주 일요일) | 서머타임 미적용 시 |
|---|---|---|
| 거래시간(국내시간기준)<br>After Maket은 주문 불가 | - 17:00~22:30 : Pre-market<br>- 22:30~05:00 : 정규시장<br>- 05:00~06:00 : After market | - 18:00~23:30 : Pre-market<br>- 23:30~06:00 : 정규시장<br>- 06:00~07:00 : After market |

### 2. 거래가능시장

미국시장은 장내시장과 장외시장으로 구분되어 있습니다. 그 구조를 살펴보면 다음과 같습니다.

| 시장구분 | 구분 | 상세 |
|---|---|---|
| 장내시장 | NYSE | 시가총액, 거래량 기준으로 세계 최대 금융상품 시장(전 세계 시가총액의 약 40% 차지) |
| | NYSE AMEX | NYSE와 AMEX의 합병으로 탄생. 중소형성장주에 특화해 운영하고 있음 |
| 장외시장 | 나스닥(NASDAQ) | 벤처, 중소기업, 첨단기술기업의 거래가 이루어지는 미국 최대의 장외시장 |
| | OTCBB, Pinksheets | 나스닥 또는 기타 거래소에서 거래되지 않는 다양한 주식을 거래할 수 있는 장외시장 |
| | Regional Exchanges | Chicago, Philadelphia, Boston, Pacific, Cincinnati Exchanges 옵션 거래에 특화 |

이들 시장에서 거래가 가능한 시장은 뉴욕거래소인 NYSE와 나스닥, OTCBB, PINKSHEET 등입니다.
① NYSE, NASDAQ | 온라인 시세 / 온라인 주문 가능
② OTCBB, PINKSHEET | 온라인 시세 불가능 / 온라인 주문 가능

## 3. 주문방법

미국 주식시장의 주문방법은 다음과 같습니다(키움증권의 사례).
① 예약주문(07:00 ~ 22:20(서머타임 미적용 시 23:20)) | 온라인(영웅문G/홈페이지), 오프라인
② 실시간주문(거래시간 내) | 온라인(영웅문G/영웅문SG/홈페이지), 오프라인(나이트데스크 1544-8400)

## 4. 증거금 및 재매매 등

① 증거금율 | 매수/매도 시 100%
② 재매매Day Trading | 가능, 즉 매도한 이후 결제가 되지 않은 상태에서도 재매매

가능

## 5. 주문종류

① LIMIT ORDER | 지정가 주문

② MARKET ORDER | 시장가 주문(매도 시에만 가능)

③ LOC Limit on Close | 종가가 지정한 가격과 동일하거나 유리한 가격일 경우 체결되는 방식

④ MOC Market on Close | 종가에 최대한 근접하여 체결시키는 시장가 주문(매도 시에만 가능)

※ MOC&LOC 주문:

① 취소 정정

- 나스닥: 마감 10분 전부터 취소 정정 불가

- NYSE/ARCA거래소: 마감 2분 전부터 취소 정정 불가

② 접수

- 나스닥: 마감 5분 전부터 접수 불가

- NYSE/ARCA거래소: 마감 2분 전부터 접수 불가

## 6. 가격제한폭

미국시장은 가격제한폭이 없습니다.

## 7. 결제일

T+3일로 결제일을 포함하면 4거래일 결제입니다. 다만, 국내 또는 미국 휴일에 따라 결제일이 지연될 수 있습니다.

## 8. 수수료(각 증권사마다 다를 수 있고, 예시는 키움증권)

① 온라인 주문 | 0.25%

② 오프라인 주문(전화 주문) | 0.50%

## 9. 제세금

세금은 SEC Fee(매도금액 × $0.0000051), 최소금액 $0.01

## 미국의 주요 ETF 소개

미국은 ETF의 천국이라 할 정도로 ETF의 매매가 활발합니다. 미국 투자 시 반드시 알아야 할 ETF를 몇 가지 소개합니다.

### ① SPY SPDR S&P500 ETF Trust

미국 ETF 중 시가총액 1위인 SPY는 S&P500지수를 추종하는 ETF입니다. SPY를 운용하는 회사는 '스테이트 스트리트 글로벌 어드바이저'입니다. 재계에서 3번째로 큰 자산운용사입니다. SPY는 1993년에 상장했습니다. 운용보수는 0.09%로 저렴한 편입니다. SPY가 보유하고 있는 종목 상위 10개는 애플, 마이크로소프트, 아마존, 메타(전 페이스북), 구글알파벳, 테슬라, 버크셔헤서웨이, JP모건체이스, 존슨앤존슨입니다.

### ② IVV iShare Core S&P500 ETF

IVV는 2000년에 상장됐고 S&P500지수를 추종하는 ETF로 운용사는 블랙록이라는 세계 최고의 자산운용사입니다. IVV는 SPY에 이어 시가총액 2위이며 운용보수는 0.03%로 매우 저렴합니다. IVV가 편입하고 있는 종목 상위 10개는 애플, 마이크로소프트, 아마존, 메타(전 페이스북), 구글알파벳, 테슬라, 버크셔헤서웨이, JP모건체이스, 존슨앤존슨 등으로 SPY와 같지만 편입비율에서 차이를 보이고 있습니다.

### ③ VTI | Vanguard Total Stock Market ETF

VTI는 미국시장에 있는 주식 전체를 편입한 ETF입니다. 우량주와 소형주까지 골고루 편입되어 있습니다. 상장일은 2001년이고 운용사는 뱅가드입니다. 뱅가드는 미국 자산운용사로 블랙록의 뒤를 이어 2위 운용사입니다. 운용보수는 0.03%로 저렴합니다. VTI가 편입하고 있는 종목 상위 10개는 애플, 마이크로소프트, 아마존, 메타(전 페이스북), 구글알파벳, 테슬라, 버크셔헤서웨이, JP모건체이스, 존슨앤존슨 등으로 시장 전체를 대상으로 하지만, S&P500 ETF와 거의 비슷합니다.

### ④ VOO | Vanguard S&P500 ETF

VOO는 2020년 상장된 ETF로 S&P500지수를 추종하고 운용사는 뱅가드입니다. 운용보수는 0.03%입니다. 구성종목은 다른 ETF와 같습니다.

### ⑤ QQQ | Invesco QQQ Trust

QQQ는 1999년에 상장한 ETF로 나스닥100지수를 추종합니다. 나스닥100은 IT와 기술주들이 모여 있는 미국의 대표지수 중 하나입니다. 운용사는 인베스코로 미국의 주요 투자운용사로 손꼽히는 회사입니다. 운용보수는 0.2%로 다른 ETF에 비해 높은 편입니다. 편입 중인 상위 10개 종목은 애플, 마이크로소프트, 아마존, 테슬라, 구글알파벳, 메타(전 페이스북), 엔비디아, 페이팔, 인텔 등입니다.

## 6

중국시장 투자 안내

# 중국주식투자에 대해 알아보자

## 중국 주식시장의 특징

### 1. 글로벌 제조업 기지

1980년대 이후 전 세계에 불어닥친 신자유주의는 고임금의 서방세계 제조업의 해외 이전을 불러왔습니다. 오프쇼어링Off-shoring이란 용어가 나타난 것이 바로 이 때부터였습니다. 미국의 자동차제조업체를 비롯해서 유럽의 주요 제조기업들의 공장이 중국에 들어서기 시작했습니다. 중국이 서서히 세계의 제조업 기지가 되어가는 과정이었습니다.

중국의 제조업의 부가가치 규모는 미국과의 본격적인 갈등 국면으로 들어가기 이전까지 GDP에서 차지하는 비중이 줄었지만 그 규모는 계속해서 증가하는 모습을 보였습니다. 그 내용을 표로 살펴보면 다음과 같습니다.

(단위 : 십억 위안, %)

| | 2010 | 2011 | 2012 | 2013 | 2014 | 2015 |
|---|---|---|---|---|---|---|
| GDP | 41,303.0 | 48,930.1 | 54,036.7 | 59,524.4 | 64,397.4 | 68,905.2 |
| 공업 | 16,512.6 | 19,514.3 | 20,890.6 | 22,233.8 | 23.385.6 | 23,650.6 |
| 제조업 | 13,025.3 | 15,645.7 | 16,980.7 | 18,186.8 | 19,562.0 | 20,242.0 |
| (비중) | 31.5 | 32.0 | 31.4 | 30.6 | 30.4 | 29.4 |

* 공업은 광업, 제조업, 전력 등을 포함한 수치임

자료 : 중국국가통계국

표에서 살펴볼 수 있는 바는 중국의 제조업은 지속적으로 성장하지만 중국의 GDP규모가 커지고 삶의 질이 높아지면서 GDP의 구성요소 중 소비의 증가가 급격하게 진행되고 있습니다. 그러나 여전히 세계 각국의 주요 기업들의 제조업 기지는 중국에 있는 것이 사실입니다.

여기서 문제가 발생한 것은 바로 미국과 중국 간의 무역 갈등이 벌어지면서부터입니다. 중국에 대한 리스크가 커짐에 따라 제조업 기지를 중국 이외의 다른 국가로 옮기려는 움직임이 나타나고 있습니다. 대체로 인도 또는 베트남으로 이전을 시도하고 있습니다.

전문가들은 무역전쟁과 코로나19를 계기로 공급망의 다변화 요구가 커지고 있다면서 '중국+1국' 혹은 '중국+2국' 정도의 다변화를 모색하는 기업이 늘어나고 있다고 보고 있습니다. 여기서 주목해야 할 점은 다변화가 진행되더라도 그 중심에는 중국이 있다는 점입니다.

중국은 그동안 쌓인 제조업기술력과 축적된 자본을 바탕으로 앞으로도 상당기간 세계의 제조업 기지 역할을 할 것으로 생각됩니다.

## 2. 미국을 능가하는 창업 열기

2000년을 기점으로 약 20년 동안 중국 정부는 창업과 관련된 4개의 계획을 발표했습니다. 초기에는 가시적인 성과가 나지 않았음에도 불구하고, 지원 확대를 거듭하는 중국 정부의 일관된 정책이 있어 성공적인 창업생태계가 조성되었습니다. 그 결과 중국은 2015년부터 유니콘기업에서 성과를 나타내기 시작했습니다. 또한 그것을 바탕으로 대중창업활성화를 지원하고 있는데요. 그 결과 하루에 1만 6,000개의 창업기업이 탄생하고 있는 상황입니다.

미국 스타트업지놈에서 세계 150개 도시의 창업생태계 수준을 분석한 결과에 따르면 1위는 미국의 실리콘밸리가 차지했지만 아시아에서는 중국 베이징과 상하이가 각각 4위와 8위, 싱가포르가 12위, 서울이 30위 수준으로 나타났습니다.

중국 창업 열기의 결과 2019년 1월 기준 전 세계 유니콘기업 321개 중 미국 기업은 162개(50.5%), 중국 기업은 98개(30.5%), 한국 기업은 6개(1.8%)였습니다.

특히 중국은 스타트업을 육성하는 민간창업펀드(베이징대학 및 칭화대학 창업기금 등)가 활발하게 조성되어 있어 대학 캠퍼스부터 창업의 열기가 끓어오르는 중입니다. 글로벌 분석가들의 말을 빌려보면 쓸 만한 스타트업기업은 대부분 중국에 있다고 할 정도 중국의 창업 열기는 미국을 능가하고 있습니다.

## 3. 잠재적 최고의 기업들

미국의 사장조사업체 CB인사이츠의 2019년 발표에 따르면 전 세계 유니콘기업의 수는 총 426개였습니다. 가장 많은 유니콘기업을 보유한 나라는 미국으로 210곳이었고 중국이 2위로 102곳으로 집계되었습니다. 우리나라의 유니콘기업이 11곳으로 쿠팡, 위메프 등이 포함된 것으로 미루어 미국 조사업체의 자료에 조금 더 신뢰가 가는 부분이 있습니다. 아무튼 중국은 세계 제2위의 경제대국으로 잠재적 최고 기업을 보유한 국가임에는 틀림없습니다.

이들 유니콘기업 중 가장 눈에 띄는 기업은 바로 바이트댄스입니다. 이 기업은 중국 최대 인공지능 콘텐츠 스타트업으로 우리나라에서도 동영상 공유 애플리케이션 '틱톡'으로 유명합니다. 바이트댄스는 사업 초기 텐센트의 투자 제안을 거절한 회사로 유명합니다. 최근 1년간 바이트댄스 산하의 글로벌 디지털마케팅플랫폼에서는 수많은 엔진이 탄생했습니다. 바이트댄스는 인공지능(AI), 빅데이터 등의 영역을 깊이 활용하기 시작했습니다.

컨설팅회사 R3의 보고서에 따르면 바이트댄스는 2019년 상반기 인터넷광고 시장의 23%의 시장점유율을 기록했는데, 이는 약 500억 위안(약 8조 4,000억 원) 규모로 바이트스댄는 중국 내 두 번째로 큰 디지털광고회사가 되었습니다.

다음은 드론계의 애플이라 불리는 다장창신(영문명 DJI)이 있습니다. 광둥성 선전시에 소재한 이 회사는 드론대수 기준으로 보면 2020년 말 130억 달러 전후로 글로벌 시장의 70%를 장악하고 있는 것으로 추산됩니다. 세계 시장의 30%에 달하는 미국에서만 시장점유율이 76%에 이르는데 2위인 인텔의 시장점유율이 4.1%니 다장촹신의 위상이 새삼 크게 보입니다.

이렇듯 중국의 유니콘기업은 잠재적인 세계 최고의 기업으로 발돋움하는 모습을 보여주고 있습니다. 그러나 여기에 한 가지 걸림돌로 작용하는 것이 바로 공산당의 정책입니다. 중국공산당은 중국 내의 정보가 해외로 유출되는 것을 막기 위해 기업들을 옥죄고 있습니다.

중국공산당은 중국 기업의 미국 주식시장 상장을 막고 있는데 바이트댄스는 미국시장 상장을 포기했지만, 중국의 우버로 불리는 디디추싱의 경우는 중국공산당의 의중을 거스르며 뉴욕시장에 상장했습니다. 이에 따라 중국 당국에서 디디추싱에 국가안보위반이라는 중대 혐의를 적용해 조사를 시작했고, 이후 중국의 모든 앱스토어에서 디디추싱 앱을 삭제하라는 명령을 하는 등 글로벌 기업으로의 발돋움을 막고 있는 상황입니다.

과연 중국 당국의 압박과 기업가 정신이 충돌했을 때 어떤 결과로 나타나는지를 지켜보는 것이 필요한 시기입니다.

## 중국 주식시장의 구성

### 1. 상하이거래소

중국 상하이거래소는 A시장과 B시장으로 구분되어 있습니다.

❶ 상하이A시장 : 내·외국인 거래가 가능한 시장으로 965개 종목이 상장되어 있습니다. 후강퉁(상하이–홍콩교차거래) 대상 종목 568개가 있습니다.

❷ 상하이B시장 : 외국인 전용시장으로 현재 53개 종목이 상장되어 있습니다.

### 2. 선전거래소

❶ 선전A시장 : 내·외국인 거래가 가능한 시장입니다. 현재 1,589개 종목이 상

장되어 있습니다. 선강퉁(선전-홍콩 교차거래) 대상은 약 900여 개 종목이 있고, 거래가능 종목이 변경될 수 있습니다.

❷ 선전B시장 : 외국인 전용시장으로 51개 종목이 상장되어 있습니다.

## 후강퉁과 거래방법

### 1. 후강퉁이란?

후강퉁은 중국 상하이와 홍콩의 증권시장 간 주식거래를 연결하는 제도를 일컫는 말로, 상하이를 뜻하는 '후(沪)'와 홍콩을 뜻하는 '강(港)', 연결한다는 의미를 가진 '퉁(通)'이 조합된 단어입니다. 2014년 4월 시행계획이 발표되었으며, 2014년 11월 17일 시행되었습니다.

후강퉁은 홍콩 투자자가 위탁사에서 계좌를 개설하면 홍콩의 증권거래 관련 서비스 회사들이 상하이 주식시장에 거래 신청을 하고, 이를 통해 주식매매가 가능하며 상하이 투자자들도 이러한 과정을 거쳐 홍콩 주식시장에서 주식을 매매할 수 있습니다. 이렇게 홍콩의 투자자에게 상하이거래소 주식의 거래를 개방하는 것을 후구퉁(沪股通), 상하이 투자자에게 홍콩거래소 주식의 거래를 개방하는 것을 강구퉁(港股通)이라 합니다.

### 2. 상하이거래소 주요 지수

① **SSE180** Shanghai Stock Exchange180 | 상하이거래소에 상장된 상위 우량기업 180개 종목의 대표 A주식으로 구성된 지수입니다.

② **SSE380** Shanghai Stock Exchange380 | 상하이거래소에 상장된 성장 가능성이 높은 중형주 380개 종목으로 구성된 지수입니다.

③ **AH프리미엄지수** | A주와 H주에 동시에 상장된 회사의 주식가격 차이를 반영한 지수입니다.

## 3. 후강퉁 주요 매매방법

### ① 상하이A주/후강퉁 거래 개요

| | |
|---|---|
| 웹사이트 | 상하이증권거래소(www.sse.com.cn) |
| 거래통화 | 중국위안화(CNY) : 사전환전 필수 |
| 주요지수 | SSE180, SSE380 |
| 1일 가격제한폭 | 일반종목 : 전일종가 ±10%<br>특별관리종목 : 전일종가 ±5% |
| 거래단위(수량) | – 매수 : 100주 단위<br>– 매도 : 1주 단위 |
| 매매가능 종목 | 상하이A주 |

### ② 개장 및 주문시간

#### ❶ 개장시간(월~금)

| 구분 | 한국시간 | 현지시간 |
|---|---|---|
| 동시호가 | 10:10 ~ 10:30 | 09:10 ~ 09:30 |
| 신규/취소 접수 | 10:10 ~ 10:15 | 09:10 ~ 09:15 |
| 신규/취소 거래소 접수 | 10:15 ~ 10:20 | 09:15 ~ 09:20 |
| 신규접수, 취소불가 | 10:20 ~ 10:25 | 09:20 ~ 09:25 |
| 신규/취소 접수 | 10:25 ~ 10:30 | 09:25 ~ 09:30 |
| 오전장 | 10:30 ~ 12:30 | 09:30 ~ 11:30 |
| 오후장 | 13:55 ~ 16:00 | 12:55 ~ 15:00 |
| 신규/취소 접수 | 10:55 ~ 14:00 | 12:55 ~ 13:00 |

#### ❷ 주문시간(한국시간 기준)

| | |
|---|---|
| 주문시간 | – 동시호가 : 10:10 ~ 10:30<br>– 오전장 : 10:30 ~ 12:30<br>– 오후장 : 13:55 ~ 16:00 |

③ 주문방법 및 증거금

| 주문방법 | – 온라인 : 증권사HTS<br>– 오프라인 : 관리지점 또는 고객센터 |
|---|---|
| 증거금 | 증거금 100% |

④ 결제일

| 결제일(한국기준) | – 매수 : T+1 결제 전 매도 불가능<br>– 매도 : T+1 결제 전 재매매 가능 |
|---|---|

## 선강퉁과 거래방법

### 1. 선강퉁이란?

선강퉁은 중국의 선전증시와 홍콩증시 간의 교차거래를 말합니다. '선(深)'은 중국 선전을, '강(港)'은 홍콩을 의미하며 '퉁(通)'은 두 거래소를 통하게 한다는 뜻입니다. 외국인이 선전시장에 투자하는 선구퉁(深股通)과 중국인이 홍콩시장에 투자하는 강구퉁(港股通)으로 나누어집니다. 2016년 12월 5일 처음 시행되었습니다.

2014년 11월 시행된 후강퉁의 대상 품목은 금융, 에너지 등 대형주가 많지만 선강퉁은 IT, 콘텐츠, 바이오, 미디어 등 중소형주가 대부분입니다.

### 2. 선전거래소 주요지수

① **SZSE Component Index** | 선전성분지수로 500개 종목으로 구성한 지수입니다.

② **SZSE Small/Mid Cap Innovation Index** | 선전중소창신지수로 500개 종목으로 구성된 지수 중 시가총액 60억 위안 이상인 종목으로 구성된 지수입니다.

③ **선전 AH 프리미엄지수** | A주와 H주에 동시에 상장한 회사의 주식가격 차이를 반영한 지수입니다.

## 3. 선강퉁 주요 매매방법

### ① 선전A주/선강퉁 거래 개요

| | |
|---|---|
| 웹사이트 | 선전증권거래소(www.szse.com.cn) |
| 거래통화 | 중국위안화(CNY) : 사전환전 필수 |
| 주요지수 | 선전A지수 |
| 1일 가격제한폭 | 일반종목 : 전일종가 ±10%<br>특별관리종목 : 전일종가 ±5% |
| 거래단위(수량) | - 매수 : 100주 단위<br>- 매도 : 1주 단위 |
| 매매가능 종목 | 선전A주 |

### ② 개장 및 주문시간

#### ❶ 개장시간(월~금)

| 구분 | 한국시간 | 현지시간 |
|---|---|---|
| 동시호가 | 10:15 ~ 10:25 | 09:15 ~ 09:25 |
| 오전장 | 10:30 ~ 12:30 | 09:30 ~ 11:30 |
| 오후장 | 14:00 ~ 15:57 | 13:00 ~ 14:57 |
| 마감 전 동시호가 | 15:57 ~ 16:00 | 14:57 ~ 15:00 |

#### ❷ 주문시간(한국시간 기준)

| | |
|---|---|
| 주문시간 | - 동시호가 : 10:15 ~ 10:25<br>- 오전장 : 10:30 ~ 12:30<br>- 오후장 : 14:00 ~ 15:57<br>- 마감 전 동시호가 : 15:57 ~ 16:00 |

### ③ 주문방법 및 증거금

| | |
|---|---|
| 주문방법 | - 온라인 : 증권사HTS<br>- 오프라인 : 관리지점 또는 고객센터 |
| 증거금 | 증거금 100% |

④ 결제일

| 결제일(한국기준) | – 매수 : T+1 결제 전 매도 불가능<br>– 매도 : T+1 결제 전 재매매 가능 |
| --- | --- |

# CHAPTER 10

## 펀드, 투자전문가에게
## 맡겨보자

헤지펀드의 특징과 전략_헤지펀드, 고액투자자들의 투기성 자본

인컴펀드의 특징과 장단점_인컴펀드, 정기적인 수익을 얻는 펀드

롱쇼트펀드의 특징과 유의점_롱쇼트펀드, 시장과 상관없이 꾸준한 펀드

# 헤지펀드,
# 고액투자자들의 투기성 자본

## 헤지펀드의 특징

헤지펀드는 개인 자산가들을 모집해 조성한 자금을 국제 증권시장이나 국제외환시장에 투자하여 단기이익을 올리는 개인투자신탁, 즉 펀드를 말합니다. 투자지역이나 투자대상 등 당국의 규제를 받지 않고 고수익을 노리지만 투자위험도 높은 투기성 자본입니다. 헤지Hedge란 본래 위험을 회피 분산한다는 의미지만, 헤지펀드는 위험 회피보다는 투기적인 성격이 더 강한 것이 특징입니다.

뮤추얼펀드가 다수의 소액투자자를 대상으로 공개 모집하는 공모펀드인 데 반해, 헤지펀드는 소수의 고액투자자를 대상으로 하는 사모투자자본입니다. 또 뮤추얼펀드가 주식·채권 등 비교적 안전성이 높은 상품에 투자하는 데 반해, 헤지펀드는 주식·채권만이 아니라 파생상품 등 고위험, 고수익을 낼 수 있는 상품에도 적극 투자하는 것이 특징입니다.

헤지펀드는 파생금융상품을 교묘히 조합해 도박성이 큰 신종상품을 개발, 국제금융시장을 교란시키는 하나의 요인으로도 지적되고 있습니다. 1998년 중반

아시아 국가들이 외환위기에 봉착했을 때 이들 국가는 자국의 외환위기를 초래한 주범이 바로 헤지펀드라고 주장하기도 했습니다. 그만큼 심하게 시장을 교란시킨다는 말이지요.

국제적으로는 주로 100명 미만의 투자가들로부터 개별적으로 자금을 모아 파트너십을 결성한 뒤, 카리브해의 버뮤다 같은 조세회피지역에 위장 거점을 설치해 자금을 운용합니다. 최소 100만 달러에서 500만 달러에 달하는 거액의 자금을 개인과 금융기관으로부터 사모 형태로 모집합니다. 헤지펀드는 사모방식으로 투자자금을 모집하고, 원금의 몇 배에 달하는 자금을 차입하여, 선물이나 옵션 등 파생상품에 투자함으로써 투자규모를 몇십 배로 키우는 것이 특징입니다. 현재 국제금융시장에서 활동 중인 헤지펀드는 3,000여 개로 추산되며, 자산규모가 200억 달러가 넘는 퀀텀펀드나 타이거펀드가 대표적인 예입니다.

## 헤지펀드의 11가지 투자전략

### 1. 자산매수/자산매도 전략

특정 자산을 매수함과 동시에 포트폴리오가 부분 또는 완벽하게 헤지되도록 자산을 매도하는 전략입니다. 즉, 어떤 자산을 매수함과 동시에 그에 대한 보호를 하는 겁니다. 따라서 **풋옵션**을 매수하거나 **선물**[18]을 매도함으로써 헤지하는 경우도 있습니다. 그러나 Long/Short의 차이, 즉 자산매입/자산매도의 규모 차이가 클수록 수익률이 높습니다. 그러므로 이 전략을 구사하는 다수의 헤지펀드 매니저들은 부분헤지가 되도록 자산매도/자산매수의 규모를 조절하는 것이 일반적입니다.

---

18 **풋옵션/선물** 옵션은 사고파는 권리를 매매하는 것이고, 선물은 기초자산을 만기일에 사고파는 계약을 하는 것입니다.

## 2. 시장집중 전략

시장집중 전략은 자산매도와 자산매수를 조정하여 무위험 포트폴리오를 구성하는 전략을 말합니다. 이렇게 무위험 포트폴리오가 구성되면 시장의 등락과는 상관없는 중립적인 상태가 만들어집니다. 이 전략은 주식시장이 변동하더라도 위험을 중립적으로 가져가 무위험 수익을 얻으려는 것입니다.

## 3. 페어 트레이딩 전략

페어 트레이딩은 삼성전자와 SK하이닉스처럼 국가도 같고 동종 사업, 혹은 연관 산업의 서로 다른 두 주식을 동시에 거래하는 전략입니다. 어떤 산업이 침체기 혹은 활황기일 때, 같은 산업 내 서로 다른 기업 주식은 다른 평가를 받습니다. 어떤 것은 고평가되어 있고 또 어떤 것은 저평가되어 있기 마련이지요. 그래서 상관성이 큰 두 주식 중에서 고평가된 주식을 팔고 저평가된 주식을 사면 큰 리스크 없이 차익을 얻습니다. 흔히 우리나라에서 볼 수 있는 **롱쇼트펀드**[19]가 바로 페어 트레이딩을 한다고 보면 됩니다.

## 4. 시장적기포착 전략

시장적기포착 전략은 글로벌 자산시장에서 단기수익 기회가 발생하는 자산에 투자해 수익을 얻고 난 후, 새로운 수익 기회를 발견하지 못하면 안전자산에 투자하는 전략입니다. 이 전략은 말 그대로 단기수익 기회를 얼마나 잘 찾아내느냐가 중요합니다. 그래서 단기 혹은 중기적인 추세를 따라가기도 합니다. 이 때문에 상승장에서는 수익성이 높은 투자자산에 투자하여 단기수익을 노리고, 하락장에서는 MMF 등에 투자해 최소한의 수익을 거두는 전략이라고 할 수 있습니다. 이 전략은 거래 횟수가 다른 전략에 비해 많으므로 거래비용을 줄이는 것이 중요한

---

19 **롱쇼트펀드** 매수를 의미하는 롱 전략과 매도를 뜻하는 쇼트 전략을 동시에 구사하는 펀드를 말합니다.

펀드는 간접투자상품의 대표적인 형태입니다. 투자자들의 돈을 모아서 펀드를 만들고 이를 운용 전문가인 펀드매니저가 운용합니다. 먼저 펀드는 주식과 채권을 어느 정도 비중으로 투자하느냐에 따라 다음과 같이 분류됩니다.

## 1. 주식/채권 투자비율에 따른 분류

**채권형 펀드 |** 약관상 채권 및 채권 관련 파생상품 등의 최소 편입비율이 60% 이상으로 명기되며, 주식은 일절 편입하지 않는 상품이다. 따라서 이는 안정적인 수익을 추구하는 투자자를 대상으로 하는 상품이다.

**주식형 펀드 |** 약관상 주식 및 주식 관련 파생상품 등의 최소 편입비율이 60% 이상으로 평가되는 상품으로, 공격적인 투자자에게 알맞은 상품이다.

**주식혼합형 펀드 |** 약관상 주식 및 주식 관련 파생상품 등의 최대 편입비율이 50% 이상인 상품으로, 주식시장의 상승효과를 추구하며 분산투자를 통한 안정적인 자산관리에 적합한 상품이다.

**채권혼합형 펀드 |** 약관상 주식 및 주식 관련 파생상품 등의 최대 편입비율이 50% 미만인 상품으로, 채권형 펀드의 보수적인 투자방식에 일부 주식투자로 추가수익을 기대하는 투자자에게 적합한 상품이다.

## 2. 투자스타일(투자원칙)에 따른 종류

**배당주펀드 |** 배당수익률이 높을 것으로 예상하는 종목에 집중적으로 투자하는 펀드다.

**가치주펀드 |** 꾸준한 분석을 통해 내재가치가 높은 주식들을 선정하고 이를 편입시킨 상품이다 (주가수익비율, 장부가치, 매출액 등). 일반적으로 저평가 종목에 3~4년 이상의 장기투자로 수익을 추구한다.

**인덱스펀드 |** 지수수익률을 추적하도록 편입주식의 바스켓을 구성한 펀드다.

**시스템펀드 |** 펀드매니저의 주관적 판단마저 배제한 채 미리 정해진 매매조건에 따라 자동주문 시스템을 이용해 분할매매가 이루어지는 상품으로, 주식시장의 등락에 따라 추가매수와 매도가 연속적으로 이루어지면서 매매차익을 누적시키는 것이 시스템펀드의 특징이다.

**펀드오브펀드 |** 서로 다른 투자목적을 지닌 여러 종류의 펀드에 동시에 투자하기 때문에 위험분산 효과가 큰 상품이다. 이는 주식, 채권, 통화는 물론 운용사별, 국가별 분산을 통해 위험을 줄일 수 있다.

**멀티클래스펀드 |** 투자기간과 투자금액에 따라 수수료를 달리하는 펀드다. 운용은 하나의 펀드로 운용되기 때문에 자산운용사 입장에서는 일반 펀드와 다르지 않지만, 투자자 입장에서는 수수료 차이에 따라 펀드별로 수익률이 달라진다. 이 상품은 투자금액이 많을수록, 투자기간이 길수록 수수료가 낮게 설정된다.

포인트입니다. 이 전략은 주로 단기매매를 합니다.

## 5. 공매도 전략

공매도 전략은 헤지펀드의 가장 일반적인 전략입니다. 이 전략은 앞으로 가격이 하락할 것으로 예상되는 주식을 빌려서 파는 것으로, 주가가 떨어지면 수익을 얻고 주가가 상승하면 손해를 봅니다. 따라서 '떨어질 것으로 예상되는 주식'을 찾아내는 것이 전략의 핵심입니다.

## 6. 전환차익거래 전략

전환차익거래 전략은 전환사채를 이용하는 투자전략입니다. 전환사채는 주식의 가격이 **전환가격**[20] 이상으로 올라가면 채권을 주식으로 전환하고, 주식의 가격이 전환가격 밑으로 떨어지면 채권을 만기까지 보유해 만기 상환을 받을 수 있는 채권입니다. 전환사채는 흔히 채권+콜옵션으로 인식됩니다.

　구체적인 전략은 다음과 같습니다. 전환사채를 매수한 후 전환사채 발행기업의 주식을 일부 매도합니다. 이렇게 될 경우 전환사채 발행기업에 투자하는 것이 헤지가 됩니다. 이 전략은 전환사채와 주식의 차이를 이용해서 수익을 얻으려는 전략입니다. 즉 상대적으로 저평가된 전환사채를 매수하고 주식을 매도하든지, 아니면 상대적으로 고평가된 전환사채를 매도하고 주식을 매수하는 전략을 구사하는 것입니다.

## 7. 채권이용 차익거래 전략

채권이용 차익거래 Fixed-Income Arbitrage 전략은 시장중립 전략과 시장비중립 전략으로 구분할 수 있습니다. 여기서 'Fixed-Income'은 일반적으로 채권을 말합니다.

---

20　**전환가격** 전환사채와 주식을 교환하는 경우의 가격을 말합니다.

먼저 시장중립 전략은 시장의 방향성에 투자한다기보다 철저하게 본질가치를 벗어난 채권 간의 스프레드 차이를 노리는 전략입니다. 즉 고평가된 채권을 매도하고 저평가된 채권을 매수함으로써 그 가격의 민감도 차이를 얻으려는 전략입니다.

반면에 시장비중립 전략은 주로 채권의 이자율에 대한 예측을 하는 것으로, 수익률 곡선이나 신용스프레드가 앞으로 어떻게 변할 것인지 예상해서 투자하는 것입니다. 그러나 이런 스프레드 차이는 매우 작으므로 얻을 수 있는 수익이 매우 적습니다. 그렇기 때문에 이러한 전략은 매우 높은 레버리지를 써야 합니다. 이 전략을 주로 사용했던 펀드는 롱텀캐피털매니지먼트<sub>LTCM; Long Term Capital Management</sub>로 장부상 드러난 레버리지만 28배, 즉 2,800%의 부채비율을 기록했습니다. 물론 1998년 세계를 휩쓴 외환위기 때 망하기는 했지만 말입니다.

## 8. 변동성 차익거래 전략

변동성 차익거래 전략은 채권의 옵션을 통해 수익을 거두는 전략입니다. 즉 현재 변동성이 너무 높거나 혹은 너무 낮아서 적정 수준의 변동성으로 회귀할 것으로 본다면, 변동성이 큰 옵션을 매도하고 변동성이 낮은 옵션을 매수함으로써 수익을 얻으려는 전략입니다. 일반적으로 옵션은 변동성이 커지면 가격이 올라가고 변동성이 작아지면 가격이 내려가는 특성이 있습니다.

이 전략에서 주식의 옵션이 아닌 채권의 옵션을 이용하는 이유는 채권의 본질가치가 주식에 비해 명확하기 때문입니다. 채권은 현금흐름이 고정되어 있기 때문에 할인율만 알면 본질가치를 정확하게 계산할 수 있습니다.

## 9. 자본구조를 이용한 차익거래 전략

자본구조를 이용한 차익거래 전략은 자본구조의 불일치를 이용합니다. 기업의 자본구조는 부채와 자본의 비율을 말합니다. 부채는 채권이고 자본은 주식을 의미합니다. 이때 채권과 주식 관계에 불일치가 발생하면, 그 순간 차익거래 기회를 포착하는 겁니다.

불일치란 주로 주식가격의 변동과 채권의 신용위험 간 관계, 주식과 채권의 가격 움직임 차이, 다른 채권과의 **신용스프레드**[21] 차이, CDS 스프레드와 주식의 내재변동성 등을 통해 판단합니다. 그러나 이런 차이는 쉽게 포착되는 것이 아니므로 시장상황이 불안정하고 외부 충격을 받거나 시장이 하락할 때 유용한 전략입니다.

## 10. 이벤트 드리븐 전략

이벤트 드리븐 전략은 주식시장에서 테마주에 투자하는 것과 비슷한 전략입니다. 특정 기업 혹은 산업에 이벤트가 발생하면, 즉 호재성 재료가 나와서 그로 인해 주가가 급등하는 경우 해당 종목에 베팅하는 전략을 말합니다. 이벤트에는 여러 가지 종류가 있는데, 예를 들어 합병, 소송, 파산, 지주사 전환, 상장 등이 있을 수 있습니다.

## 11. 글로벌 매크로 전략

글로벌 매크로 전략은 글로벌 거시경제, 즉 특정 국가의 통화, 금리, 상품 등에 투자하는 것을 말합니다. 이 전략을 구사하기 위해서는 운용자금 규모도 커야 하고 다양한 전략을 구사할 줄 알아야 합니다. 그리고 투자자금의 확보 또한 이 전략을 구사하기 위해 중요한 요소입니다. 이 전략을 구사하는 펀드매니저는 각종 분석기법을 동원해 세계 각국의 거시지표들을 분석하고, 이를 통해 어디가 고평가되었고 어디가 저평가되었는지 판단해야 합니다. 그리고 적정 수준에 합치하지 않은 지표가 이어질 경우 그곳에 집중투자하는 겁니다.

---

21 **신용스프레드** 여기에서 스프레드란 금리의 차이를 말합니다.

대표적인 사례는 1992년 조지 소로스의 영국 파운드화 공격입니다. 당시 영국 은행들이 파운드화 가치를 지나치게 끌어올리는 인위적인 환율조작을 했지요. 그때 소로스는 파운드화를 매도함으로써 정상적인 가치로 되돌아가게 하는 전략을 썼습니다. 이 전략은 앞으로도 흔히 볼 수 있는 것으로, 일반적으로 유동성과 개방성이 좋은 국가에서 나타날 수 있습니다.

## 헤지펀드의 장단점

**장점** | 위험을 제한하기 때문에 시장이 급락할 경우에도 손실폭이 적게 나타납니다. 절대수익을 목표로 하므로 긴 안목에서 보면 수익이 크게 증가할 수 있습니다.

**단점** | 투자의 최소비용이 거액이고 장기투자를 해야 하므로, 소액의 단기투자자에게는 적합하지 않습니다. 거래비용(신탁보수, 관리보수, 성공보수 등)이 일반 펀드보다 높습니다.

## 보수체계 알아보기

펀드와 관련된 보수는 일반적으로 신탁보수와 관리보수를 말합니다. 이는 투자신탁을 운용할 때 발생하는 간접비용을 말합니다. 투자가들이 투자신탁, 즉 펀드를 보유함으로써 간접적으로 부담하는 비용인데, 헤지펀드는 신탁보수와 관리보수 이외에도 성공보수가 발생합니다. 운용을 잘해서 높은 수익을 만들어내면 펀드매니저들이 보수를 받는데, 일반적으로 평균수익의 20% 전후라고 합니다. 다만 이익이 발생할 때만 해당하므로 이익이 발생하지 않는 경우에는 성공보수를 지급할 필요는 없습니다. 따라서 펀드매니저는 투자자처럼 반드시 이익을 내겠다는 목표를 가지고 전략을 수립합니다.

# 한국형 헤지펀드

## 1. 한국형 헤지펀드란?

우리나라에서 출시되는 헤지펀드는 '한국형 헤지펀드'라고 합니다. 한국형 헤지펀드는 거액 자산가들에게 펀드나 랩어카운트를 이을 새로운 투자대안으로 주목받고 있습니다. 그러나 수익률 성과가 아직 증명되지 않아 거액의 자금을 유치하는 게 쉽지 않고, 일부 펀드들은 청산되는 등 아직은 방향성을 잡지 못하는 상황입니다. 더욱이 한국형 헤지펀드는 투자과열을 막기 위해 최대 투자인원 49명, 최소 투자액 5억 원이라는 기준을 두고 있어 소액투자자들이 접근하기 어려운 점도 있습니다.

## 2. 한국형 헤지펀드 투자 시 유의사항

### ① 투자와 환매가 쉽지 않다

현재 국내에서 운용되는 헤지펀드는 투자횟수가 제한되어 있습니다. 환매는 레버리지, 공매도 등 투자전략에 차질이 생길 수 있습니다. 따라서 대부분의 헤지펀드는 최초 설정 후 3개월간 환매가 금지되고, 환매신청 횟수가 제한되어 있습니다.

### ② 투자대상이 한정되어 있다

한국형 헤지펀드는 사모투자자본으로 최소 가입금액이 5억 원 이상인 소수의 고액투자자를 대상으로 합니다. 그래서 소액투자자들의 접근이 어렵습니다.

### ③ 성과보수가 있다

자산운용 특성상 전문적인 투자인력이 필요합니다. 그래서 헤지펀드에 투자하는 사람들은 일반적인 운용보수와 더불어 목표수익을 초과 달성한 경우 성과보수를 지급해야 합니다.

# 인컴펀드,
# 정기적인 수익을 얻는 펀드

## 인컴펀드의 특징

인컴펀드는 배당주식과 고금리 해외채권에 집중투자하는 대표적인 자산배분주 펀드입니다. 주식 등의 가격상승에 따른 차익보다는 이자·배당 등 정기적인 수익을 얻는 것이 주목적인 펀드입니다. 채권이나 부동산투자신탁REITs(리츠), 고배당주, 우선주 등에 골고루 투자해 채권과 유사하게 일정 기간마다 수익, 즉 인컴income을 챙길 수 있는 중위험·중수익 상품입니다.

인컴펀드는 금융시장 상황에 따라 자산별 비중을 탄력적으로 조정하는데, 예컨대 채권가격이 하락하면 채권비중을 늘리고 주가가 하락하면 주식비중을 늘리는 식입니다. 이러한 탄력적인 자산배분을 통해 위험을 효율적으로 관리할 수 있으며, 정기적으로 지급되는 배당과 이자를 통해 추가수익을 기대할 수 있다는 장점이 있습니다.

# 왜 지금 인컴펀드인가

글로벌 금융위기 이후 투자환경에 큰 변화가 생겼습니다. 가장 큰 변화는 바로 저금리현상이 이어지고 있다는 겁니다. 우리나라는 시중금리가 2% 아래에서 장기간 유지되고 있는데, 만약 앞으로 물가가 상승한다면 물가를 고려한 실질금리가 마이너스로 전환될 우려가 큽니다.

또 다른 변수는 글로벌 동조화가 이어지고 있어 시장의 변동성이 커졌다는 겁니다. 시장의 변동성이 커졌다는 것은 위험이 커졌다는 것을 의미하는데, 이는 손실에 대한 우려는 높아진 반면 수익을 얻을 가능성이 낮아졌다는 것을 뜻합니다.

이런 상황에서 저금리 문제도 해결하고 또 높아진 위험도 관리할 수 있는 대안이 중위험·중수익을 추구하는 인컴펀드입니다.

## 인컴펀드의 장단점

### 1. 인컴펀드의 장점

인컴펀드는 다양한 장점이 있습니다.

❶ 다양한 자산에 투자함으로써 수익률을 높이고 변동성을 낮출 수 있습니다. 실제로 주가하락기와 상승기를 나누어 살펴본 결과, 주가하락기에는 인컴펀드가 주식보다 상대적으로 나은 성과를, 주가상승기에는 채권보다 높은 수익을 낸 것으로 나타났습니다.

❷ 경기사이클에 맞춰 적절한 자산 재조정이 가능합니다. 투자자 스스로 하기에는 어려운 자산 재조정을 펀드매니저인 전문가가 대신해주기 때문입니다. 경기확장기에는 주식과 채권 비중을 늘리고, 경기둔화기에는 현금을 늘려 자산

배분을 재조정해줌으로써 지속적인 수익을 추구할 수 있도록 펀드매니저가 도와줍니다.

❸ 국내뿐만 아니라 해외투자를 늘림으로써 높은 인컴을 추구합니다. 국내는 배당수익률과 국채금리 수준이 상대적으로 낮은데, 인컴펀드는 해외자산에 투자하므로 보다 높은 수익추구가 가능합니다.

### 2. 인컴펀드의 단점

앞서 설명한 많은 장점에도 불구하고 인컴펀드는 대체로 설정기간이 짧다는 단점이 존재합니다. 펀드가 투자하는 하위펀드를 중심으로 투자자 성향에 따라서 보다 적극적인 투자자라면 주식혼합형을, 안정적인 투자자라면 채권혼합형을 선택할 필요가 있습니다.

## 투자 시 유의사항

인컴펀드는 안정적인 수익을 추구하면서도 투자방식이나 영역이 다양하고 전문적이어서 일반인들이 쉽게 이해하기 어렵습니다. 그래서 투자자의 재무상태나 금융상품에 대한 지식을 알아야 합니다. 본인의 투자성향이 안정지향형인지, 적극투자형인지, 아니면 혼합이더라도 어디에 더 중점을 두는지를 확인해야 합니다. 그리고 인컴펀드는 수익률 자체로만 보면 시중금리에서 크게 벗어나지 않으므로 가입 후 자산운용회사의 투자능력과 투자방향에 따라 수익에서 크게 차이가 난다는 점을 유의해야 합니다.

인컴펀드는 투자자 입장에서 보면 폭넓게 상품을 선택할 수 있다는 장점이 있습니다. 하지만 여러 국가의 채권에 분산투자하는 만큼 각 국가의 경제적·사회적 변화, 그리고 환율변동을 시시각각 확인해야 한다는 점에 유의해야 합니다.

## 중위험·중수익 상품이란?

중위험·중수익 상품은 '시중금리+α'의 수익을 추구하는 상품입니다. 주식 같은 고위험·고수익 자산에 대한 투자비중을 낮춰 전체 금융자산의 수익률 변동성을 감소시키는 상품을 말합니다. 자산배분형 상품, 절대수익추구형 상품이 대표적입니다.

자산배분형 상품의 가장 큰 특징은 적정 수준의 수익률과 위험관리를 병행해 성장성과 안정성을 동시에 추구한다는 점입니다. 경제환경이나 주식시장이 좋을 때는 주식편입비율을 90% 이상까지 확대하고, 반대의 경우에는 주식편입비율을 대폭 낮추는 방식입니다. 시장상황에 따라 주식편입비율을 탄력적으로 조절해 안정적인 운용성과를 냄으로써 위험 대비 고수익 추구가 가능합니다. 참고로 일반 주식형 펀드는 주식시황과 상관없이 주식편입비율을 90% 수준으로 유지합니다. 자산배분형 펀드는 다음과 같이 국내와 해외로 나눌 수 있습니다.

**국내 자산배분형 펀드 |** 코스피 변동성을 활용해 수익을 차곡차곡 쌓는 방식으로 안정적인 수익을 추구하고, 지수선물매도 헤징 또는 주식편입비율 조절을 통해 수익률과 위험을 관리합니다.

**해외 자산배분형 펀드 |** 전체 글로벌 시장에 분산투자하고 자산배분 투자목표 달성을 위해 주식 포트폴리오와 채권투자를 병행합니다. 특히 글로벌 자산배분형은 다양한 국가와 종목에 광범위한 분산투자를 실행하고 시장상황을 고려해 주식, 채권, 유동성(단기국채)에 모두 투자합니다.

절대수익추구형 상품에 투자할 때는 세부 투자전략, 과거 운용성과 등을 점검해보는 것이 무엇보다 중요합니다. 또 운용사와 판매사의 리스크 관리 시스템, 운용규모, 자금유입추이 등 전반적인 운용역량 등을 살펴 검증된 상품을 선택하는 것이 바람직합니다. 절대수익추구형 상품은 다양한 헤지전략을 사용하는 만큼, 운용역량에 따라 성과차이가 크게 발생할 수 있기 때문입니다. 상품마다 수익률과 위험 편차가 크다는 의미입니다.

**3**

롱쇼트펀드의 특징과 유의점

# 롱쇼트펀드,
# 시장과 상관없이 꾸준한 펀드

## 롱쇼트펀드의 특징

롱쇼트펀드는 롱쇼트전략으로 운용하는 펀드입니다. 롱쇼트전략이란 매수를 의미하는 롱Long 전략과 매도를 의미하는 쇼트Short 전략을 동시에 구사하는 것을 말합니다. 상승이 예상되는 종목은 매수하고 하락이 예상되는 종목은 공매도하거나 지수선물을 매도해, 시장 등락과 관계없이 안정적인 수익을 추구합니다.

롱쇼트펀드는 종목매수뿐 아니라 공매도, 지수선물매도 등 다양한 수익추구와 위험관리 기능이 있습니다. 최근 자금유입이 크게 늘어 공모형 롱쇼트펀드 설정액이 2조 원을 넘어서기도 했습니다.

예를 들어 반도체를 만드는 회사인 삼성전자와 SK하이닉스가 있다면, '삼성전자 매수/SK하이닉스 매도' 또는 'SK하이닉스 매수/삼성전자 매도'라는 식으로 하는 전략입니다.

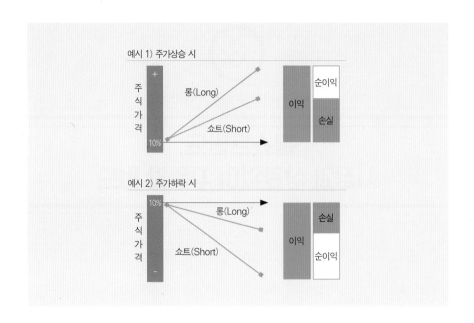

예시 1) 주가상승 시

주식가격
+
10%
롱(Long)
쇼트(Short)

이익
순이익
손실

예시 2) 주가하락 시

주식가격
10%
-
롱(Long)
쇼트(Short)

이익
손실
순이익

## 롱쇼트펀드가 인기인 이유

### 1. 증시 방향성이 없을 때도 수익추구 가능

증시가 방향성 없이 박스권 등락을 하면 투자자들은 수익을 올리기 어려워집니다. 하지만 롱쇼트펀드는 손실구간에서는 하락방어를 하고 증시상승에는 일정 부분 참여하는 것을 반복해 수익을 쌓기 때문에, 증시 방향성 부재 시에도 유용한 투자수단이 됩니다.

### 2. 종목 간 차별화 심화국면에서 빛을 발한다

주식시장이 박스권 흐름을 보였던 시기를 살펴보면, 종목 및 업종 간 변동성이 확대되는 것을 확인할 수 있습니다. 이는 주가가 횡보하는 시기에 평균수익률보다 크게 상승 또는 하락하는 종목들이 많이 나온다는 것을 의미합니다. 시장 방향성에 대한 확신이 없고, 또 주도 종목이 나타나지 않는 가운데 빠른 **순환매**[22]가 나타나며 이는 종목 차별화가 심화된 결과이기도 합니다.

글로벌 금융위기 이후 시장상황에서 경기민감주와 내수주 간의 순환매, 대형주와 중소형주 간의 순환매 등이 반복되며 종목차별화 상황이 여러 번 나타났습니다. 이러한 종목차별화 시장에서는 롱쇼트펀드의 수익 기회가 커진다고 볼 수 있습니다.

## 3. 절세효과

중위험·중수익 추구 상품의 대표적인 상품은 ELS 같은 구조화 상품입니다. 지수형을 활용해 일정 수준 이하로 하락하지 않으면 약속된 이자와 원금이 지급되는 구조로, 많은 고객이 선호합니다. 그러나 최근 금융소득종합과세가 강화되면서 ELS에서 발생하는 이자에 대해 부담을 느끼는 투자자가 많아지고 있습니다. ELS의 이자는 모두 배당소득세로 과세되고 금융소득종합과세에 포함되기 때문입니다.

반면 롱쇼트펀드는 주식과 지수선물을 활용하므로 발생하는 수익이 대부분 비과세되는 구조를 가집니다. 채권형 펀드보다는 조금 높지만, 주식형 펀드와 비교할 때는 변동성과 기대수익률이 낮습니다. 그러므로 롱쇼트펀드는 중수익 추구형 투자자에게 ELS 대안이 될 수 있습니다. 투자손실 가능성과 변동성 때문에 주식형 상품투자를 꺼리면서 ELS와 같은 중수익 추구를 원하는 투자자에게 롱쇼트펀드는 절세투자라는 장점을 제공하기 때문입니다.

---

22  **순환매** 어떤 종목의 주가가 상승할 때 관련 종목도 함께 상승하는 것을 말합니다.

## 투자 시 유의사항

롱쇼트펀드는 중위험·중수익을 추구하는 상품으로 시장 등락에 관계없이 꾸준한 성과를 목표로 한다는 점을 명심해야 합니다. 일반 주식형 펀드와 비교하면 상승장에서는 수익률이 부진할 수도 있습니다. 또한 롱쇼트전략은 펀드매니저의 역량에 따라 성과차이가 크게 발생할 수 있기 때문에 펀드를 선택할 때 신중을 기해야 합니다. 특히 단기적으로 높은 성과를 보여주는 펀드보다는 꾸준히 성과를 축적하는 펀드가 좋습니다.

# 투자의 대세가 된 상품! ETF와 ELS가 뭘까?

### ETF가 뭘까?

ETF는 Exchange Traded Fund의 약자이고, 우리말로는 상장지수펀드라고 부릅니다. ETF는 일반적으로 주식, 채권과 같은 기초자산 가격이나 지수 변화에 연동하여 운용하는 것을 목표로 합니다. 주식시장에 상장되어 주식과 동일한 방법으로 매매할 수 있어 거래의 편의성을 갖춘 펀드이기도 합니다. ETF는 다음과 같은 특징을 갖습니다.

- ETF는 인덱스펀드입니다.
- ETF는 펀드지만 시장에서 거래가 이루어집니다.
- ETF는 인덱스펀드이면서 주식의 장점을 갖춘 새로운 투자대상입니다.

ETF는 일반 펀드와 이런 점이 다릅니다.

- ETF는 시장에서 즉시 환매가 가능합니다.
- ETF는 일반 펀드에 비해 거래비용이 적습니다.
- ETF는 다른 펀드에 비해 아주 높은 유동성을 가지고 있습니다.
- ETF는 다른 펀드와 비교하여 투명성이 높습니다.

### ETF의 2가지 주요 투자전략

**핵심-주변 전략 |** 핵심–주변 투자전략이란 핵심 포트폴리오로서 시장지수를 추종할 수 있는 ETF를 배치하고, 업종이나 테마 같은 섹터 ETF 등을 시가총액비중 또는 투자비중에 따라 적절하게 구성하여 시장수익률을 추적합니다. 동시에 섹터 ETF 등의 비중을 조절하여 시장지수 대비 초과수익을 추구하는 전략입니다. 현재 시장에 상장된 시장지수 ETF와 섹터 ETF, 원유 ETF, 해외 ETF 등을 이용하면 이러한 핵심–주변 투자전략을 적은 비용으로도 수행할 수 있습니다.

**Plug & Play 전략 |** 특정 섹터 및 시장에 긍정적인 전망을 보고 있으나 개별 종목 선정에 대한 어려움이 있을 경우, 먼저 해당 ETF에 투자합니다. 그 이후 실적 개선이 가시화되는 시점에 섹터 및 시장 내에 저평가 종목 또는 주도 종목에 투자하는 것을 Plug & Play 전략이라고 합니다. ETF도 이러한 전략을 구사할 수 있습니다. 투자자의 예측치와 다르게 섹터 및 시장이 움직여도, 개별 종목에 직접 투자하는 것에 비해 ETF 고유의 분산투자효과 때문에 유리합니다.

### ELS가 뭘까?

주가연계증권인 ELS는 개별 주식의 가격이나 주가지수에 연계되어 투자수익이 결정되는 유가증권입니다. 자산을 우량채권에 투자하여 원금을 보존하고 일부를 주가지수 옵션 등 금융파생 상품에 투자해 중위험–중수익을 노리는 금융상품입니다. ELS에는 다음과 같은 장단점이 있습니다.

**ELS 장점** | ELS의 최대 장점은 상품의 다양성과 높은 수익의 가능성입니다. 시장상황이 좋을 때나 나쁠 때나 혹은 시장상황이 횡보를 보여도 수익을 거둘 수 있는 구조를 가진 상품입니다.

**ELS 단점** | ELS는 손실 가능성도 큰 상품입니다. 특히 일반 투자자에게 결정적인 단점은 상품구조가 너무 복잡해 이해하기 어렵다는 점입니다.

## ELS 투자 시 유의사항

### 자금성격 확인하기

투자자의 위험선호도에 따라 원금보장형과 원금비보장형을 선택해야 합니다. 원금보장형은 안정성이 매우 높지만 기대수익률이 낮고, 원금비보장형은 안정성이 다소 떨어질 수 있으나 수익성이 높으므로 자금성격에 따라 선택해야 합니다.

### 상품구조 파악하기

ELS 상품구조는 원금보장 여부를 비롯해 어떤 조건이 달성되어야 자동상환이 이뤄지고 수익을 받을 수 있는지 반드시 체크해야 합니다. 또한 반대로 어떤 경우에 원금 손실 가능성이 생기는지도 파악해야 합니다.

### 상품만기 및 조기상환 주기 확인

최근 발행되는 ELS는 3~6개월 단위의 조기상환 주기가 있어 해당 평가일에 조건을 만족하면, 상환이 확정되며 상품은 종료되는 경우가 많습니다. 하지만 기초자산 하락 등으로 조기상환이 이루어지지 않는다면 만기까지 보유해야 하는 경우도 발생합니다. 그러므로 만기까지 투자할 수 있는 여유자금을 활용하는 것이 바람직합니다.

### 해당 상품의 기초자산에 대해 정확히 이해하기

ELS는 기초자산 성과에 따라 수익률이 결정되기 때문에, 기초자산 성격을 정확히 이해해야 합니다. 따라서 투자 전에 기초자산에 대한 충분한 공부가 필요합니다. 공부에 자신이 없다면 전문가와 상담하는 것도 하나의 방법이 될 수 있습니다.

### 크게 하락하지 않을 기초자산을 선택

일반적으로 주식투자자는 향후 주가가 크게 상승할 종목을 선택하게 됩니다. 반면에 대부분 ELS 투자자는 기초자산이 현재 수준을 유지하거나 일정 부분 하락하더라도 수익추구가 가능합니다. 그러므로 기초자산을 선택할 때 크게 하락하지 않는 종목을 선택하는 것이 좋습니다.

### 발행사별 상품비교

대부분 증권사에서 ELS를 발행하고 있습니다. 그러나 동일 유형 상품이라도 발행사에 따라 수익률 및 상품구조가 다를 수 있습니다. 더 나은 선택을 위해서는 동일 시기에 발행되는 상품들을 꼼꼼히 비교해보는 것이 유리합니다.